川西清司

川西清兵衛（筑紫音松）

川西龍三

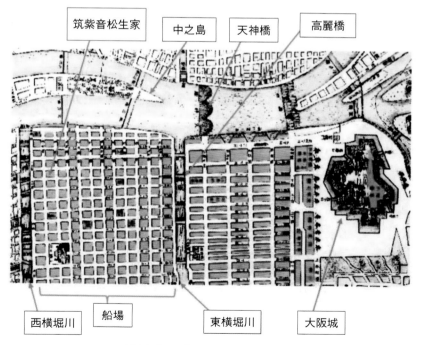

明治初期の「なにわ 船場」付近図

兵庫・神戸地図　1896年（明治29）以前
旧湊川迂回工事前の兵庫（左）と神戸（右）

日本毛織　西出町本店ビル

日本毛織「赤ゲット」の流行
寒中　東京見物の「お上りさん」（筆者描画）

川西倉庫　新港第４突堤　1935年（昭和10年）ごろ
右端の塔は、信号所（絵葉書）

川西 K-8B 型「義勇号」日本一周完了　1927年（昭和2）5月25日
左から、後藤主任、龍三社長、藤田、諏訪、海江田、安田、
清兵衛大社長、坂東支配人（海江田信武アルバム）

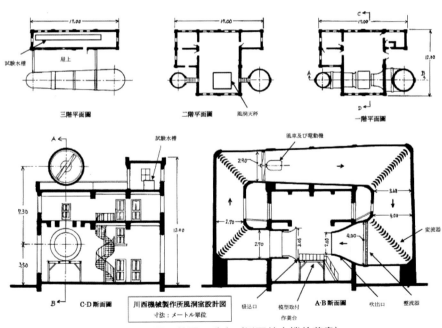

川西風洞　神戸・兵庫（川西航空機絵葉書）

社訓
技術報国 和衷協同 一心緊張

川西龍三

川西航空機　社訓（新明和工業提供）

日本毛織　加古川工場の活況　1954年（昭和29）ごろ

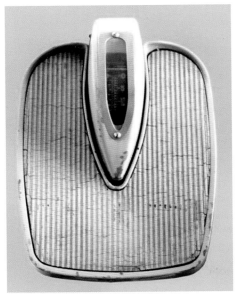

大和製衡　浴室体重計
駐留米軍健康管理用　1946年（昭和21）

創技信
造術頼

大和製衡　経営理念（書：川西龍彌）

神戸工業　商標「テン」の出典根拠
（昭和21年 1 月）

神戸工業　テン　ラジオ

救難飛行艇の新旧編隊飛行　手前 US-1A　奥 3 機は US-2
（提供：海自第71航空隊）

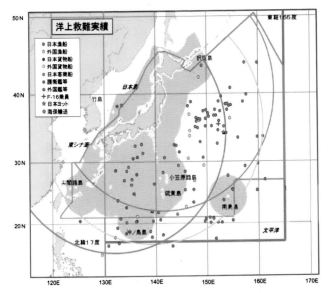

US-1A 及び US-2　洋上救難実績図　2022年 1 月20日現在
救難実績数：1057件（内　救助人員1030人）
（提供：海自第71航空隊）

原田昌紀
HARADA Masanori

碇紀夫
IKARI Norio

川西清兵衛を巡って

羊は大空を翔ける

文芸社

巻頭言 『羊は大空を翔ける』上梓に寄せて

　航空機事業部出身がご縁で、巻頭言を拙筆することになりました。このたびの『羊は大空を翔ける　川西清兵衛を巡って』の上梓について、まことにおめでとうございます。膨大な文献調査や取材をもとに、執筆と編集の上参考資料含め、約400ページの本書を出版された原田さん、碇さんの熱意とご苦労に心から敬服します。

　新明和工業といえば、最初に前身の川西航空機を連想しますが、本書には、その創設者である川西龍三の父で、日本毛織の創設者・川西清兵衛の人間像から始まり、約1世紀半に及ぶ川西事業史が纏められています。
　明治後期、清兵衛氏は外国貿易盛んな神戸港で見た「一つまみの羊毛屑」から、羊毛織物の将来性を予見します。そして1896年（明治29）、天性の商才、旺盛な好奇心、石橋の裏まで叩いて渡る慎重さと「一以貫之」（一を以て之を貫く）の信条で国内最大の毛織会社「日本毛織㈱」（通称社名・ニッケ）を創立します。
　これを源流に川西機械製作所、川西航空機、川西倉庫、山陽電鉄、山陽皮革、神戸工業（現・デンソーテン）、大和製衡など10社を超える企業を次々と誕生させ、工業の近代化と地域発展に貢献してきました。
　清兵衛の邸宅は東須磨（神戸市須磨区東細沢町〈現・大手町〉）に在りましたが、私はその近所の下細沢町（現・若木町）で、中学生まで暮らしました。広大な川西邸の前から飛松中学校（旧・岡崎邸）へ続く閑静な通学路が今も目に浮かびます。そして、小学生時代、父の海外出張送迎の折に見た伊丹空港格納庫の「新明和」の文字で、当社を知りました。転居後も高校へは山陽電鉄で通学していました。川西家の邸宅や事業に囲まれて学生時代を過ごし、引き寄せられたように当社へ就職し、今、こうして川西100年の歴史に出会うことに不思議な運命さえ感じます。
　明治の起業家は「三方よし」を旨としましたが、川西家の経営も同じ思想

でした。清兵衛氏も社会活動に精力的に取り組み、「日伯協会（ブラジル移民の支援）」や「兵庫県清和会（部落差別撤廃）」、関東大震災の復興支援、「航空殉難者の碑（高野山）」建立などにも尽力されました。

　創業100周年を迎えたグループ各社が「人々の幸せに貢献する会社」であり続けるためにも、本書から温故知新の心で読み取って頂ければ幸甚であります。

2023年（令和5）10月5日
新明和工業㈱ 取締役 副社長執行役員
石丸　寛二

祝　辞

　創業100周年に関する『羊は大空を翔ける　川西清兵衛を巡って』の上梓にあたり、諸先輩方多数おられますところ、誠に僭越ではございますが、川西倉庫 OB の一人として御祝辞申しあげます。

　私は、1962年（昭和37）4月に川西倉庫に入社いたしました。横浜生まれ、横浜育ちの私は正直なところ川西倉庫、川西グループ、戦前の川西財閥について殆ど知識はありませんでした。

　横浜支店（現・東京支店）では、現在テーマパークとして賑わう赤煉瓦倉庫で羊毛の荷捌きに明け暮れる毎日でした。

　爾来54年にわたり、創業者川西清兵衛翁の座右の銘でもある「一以貫之」よろしく先代の川西章二社長にお仕えしたわけであります。

　2018年（平成30）7月、新明和工業 OB で関西航空史料研究会の原田昌紀、碇紀夫両氏から「川西100年（仮題）」刊行のお話があり、少しでもお役に立つことがあればとの思いから甲南工場で御会いさせて頂きました。

　その後、膨大且つ詳細な収集・調査資料をお送りいただき、グループ、財閥、苦難の歴史、今日までの成長の経緯等を拝読して、初めて知ることも多く感服した次第です。お二人の御努力は勿論の事、関係者の方々に厚く御礼申し上げます。

　一つの会社が100年間、一世紀に亘り存続、成長することは並大抵のことではありません。しかも大手系列に属さない厳しい道を貫きつつ、業界内に揺るぎない地位を築き、多くの社員と家族の生活を守り続けていることは、まさしく誇るに値することであるとグループ OB の一人として述べさせていただきます。

　グループ各社が相次いで創業100周年を迎え、次の100年へと力強く歩みだしました。

　創業者川西清兵衛翁の「一以貫之」の精神が、この難しい変動・変革の時代を、グループ各社がそれぞれの叡智と行動を発揮して、より飛躍発展され

るということを念じてお祝いの言葉とさせて頂きます。

　本書の刊行にあたり共著両氏をはじめ関係各氏、OB 諸氏の皆様に改めて厚く御礼申し上げます。

2023年（令和 5 ）10月 5 日

川西倉庫　元会長

佐藤　武

まえがき

　昨今のニュース等によれば、あらゆる面で従来の価値観を覆すような、大きな変換期に来ていることが、ひしひしと感じられます。

　2017年（平成29）ころ原田、碇両名の雑談中に、大きな変革と言えば「幕末～明治」の頃がそれに近いのではないかなどが出てきました。

　折から現役中に勤務した新明和工業の創業100年が間近だったこともあって、通常の社史的な形を取らずに、時代背景と対比させつつ、人物主体としたものを纏めてみることとして「川西清兵衛（旧姓・筑紫音松）」氏を頂点とした明治企業人の活動をテーマにいたしました。

　「清兵衛」氏の企業活動の発端は、1890年（明治23）頃からの日本の産業革命（生糸・木綿）時期から見て、やや遅れていた羊毛織産業を創立し、欧米の毛織製品に劣らぬものを大量生産した点にあります。

　この成功から、「倉庫」「皮革」「電鉄」「精密機械・弱電」「飛行機」にまで手を広げ、創業したことなどが偉大な企業家（起業家）であったという点にも着目いたしました。

　一読して頂き明治人の心意気を感じていたければ幸甚であります。

第1部　誕生と育成

　幕末、大阪船場の商家で誕生した、幼名・筑紫音松（後に六代目川西清兵衛）が、長ずるに及び商才を発揮し、一つの切っ掛けから起業し、政界の支援を受けることなく、毛織業日本一の大企業にまで成長させたのみならず、時代の趨勢を把握し、倉庫業、皮革業、電気鉄道業、精密機械製作業、さらには牧場経営等まで行った企業活動とともに、公的な活動の様子も述べます。

第2部　荒天に耐えて

　清兵衛氏が播種・殖産したものを長男「清司」氏、次男「龍三」両氏が引き継いで育成するとともに、押し寄せる時代の荒波にも耐えていく活動の様

子を述べます。就中、川西機械製作所設立、運航会社「日本航空」設立等の
特異な企業活動については少々詳しく述べております。

第3部　多産と成長

　不幸にも太平洋戦争の結果悲惨な敗戦となりましたが、旧川西系列会社も
各々特異な活動によって復興躍進いたしました。日本毛織、川西倉庫、神戸
工業（現・デンソーテン）、大和製衡、山陽（元・山陽皮革）、アンビック
（元・日本フェルト工業）、山陽電鉄、新明和工業（元・川西航空機）の現況
について述べさせていただきます。

　現在、「川西清兵衛」氏の功績が世間にあまり浸透していない様子なので、
兵庫県、神戸市、神戸新聞等では氏にスポットを当て世に広めたいという動
きがあります。時代の大きな変換期に入った昨今、一読いただいて何か感じ
て頂ければ幸甚であります。
　皆様からの御叱正をお待ちいたしております。

　共著者両人が、航空機事業部OBですので、内容的にやや「航空機」関係
に偏重した感がありますが、御了承のほど御願い申し上げます。

2023年（令和5）11月10日

原田　昌紀、碇　紀夫

8

凡　例

1　文中の「現在」は、明らかな例外を除き、2021年（令和3）前後を指すものとお考えください。

2　用語・用字は原則として現代仮名使い・常用漢字とし、人名についても常用漢字を用いました。

3　引用文は原則として原文のままとしましたが、読み易くするために適宜句読点や濁点を付しました。

4　計量単位はメートル法によりましたが、概数などで非メートル法で表記した場合もあります。

　（例）500万ポンド　約1万坪

5　人名については、社外・社内を問わず敬称を省略しました。礼を失していることをお詫び申し上げます。

6　会社名は、原則として初出は正式名称を用い、2度目以降は「株式会社」等を省略しました。団体名ついても初出は正式名称を用い、2度目以降は適宜略称を用いました。

7　外国名は原則として片仮名で表記しましたが、慣用として漢字を使用する国名や合成語などで漢字を使用した場合があります。

　（例）露　日米　豪州　日伯

8　年次の表記は西暦年号を原則としました。

【略語表】（特記以外）

　h　＝　hour……時間

　min　＝　minute……分

　sec　＝　second……秒

目　次

第2部　荒天に耐えて

第3部　多産と成長

第3部　余　話

資料編

第1部　誕生と育成

商都大阪の繁盛

　商都大阪は、江戸期を通じて諸藩がこの地に蔵屋敷を設け、米穀その他の産物が菱垣廻船・樽廻船等により搬出入され、売買の中心であったことは周知のとおりである。

　当時の租税は、米納を基にしていたからそれを大阪に運び米相場にかけ、その為替を以て金銀に変えて日用に充てる必要があったため、諸藩は米相場の出来に一喜一憂したのである。

「天下の台所」大阪町人は天下の町人だという誇りを持っていた。

　大阪商業の重点は、問屋と両替屋にあって、集積物産の相場を立てる必要からも金融が要となるのは必然であった。この背景により、大阪は我が国財力の中心と認められ、明治に入ってからも商業や金融機関がこの地に発達し、経済上の一大中心となって今日に至っている。（大阪市史を要約）

第1章　〝商都なにわ〟と筑紫家

第1節　筑紫家の家業と音松の成長

　筑紫音松（後の六代目川西清兵衛）は、1865年（慶応元）7月18日、商都中心〝船場〟高麗橋のたもと（明治期地番　高麗橋5丁目1番地）で製蝋業を営む筑紫三郎助（筑前屋三郎助）の4男として誕生した。

　時は江戸末期、安政・万延・文久・元治・慶応と目まぐるしく改元され、倒幕・佐幕の対立から明治を迎える混沌とした時期でもあった。

　音松の実家・筑紫家は代々、福岡藩御用達の廻漕問屋で、転身して大坂に店を持って蝋の売買に専念し、「筑三」と呼ばれる船場の有力な商家となり、四国九州地方から海路運ばれた粗蝋を安治川口の工場で精製し商っていたのである。

　蝋は様々な動植物に含まれ自然界に存在するが、江戸時代後期にはハゼの実を原料とし大量の採蝋体制が整い西南諸藩は蝋を藩の専売品とするほどであった。

　音松は、初等教育を優秀な成績で終了したが生家の教育方針で上級学校へ進学せず、早々に商業の実務に携わることとなった。後日、本人がある雑誌の回顧談に『よくワテのことを蝋燭屋の音松さんといいなはるが、これはほんまのこっちゃ、蝋燭屋の4男坊でナ、お父っあんが頑固な人やで、商人に学問は要らん、商売の実地を見習うのが生きた学問や言やはって、掛け取りや帳づけばかりさせられましたんや』と語っている。

　『筑三の音松はんなァ、商売は上手やし堅造りやし、男前はええし、あんなええ人言うたら滅多にあらへん』という噂も広まり『「筑三」の末っ子やさかい、どっかへ養子においでなはるんやろうが、あんな養子もろうた人は仕合せや』というようなこともあって、後に養子に入ることになる。

　本人は新時代の文物への興味が人一倍旺盛で6尺（約1.8m）豊かな長身に洋服を着用し、神戸で当時珍しい自転車に乗った第一号と言われ、高価なカメラを愛好するのも5指に入り、自家用車のナンバーも「9」というハイ

カラ青年であったと伝えられている。この先取りの気性と、持ち前の商機への嗅覚・熟慮・果断が合わさって、将来の起業活動に打ち込む基になったのだろう。

　商都・大阪、港町・神戸、古都・京都など大都市がある関西は古くから経済先進地であったから、音松は後にこれらの地と関わりをもち次々と創業していくことになる。

第2節　筑紫家家業「筑三」の紹介

　筑紫家の家業を裏付ける資料があった。

　明治期の銅版画に商家の営業案内があり、その詳細な内容からその地域の有力商家が一覧でき、商家の店構え、屋号、家印、営業種目、由緒、宣伝文等がわかる。

　下の図は、1882年（明治15）２月に大阪北区曽根崎新地１丁目39で出版された和装本（幅8.2cm、長さ19cm、200頁）の袖珍本『商工技藝浪華之魁』の３頁目に「筑紫三次郎商店」（筑三）が目に付く。音松兄の筑紫三次郎に、代替わりしていたことがわかる。家督を引継いだ三次郎は、音松より12歳年上の兄である。

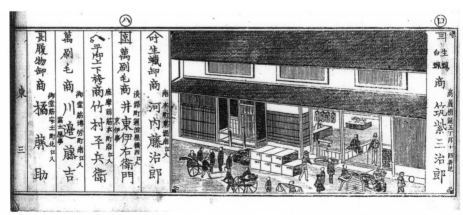

生蝋・白蝋商 筑紫三治郎（三次郎が正しい。出典：府立図書館 古典籍室）

商家の家訓

　当時の商家では、大店、旧家問わず何がしかの家訓を定めている例が多く、現代でも通用する「商いの心掛け」があり、筑紫家はどうであったかが非常に興味が湧く。

　家訓例については「余話 1 - 1　船場と家訓の重み」参照。

　筑紫家については「余話 1 - 2　筑紫家の詳細」参照。

第2章　音松の養子婿入り

　神戸が開港したにもかかわらず、兵庫の旦那衆は古い昔の栄華を夢見てぼんやり眠って沈滞した空気の中にあったが新しい時代の流れに気付き、積極的に先頭に立って活動する者も輩出してきた。

第1節　養子先「座古清」の家業

　筑紫音松は1890年（明治23）兵庫の川西家に22歳で婿養子に入り、五代目清兵衛の令嬢「ぬい」と結婚し川西音松となり、後に六代目清兵衛を名乗ることになる。

　川西家五代目清兵衛は、兵庫川崎町の旧家で屋号を「座古清」という。

　座古清は、北前船全盛時代には兵庫に入港する北前船の船主相手の倉庫業と流通金融業を営んでいたといわれ、明治になってからは石炭・油・米穀・洋物など多方面の商業を営み、他に左官材料等を販売していた。
「清兵衛」は代々の襲名で、先代清兵衛も相当に目先が利いた人であったとみえ、海運の発達を見て帆布を初め麻縄・棕櫚綱などの船具屋へ転換していったらしい。

　五代目清兵衛の本業は「金融業で傍ら菜種油の搾油や洋物屋」で、川西銀行と言われた「日本商業銀行」を初代安田善次郎と協力して創立している。

　二つ目の家業は菜種の搾油で、明治になってから水車に替わる「舶来の動力」を採り入れて、和田岬海岸の工場で大規模に製油していたという。

　三つ目は洋物屋である。これは輸入物の多様な商品を扱う店のことで、「多様な商品」には当然ながら、舶来のゲットと呼ばれた毛布や毛織物も含まれていて、それらが、洋物屋の主力商品であった。

　若き音松が、婿入りした川西家の家業は、すでに毛製品と深い係りがあったと見ることができる。

　筑紫音松を養子に迎えるころには、船具商から石炭・石油問屋に変わっていた。

　これまで各種書物では石炭・石油問屋だったとの記述が多いが、それは実

は石井源兵衛という人物の家だという。この源兵衛も筑紫家から石井家に入った婿養子（旧名　筑紫宗吉）で、四代目清兵衛の孫娘「たね」と縁を結んでいる。系図で見れば何と音松の実兄であり、筑紫家の三男で、1863年（文久3）生まれだから音松と2つ違いの兄ということになる。

五代目清兵衛は地元で活躍し、1889年（明治22）の神戸市会議員名簿には、後に日本毛織創立発起人になる有馬市太郎・池田貫兵衛・杉山利介らと共に名を連ねている。

余談になるが、音松が婿入りした5年後に、現「レンゴー」段ボール事業を創業大成させた井上貞治郎が14歳の時に、最初の奉公先として入ったのが「座古清」であった。

彼の「きんとま随筆」に当時の商家の様子が活写されている。
「余話1－3　「座古清」いろいろ」参照。

1　「座古清」の由来について

屋号は職種を表すというが「座古清」は馴染みがなく職業が全く不可解で、そもそも　「座古」という文字からして知見不足のため未だに意味が分からない。

筆者の耳に入る音感では〝ざこ〟は魚を連想する。〝ざこば（雑魚場・雑喉場）〟は魚市場を指し、大阪城京橋口の橋のたもとに「京橋川魚市場跡」の石柱があり、大阪天満宮境内には「天満青物市場」、天神祭で鉾流神事行う斉船（いつぎぶね）が漕ぎ出す場所に乾物商の〝ざこば〟を刻んだ鳥居と石灯籠がある。

見方を変え「雑喉」「小魚（雑魚：大衆魚）」と言い得るように、大衆に受け入れられるようにとの思いから「座古」を充てたのかとも推測するが全く根拠はない。地方に見る〝万屋（よろずや）〟的な存在であろうか。

大阪朝日新聞の1917年（大正6）1月1日から46回にわたり「開港前後の神戸」と題し各分野の話題が掲載してある。

その中に「座古清」の根拠と思われるものを探し当てた。その25回目「人文概説」には、天保年間（1831～1845年）頃にはハッキリとしていたようである。
「栄枯盛衰は世の常の事、……中略……而（しか）して多数献金者中、なお今日に家

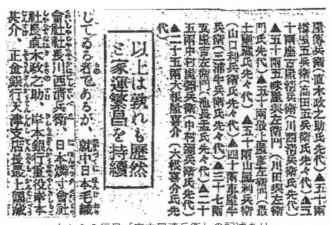

右から３行目「座古屋清兵衛」の記述あり。
左から４行目に日本毛織会社社長川西清兵衛が見える（大阪朝日新聞大正６年）

系の継続せるは極めて一小部分に過ぎない。繁を厭わずこれを列挙すれば左
の如し。

　　▲700両、岩間屋甚兵衛（神田甚兵衛氏先々代）▲500両、貝屋甚左衛門
（水渡甚左衛門氏先代）……（略）……▲50両、座古屋清兵衛（川西清兵衛
氏先代）……」

　　上記献金〇〇〇両等は、幕府への上納金である。

「以上は何れも歴然と家運繁昌を持続している者であるが、就中日本毛織会
社社長川西清兵衛、日本燐寸会社社長直木政之助、……以下省略……」

「座古清」の由来は単純に「座古屋の清兵衛さん」ということにしておこう。

　　昔も今も大阪人は省略語が好きである。

2　音松清兵衛を襲名

　　五代目清兵衛は、音松が日本毛織を創立し多忙を極めていた1898年（明治
31）11月に没したため、音松は六代目清兵衛を襲名した（以下、清兵衛と出
て来るのは断りが無ければ六代目清兵衛を示す）。

　　ちなみに清兵衛は先代の令嬢ぬいと結婚したが、長男清司や次男龍三の母
親は「ふさ」であることから、ぬいは早くに亡くなったようである。ふさは、

別項で詳細に述べる榎並家の出である。

　先代清兵衛の妻は、兵庫の榎並家から出ているので、妻の実家から二代続いて、川西家に嫁いで来たことになる。

　音松の婿養子に関する話は、「余話1-4　先代川西清兵衛の婿養子」、および「資料②-1　川西家の家系図（その1）」参照。

第2節　「兵庫港」の殷賑<ruby>殷賑<rt>いんしん</rt></ruby>

　音松が活躍する背景の兵庫港と神戸港について以下に概略を述べておく。

　音松が川西家に婿入りした兵庫川崎町の兵庫港は鎌倉時代から「兵庫津」（旧称「大輪田の泊」）と呼ばれていた。

　『大輪田の泊の台頭は、恐らく奈良朝からであったと思われるが、平清盛が「福原京」に遷都して、日宋貿易（日本と中国宋朝の間）の最大基地として、築港したもので、その役割はいま想像する以上のものがあったであろう。

　清盛の先進性がうかがわれる。近世においても北国廻船の中継点、江戸積菱垣廻船、樽廻船の出発点として賑った。鎖国に入ってやや衰えた感じもあるが、幕末・開国貿易に当たり、まず幕府が兵庫津地域を天領としたのは、その重要性を再認識したためだ』（赤松啓介「神戸財界開拓者伝」を要約）

1　神戸港開港と関連土木事業

　2018年（平成30）神戸港は開港150年を迎え、近代以降は人・モノ・情報が行きかう拠点として国内産業や文化に大きな影響を与えた。

　王政復古の2日前、1868年（慶応4）1月1日の開港後、旧湊川以西は兵庫港、以東は神戸港と呼んだが、1892年（明治25）勅令により一括して神戸港に決定した。

　「兵庫港」は「神戸港」と一つになり、将来の発展のためには埠頭建設をはじめ種々の土木開発を必要とした。港湾埋立埠頭建設、湊川・生田川流路変更、風波を避けるための運河開削等である。「余話1-5　「神戸港と関連土木事業」」参照。

第3節　川西音松の働き

　音松の生まれ育った大阪の繁栄は江戸期までで開港後の神戸には外国人居留地が設けられ、神戸はいち早く文明開化の洗礼を受け国際貿易都市として発展途上にあった。

　ハイカラ好みといわれた音松には〝徳川の大阪さようなら〟であったろう。

　神戸の都市イメージの基礎には「国際性」、「開放的で自由な気風・風土」、「異国情緒」などが挙がるが、この時期、音松の心中、商才には既に一足飛びに感じ取っていたものと思えるのである。

　『よっしゃー　やったるでぇー‼』

　この地に来てからの音松の働きの一つに、川西の家業である石炭商売や倉庫業に飽き足らなくなったので、菜種油の輸出業にも手を出したのだが、これが当たって随分儲けたと言われている。

1　川西音松風雲に乗る

　音松が「座古清」に養子に入った時は明治も既に23年を経て、神戸港埠頭の工事が順次続行され、兵庫の新川運河は完成し、湊川付け替え工事の直前であった。

　音松が「日本毛織（株）」を創立し、大会社と為した詳細は後に述べるが、当時の羊毛業界の概要を述べておく。

2　当時の羊毛繊維業界

　文明開化の波に乗った舶来品到来は雑多であったが、1887年（明治20）には輸入品のブランケット・呉呂・ラシャなどの繊維製品が約40％を占めていた。（歴史と神戸）

　わが国羊毛繊維業界の起こりは、政府の千住製絨所の事業を以て始まる。

　大久保利通が太政官に建議した具申書を要約すれば、「……毛布類の輸入は年をおいて多量になり、外国人はこの状況を察して、毛織物製造所建設を願い出てきている。これについては拒絶しているが、時間経過とともに要求は更に大きくなると思われるので、本来ならばこの種の事業は、民営で行う

べきであるが、先ず官営で起業して民間企業を誘導して行くものとする」ということで、1879年（明治12）東京府北豊島郡千住南組に「官営千住製絨所」が発足した。

1881年（明治14）、最初の民営工場として後藤毛織製絨所が設立された。

1887年（明治20）ごろには、東京と大阪で3社が設立されている。

3　兼松房治郎の示唆（ヒント）

音松毛織物業創業の決意

音松が毛織事業に志した動機に、ひとつのエピソードがある。

音松は、川西の家業である倉庫、石炭、菜種油等の関係で、常に神戸港の埠頭に現れていた。1894年（明治27）に勃発した日清戦争後の好況に沸き様々な産業が勃興し、それに必要な原料・製品等が大量に出入りしている時期でもあった。

当時、神戸兼松商店の創業者兼松房治郎は、毛織工業が揺籃期から発展期に入ったのを好機とし、羊毛の直輸入を始めていた。

音松は毎日波止場に現われて、倉庫に出入りしていたが、ある日房治郎と神戸港桟橋を散歩の途上、足下に羊毛の屑に気づいた。それがなにかを知らなかった音松に房治郎は『羊毛だ』と教えて、豪州が羊毛の産地であることや、その産出量のほか未だ日本では羊毛織物は馴染みがないものの『これは将来日本でも発達させなけりゃならん事業じゃ』と聞かせた。これが、川西音松が後に「毛織王」の地位を築き上げるそもそもの発端である。

音松が一念発起するにあたって、房治郎の言葉は起爆剤の一つであっただろう。

川西一族が売買している各種物産を日常見ていた音松の脳裏に、持って生まれた商才と羊毛とが噛み合って、原料（羊毛）から製品まで一貫した生産企業化を目指す確固たる大目標が湧き出でたものと思われる。

かくして1896年（明治29）12月3日に、志を同じくする当時の兵庫財界実力者の松本善七、沢田清兵衛、小曽根喜一郎ら27人の同志を糾合し、日本毛織株式会社（資本金50万円）創立の声を上げ、榎本武揚農商務大臣から日本毛織設立の認可を得た。

以降、清兵衛は生涯のモットーである「一以貫之」を堅持し、日本毛織
（株）を我が国第一の毛織会社になしとげたのである。

第3章　日本毛織工業界前史　日本と羊毛製品の接触

　以下、日本と毛製品の触れ合いから、日本毛織社史（三十年史、六十年史、百年史）等を参考に摘要を記述していくこととします。

1　南蛮貿易から江戸末期まで

　我が国と羊毛製品との接触は、南蛮貿易が開かれた室町時代末期で、貿易船が Raxa（ラーシャ）と呼ぶ厚手の毛織物をもたらしたのが初めてとされている。

　当時は海外貿易の自由な時代で、異国調の極彩色の布地は人々を驚かせた。小量の貴重品として珍重され、もっぱら武具に供されて大名の陣羽織・槍印・火事装束・合羽などに用いられた。

　さらに幕府が鎖国政策を解いてからは、イギリス・フランス・アメリカ・ロシアなどの交易船が来港し、より多くの毛織物が輸入されることとなった。

2　幕末及び明治初期の羊毛製品需要の増大
軍服・官服の様式化

　幕末期の攘夷・開国問題で騒然としていた時に、各藩は競って洋式訓練を採用したが、和装では敏速な動作には不都合であったため軍装も洋式化し、筒袖・ズボンになって毛織物（ラシャ）布地が使われた。

　1855年（安政2）オランダから献納された海軍技術練習艦観光丸の伝習生は、制服としてオランダ輸入の洋服を着用した。日本初の本格的に洋服を着こなしたのは、おそらく幕末の海軍士官であっただろう。

　西洋文化を一斉に吸収し風俗も洋風化が進む中で服装が洋服に代わる先駆けとなったのは軍服であった。

3　官立紡績工場及び官立牧羊事業

　明治に入り毛織物の需要は軍官用・民間用に急激に増大したが、原毛の国内生産が皆無の当時は輸入依存せざるを得なかった。

政府は、当時の経済政策であった殖産興業の方針に沿って毛織物の自給化を促進するため、国内の牧羊業奨励を開始した。

北海道開拓使で1872年（明治5）に各種緬羊を輸入し、東京青山や北海道の試験場で飼育繁殖させたが全国で200頭程度であった。1875年（明治8）9月、政府は千葉県に、官営下総牧羊場を開設し、千住製絨所が直接買い上げたが、手厚い奨励にもかかわらず、牧羊事業は失敗に終わった。「牧羊開けば製絨業も自ら興隆する」という政府の目論みは外れ、我が国の羊毛工業は原料を全面的に輸入することになった。

4　官営千住製絨所の創立

羊毛紡績　官営と民営の概要

先に述べたように、大久保利通が太政官に建議した「製絨事業開設具申書」を基に官営「千住製絨所」が設立され、次いで民営の羊毛紡績会社が設立された。

以下、民間会社の創業年と社名を挙げる。

1881年（明治14）播磨の国（兵庫県）の後藤恕作が本邦初の民間羊毛加工工場、後藤毛織製絨所設立。

1883年（明治16）大阪で伊藤九兵衛の、大阪毛布会社。

1887年（明治20）に、大倉喜八郎等が東京毛糸紡績会社を創業。

1888年（明治21）東京日本毛布製造会社、大阪に大阪毛糸紡績会社創業。

1893年（明治26）東京の栗原イネ工場が綿毛交織セルで製絨・毛織物に進出。

日清戦争（明治27〜28年）までは、東西合わせて10社にも満たず、当時の綿紡績会社の盛業とは比すべくもなかった。

従って、1896年（明治29）創業の日本毛織は後発であると言えるが、その目覚ましい活動ぶりは後述する。

羊毛輸入の歴史

前記の如く、我が国牧羊事業確立に、多大の官費を投入したが成功しなかったため、羊毛輸入は1875年（明治8）初めて清国から輸入したが、原料として不適で、大倉商会を通じて豪州からの輸入に切り替えた。

当時豪州では、入植者の努力により羊の増殖が進み、19世紀末には7000万頭となり、世界最大の羊毛輸出国になっていた。

5　羊毛輸入業者　兼松房治郎

既述の如く明治政府が、牧羊事業に失敗したことにより羊毛は輸入依存になり、輸入業で活躍する人物が出てくる。

兼松房治郎について「兼松は語る」から摘要すれば、欧化主義の世潮が、我が国の毛織物需要を年々増大し近い将来オーストラリア羊毛が日本の必需原料となると見て「日豪物産の交易は男子一生の事業となすに足る」と信念を固めオーストラリアに単身渡航し、1889年（明治22）８月15日、神戸市に「日豪貿易兼松房治郎商店」の看板を掲げ、開業第一歩を踏み出し、1890年（明治23）５月には洗上羊毛187俵を買付けて積出した。この羊毛こそ日本人が豪州羊毛を直輸入した第１号である。

兼松房治郎略歴

1845年（弘化２）大阪で生誕
1873年（明治６）三井組銀行部入社
1887年（明治20）大阪日報新聞買収
1889年（明治22）豪州貿易商店創業
1913年（大正２）逝去69歳

第4章　日本毛織株式会社設立

1　川西音松の毛織物業創業まで

　兼松房次郎の示唆を得て、音松が事業を始めるにあたり単身上京し、安田善次郎の私邸を訪ね、資金援助の直談判に及んだ。当時、養父の五代目清兵衛は和田倉庫株式会社（資本金30万円）、第百三国立銀行（資本金8万円）の代表者であったが、更に安田に直接交渉を持ちかけた音松は、日本毛織創立に不退転の意思を持ち、且つ生涯の信条とする『石橋を叩く』行動に出たのである。

　起業の決心は音松が、川西家に養子に入って6年後のことであり最年少の音松が、年かさの兵庫の旦那衆多数と折衝・説諭して理解者側へと引込んでいった。特に養父五代目清兵衛の説得には苦心があったという。

　それらの熱意と信念の中には、カリスマ的な要素もあったのであろうか。

日本毛織創立総会の経過

　1896年（明治29）10月25日、兵庫随一の料亭「常盤花壇」の大広間において、創立総会が開かれた。

川西音松

　席に連なる発起人の顔ぶれは志を同じくする当時の兵庫財界の実力者、松本善七、小曽根喜一郎、石川茂兵衛　他すべて27人である。

　時に音松32歳の若年であったが、この計画の主唱者で財的信望もあり、堅実な手腕を見込まれて、座長に推された。

　創立費・定款・重役報酬を付議決定し、最後に取締役及び監査役を選出して、取締役の互選の結果、川西音松を社長に推薦した。

　27人の役職リストは、資料⑤参照。

　日本毛織株式会社の創立趣意書を要約すれば、

当時の状況から説き起こし「百般ノ事業、日ニ月ニ相競ウテ駿々タル百川ノ
決壊スルガ如ク……」しかし、いかに盛況といっても、「我国目下経済上必
須ノ工業ニシテ尚未ダ発達セザルモノ枚挙ニ遑アラズ……就中我ガ国毛織事
業ノ如キハ著シク発達セザルモノナリ……　唯経験アル良職工ノ乏シキハ一
ノ困難ヲ感ズルト雖モ、元来工芸ニ巧ニシテ手工ニ敏ナルハ本邦人独特ノ長
所ナルヲ以テ適当ノ技術家ヲ聘シ……漸次習熟セシメバ至難ノ業務ニ非ズト
信ズ」

　まさに気宇壮大というべきであろう。

　資本金50万円と決め認可手続きを行い、1898年（明治31）の初め、本店を
兵庫戸場町4に置いて、同月30日に「日本毛織株式会社」の看板を掲げた。

　スタッフは川西音松社長以下見習い手代まで計7人で、まことにささやか
な発足である。

2　工場建設の困難と操業開始

　創業当時の経済界は、日清戦争による賠償金（邦貨約3億円）と戦勝気分
の沸騰によるためか、全国的に各種起業熱が勃興したが羊毛工業だけは、技
術習得が難しく、計画しても着手するのはまれであった。

　日本毛織はこのような時代に赤毛布（赤いブランケット⇒赤ゲット）及び
ラシャの製造目的で創業したが、品質維持と販売の困難さには、つぶさに辛
酸をなめたものである。

　創業直後には、大きな問題が発生した。

　工場敷地の選定で調査の結果、明石の茶園場に工場を建て始めたが、明石
城址が宮内省で御用邸の候補地に選定されたため風致上、近くに工場の煙突
が建ち黒煙が上がることは、まずいという話が出たため見送りとした。

　その直後、宮内省から『国産発達の事業を挫折せしめるは洵に気の毒であ
る』として、移転補助金5万円を下賜頂き、重役一同恐懼（おそれかしこ
まる）して事業達成を誓い、1898年（明治31）6月に加古川に敷地を求め操
業に必要な諸施設を建設した。

　宮内省から下賜を受けるなどとは日本国中で日本毛織だけの光栄であった
だろう。

川西音松、強運の一つかも知れない。

工場の選定に関する詳細は、「余話１－６　工場敷地に大問題」参照。

３　加古川工場操業と品質確保の苦労

当初の生産計画に従い、1899年（明治32）６月から赤毛布を製造、1901年（明治34）４月からラシャの生産を行ったが、いずれの製品も品質・外観ともに輸入品に及ばなかった。原毛買付・原毛調合法・織物染色・製品仕上などすべての面で欠陥があり、安価な反毛（＝再生毛）原料さえ入手できないうえ、作業員の能率も低くコスト高となった。

後に技術陣のリーダーとなった谷江長の回顧談によると『明日の石炭にも事欠く日々もあり、日本毛織の手形は銀行が引き受けてくれないこともあった』という。

川西清兵衛は役員の協力を求め、断固として努力精進する覚悟を示し、製造現場も血の滲むような努力と原毛買付の改善が積み重ねられた。その成果が日露戦争の軍需品生産に開花したのである。

技師の招請と技術習得

事業の成否は技術にあることを、清兵衛社長は十分認識していた。

それらの背景から、技術の研修、組織の整備について二つの方法を採った。

一つは、赤毛布（赤ゲット）製造から始め、全ての面の技術習得の為に、ほぼ毎年官営千住製絨所に技術者を修業に出した。

もう一つは、東京製絨から技術者の引抜きで、東京製絨の技師だった小菅久徳を招いて初代工場長に就任させた。

小菅久徳は、後に第二代技師長になった谷江長とは、東京蔵前の東京工業学校

設立当時の加古川工場（「日本毛織六十年史」より）

小菅久徳初代技師長　　　　　　谷江長第二代技師長
（「日本毛織六十年史」）　　　　（「日本毛織六十年史」）

（後の東京工業大学）の先輩後輩であった。

　市場にはイギリス・ドイツの製品が主で、それらと比較すると日本毛織の物は、原毛の質にばらつきが多く、且つ製造技術が未熟で、品質の不揃いが大きな原因で、口の悪い者には「まるで死んだ猫の皮のようだ」と言われたらしい。

　販売は芳しくなく清兵衛は、ついに自ら風呂敷に製品を包み、大阪や地方の問屋へ売り込みに歩いたこともある。

　美談ではない、創業者が一度は通る苦労の道である。

　赤ゲットの一般市民への流行等については、「余話1－7　赤ゲットの流行」参照。

技術者（谷江長）の欧州派遣
最新技術習得に懸ける

　欠損が3〜4期続いた1902年（明治35）頃が一番難しい時で、明日の石炭にも事欠く日々もあったという。清兵衛は踏ん張った。株主たちが不平を鳴らす中で『毛布の輸入は増える一方だ、需要は確実に増えている、良い物さえ作れば輸入品に追随・凌駕できる。切り抜ける道は優れた商品を作り出す

以外にはない』、そのためには、『技術者をヨーロッパ先進国に送ることだ！』清兵衛は、派遣社員に機械部の技師・谷江を選んだが、不況（1902年〈明治35〉）の際に、不要不急の資金を費やすのは賛成できぬと役員連中は猛反対した。

当時一民間毛織会社が率先して技師を洋行させるなどは考えもつかぬ時代である。

だが一大勇断を川西青年社長は敢行した。

清兵衛は『私財を投じてでも滞在費月150円全額を送金してやるぞ』と確約した。

男と男の約束（熱い友情とでも言えようか）が、どれほど二人を励まし合い支えあったことか。

時に清兵衛37歳、谷江25歳であった。

谷江技師は『あの時ほど感激したことは生涯になかった、これではどうでも海外から研究上の大きな成果を得ないと日本へは帰れないぞと深く心に誓った』と述懐している。

製絨技術が長足に進歩
「技術の川西」の根源

谷江は1903年（明治36）4月、まずドイツの一流毛織会社の職工として製絨（せい）技術を実習し、フランス、イギリス両国で毛織技術、羊毛工業のあり方を学んだ後、1905年（明治38）6月帰国した。

谷江のもたらした先進国の情報と製絨方法で欧州式製絨技術にもとづいて、機械設備の改良増設を行い、原毛調合や染色仕上げに注力し新たに軍用製品を作ったところ陸海軍当局の好評を博し、さらに服地、外套他の数点は軍の規格品に指定された。

ここで得た自信は大きかった。

清兵衛は、ここを先途（せんど）と攻勢に出て、日露戦争を契機として一気に伸長、1907年（明治40）10月には資本金を3倍の150万円に増やした。『まさに一以て之を貫く、を地で行った創業苦難の10年で、ここから次々と翁一流のやり方が展開されるのです』後の取締役肥塚信二の口調も熱をおびている。

　ヨーロッパに追随・凌駕するため技術者派遣はその後も続いた。

　1906年（明治39）加古川工場長の小菅久徳をヨーロッパ各国に派遣、1910年（明治43）には、小倉喜一技師をドイツに派遣し、新規部門のモスリン製絨を研究させている。小倉は外国人技師数名を率いて帰国し、業界で注目を浴びた。出来上がった製品は、輸入品に比べてなんら遜色はなく、市場の好評を博したのである。

「一以貫之」「勤而不倦」
肥塚信二と谷江長の回顧

『創業時の苦心談で、自ら赤ゲットを持って大阪の洋反物商を回られたことは、よく聞かされました』とは肥塚の証言で『苦心談は開拓精神を叩き込むためのもので、一以貫之（一以て之を貫く）が清兵衛氏のモットーであり、日本毛織の精神でもあります』と続く。

　後年、1964年（昭和39）12月3日の創立記念日に、日本毛織発祥の地加古川工場の一角に、初代社長川西清兵衛揮毫の石額「一以貫之」に台座を設け記念碑とした。

今に残る石額（「日本毛織六十年史」）

4　日本毛織の商標と通称・愛称

　日本毛織の商標は、「日」と「毛」の文字を図案化して「日毛」の意を表した。

太陽と毛を図案化した社章　　　　社印。昭和30年代まで使用
（「日本毛織六十年史」）　　　　　　（同左）

　1901年（明治34）６月、農商務省特許局長へ商標登録願を提出、同年10月承認登録されている。

社名の正式呼称・通称・愛称

　日本毛織の呼び名は正式には「にっぽんけおり」である。社歴120年余を経たのは日本毛織と日本銀行（にっぽんぎんこう）だけである。

　通称、愛称では漢字による略記として「日毛」を使用し、「ニチモウ」という呼び方が生まれた。今日定着している「ニッケ」の愛称は、口調がよく外来語的な語感が好まれたため、大正末期から用いられた。公式に使用したのは昭和初期の神戸開港博覧会のパンフレットが最初で、以後、「NIKKE」のアルファベット表示と共に盛んに使われ今日に至る。

5　日本毛織製品の品質査定

　陸軍被服廠は各羊毛輸入商に羊毛買付を命じ、それを日本毛織・東京製絨・後藤製絨などの各紡織会社に試験毛織させて、各社の能力と品質を査定することとなった。

　試験の結果、兼松が納入した羊毛は鑑定書より実際の歩留まり率が高かったのだが、他商品の歩留まり率は提出した鑑定書よりも低く、また紡織会社では日本毛織会社の製絨高が一番多かった。

　即ち、兼松が納入した羊毛を、日本毛織会社が製絨すると、最も良い成績が得られたのである。

　日本毛織の目覚ましい伸長は、軍用毛布や、軍人・警官の服地など量産できるものを重点に生産を続け、軍隊は支払いが堅いことにも理由があろう。

　当時の人達は「石橋を叩いて渡るという諺があるが、川西さんは表から叩いておいて、今度は裏から叩いて、大丈夫と見定めないと渡らぬ男だ」と評したと言う。

　品質確保も石橋を叩くのも根底の精神は同じである。

6　日露戦争の特需とラシャ製造業の発展

　日露戦争は、我が国羊毛工業界に多くの影響を及ぼしラシャ製造業では、軍需の激増が民間会社の拡張を促した。

　日露戦争は、大国との戦争であったため、日清戦争に比べはるかに膨大な軍需品が調達された。千住製絨所の生産量は一挙に日清戦争の２倍以上に急増し、それでも足りず民間会社への発注も増加した。軍需品は軍服地・外套地を始め毛布・ゲートル地などであった。

　1905年（明治38）９月の講和条約で賠償金が得られず景気は沈静したが、日露戦争に勝利した我が国は世界の５大強国に列したことになったとされ、文物・制度は画期的に向上発展した。

　しかし、1907年（明治40）には早くも反動期に入り、明治末まで毛織業界は混乱が続き、景気は後退し、減資するか、整理するか、これらの打開のため製絨会社の大合同論が持ち上がってきた。

　日本毛織と三大毛織会社（東京毛織、東京製絨、後藤毛織）の合併論、次いで日本毛織と東京毛織の合併論が持ち上がったが、川西清兵衛との思惑が一致せず、合併問題は打切られている。

7　第一次大戦の特需　羊毛工業の黄金時代

　1914年（大正３）８月、セルビアの一青年が放った一発は、世界大戦に拡大した。

　連合軍・枢軸軍の将兵は、年内クリスマスまでに復員できるとして出征したというが、1919年（大正８）６月まで４年間にわたり欧州を惨禍のルツボに投げ込んだ。

日本毛織の事業が揺るがぬ基盤を得たのは、この第一次大戦でもあった。

開戦と同時に、ロシアから軍用絨（じゅう）の大量注文が入り、政府は日本毛織を含む五大製絨会社を集めて製造引き受けを勧めた。

清兵衛は1回目受注90万ヤードのうち半分の45万ヤードを引き受けた。輸入の難しい機械を、手を尽くして補充し、工具も1800人から2400人に増やした。1915年（大正4）5月、臨時株主総会を開き、資本金を500万円に増資して万全の態勢を敷いた。

これがまた図に当たった。追っかけるように2回目の注文。今度は500万ヤードという大量だ。協議の末、半分の250万ヤードだけを引き受けることにして、清兵衛はその過半に当たる130万ヤードを分担した。

『国のためや、昼も夜もない』とハッパをかけ工場はフル回転。

1916年（大正5）4月まで計5回の引き受け総量は1510万ヤード、うち日本毛織が765万ヤードを製造したが、革命によりロシアの連合国脱退に伴い、注文はバタリと止まった。しかし、その間に毛織物は天井知らずの暴騰を続けていた。清兵衛はそちらへ切り替える。舶来モスリンを防ぎ止める方へと進めていくのである。

どこまで強運の男なのか。

8　逆風—関東大震災

何事も順風満帆とはいかないこともある。

1923年（大正12）9月1日、突如として関東一円を襲った大震災の打撃は、毛織工業は元より、全産業ほとんどが完膚なきまでに叩きのめされた。

日本橋区上槇町20番地にあった日本毛織の東京支店も倒壊し、神戸の本社がその知らせを受け取ったのは3日後のこと。

状況報告のため、西下した石田英造東京支店長によると『我が社の帳簿だけは残ったが、得意先から掛売り金の回収ができる見込みは立たない』という。当時、東京支店はネル・毛布・ラシャ・モスリンなどを扱っており、得意先は、いずれも第一次大戦後の恐慌で青息吐息。そこへ震災のダブルパンチだ。得意先を見舞うと、焼けただれた金庫の前で、何時までも呆然と立ちつくしていた店主が多かったという。

　とりあえず支店長は得意先全部を見舞って善後策を講じておき、東海道線の開通している所まで歩き西下して、清兵衛の指図を仰いだのである。

　『そうか、全部もれなくお見舞いをしたのだな』と清兵衛は念を押すと、即座に在庫品のうちラシャや毛布を送って罹災者救済の段取りを命じ、莫大な掛売金の焦げつきについては一言も触れなかったという。

　震災により日本毛織工業界は全能力の40％が失われたといわれる。東京毛織、東京モスリン紡績、東洋モスリンがいずれも900万～1100万円の損害を受けた。その中にあって日本毛織の損害は東京支社と荏原郡大井町の東京工場を失い10数万円で済んだのは、まだしも軽微といえた。

9　儲けそこなった人絹製造

　人絹の製造は繊維工業の第一革命と言われる。

　我が国の人絹製造事業は1918年（大正7）に帝国人造絹糸株式会社（現テイジン）が設立されたが、年産僅かに20万ポンド。1926年（大正15）には輸入328万ポンドに対して内地生産570万ポンドまで押返したのである。

　日本毛織の川西清兵衛は、この急激な動きを見逃さなかった。人絹は絹織物の5分の1という安価だ。大衆向きの衣服として普及することは必至であると清兵衛は考え、1925年（大正14）9月、嘱託技師高尾繁造、内海保次、社員坂梨増太郎の3人を人絹製造研究のためヨーロッパに派遣した。

　3人の視察報告で、チェコスロバキアのバーダー人造絹糸製造会社のバーダー式人絹のパテントを譲り受けた。

　早速1926年（大正15）日毛名古屋工場の隣接地に人絹工場の建設に着手し、1927年（昭和2）10月、総建坪1万m²の工場が完成した。バーダー社長自ら数人の技師を引き連れて来日し、機械を据え付けたばかりか製造技術の一切を伝授した。生産高は日産500kgだった。

「日本毛織六十年史」の記述によると「もともとこの工場は、毛織物に混織すべき自家用人絹糸を製造する目的だったので、規模も決して大きくなく、生産量もいうに足らなかったが、当工場で生産した人造絹糸は、輸入人絹の優秀品と比べても全くヒケを採らなかったので、市場に出しても十分、他社の製品と対抗できる確を得た」という。市場に出せるとみると、1929年（昭

和4）に工場設備を拡張し、日産15トンの人絹を生産するに至った。

　名古屋人絹工場の製品を日毛加古川工場に送り、羊毛と同じ長さに切断して相当量使用した。

　同社史は言う。「レーヨンを羊毛と混紡し梳毛紡績用にスフを使用したのは、おそらく我が社が日本で一番古いのではないだろうか」。ともあれ、川西清兵衛の事業熱は飽くことを知らず、この間にも多方面に手を伸ばしている。

10　川西会長の寿像建立

　川西清兵衛翁は、日本毛織創業の日から40年の永きにわたって在任した社長を辞し、自らは取締役会長に就任した。

　川西社長のもとで久しい間その薫陶を受けた役員・従業員一同は、創立40周年事業として川西会長の寿像（生前に作っておくその人の像）を明石町（神戸市旧居留地）の新社屋に建立してその長寿を祈り、感謝の念を表することにした。

　1940年（昭和15）4月29日の天長節に除幕式を神式により執行した。寿像建設発起人総代の玉串奉奠の後、銅像は振り袖姿の愛孫川西喜美子嬢（川西清司氏長女）の手により除幕された。

　銅像台石の前面のブロンズ板に彫られた「勤而不倦」の4字は、清兵衛氏処世の信念を自ら揮毫されたものである。

　側面の頌徳銘（偉人の徳をたたえる文章を刻んだ銘板）を見て驚いたのは、川西清兵衛一代の事績を顕彰していることは当然であるが、「日本毛織株式会社役員並従業員一同」で締めくくられていたことである。

　役員、従業員1万566名の拠金2万9720円で賄われたのである。

川西会長寿像（作者長谷川義起。
ニッケ本社にて筆者写す）

11　川西清兵衛の会長就任と川西清司の社長就任

1936年（昭和11）12月3日、創立40周年を迎えた。この前後の6年間、即ち昭和の大不況を脱した1931年（昭和6）から日中戦争突入の1937年（昭和12）までは、日本毛織の歴史で幾度か現出した好業績期の中で最も輝いた、日本毛織の黄金時代といえる。

羊毛工業会会員会社の生産設備を見ても、梳毛機（台）、梳毛精紡機（錘）なども飛び抜けて第1位である。名古屋工場第2紡績工場の建設、神戸の一等地大丸デパート東の明石町（旧居留地）に本社ビルを建設するなど好調さを示している。

創立40周年を迎えた1936年（昭和11）12月24日の役員会で、大幅な役員の異動が決定。社長川西清兵衛は会長に、常務取締役川西清司は専務取締役に就任した。

この時川西清兵衛は71歳、川西清司は46歳、社長は空席となったので、形式上は川西清司が日本毛織の代表者であった。

それまで永年にわたって実務の中心であった常務取締役塚脇敬二郎は辞任し、新たに満州国に設立された東洋パルプの社長に就任した。塚脇の並々ならぬ手腕と人望から、川西清兵衛の次の社長として塚脇を待望する社員は少なくなかったが、清兵衛は長子の清司を後継者としたのであった。

前社長川西清兵衛は、会長就任後も従来通り出社して業務にあたったが、1943年（昭和18）に入ると健康を損ね、その年の夏を最後に会社へ姿を見せなくなった。

12　清司社長苦難の時期

清司氏が正式に社長に昇格したのは7年後の1943年（昭和18）12月で、以後1946年（昭和21）の間は、戦中・戦後の真っただ中で、苦難のみを受けられた感がある。

国を挙げての総力戦の過程で、日本毛織も多くの工場が軍需部門への転換と主要設

川西清司。昭和初期
（「日本毛織六十年史」）

備の供出など多大の犠牲が求められ、それを義務として受入れ忠実に実行された。

　あげくに、各工場は惨憺たる戦災を被り、戦後は海外事業のすべてが没収され、占領軍行政による企業解体の危機さえ予想されるなど、日毛100年の歴史の中で最も難題の積み重なった時期でもあり、清兵衛氏が社長を40年間務めたのに比べ、清司氏は僅か2年余りで、もう少し早く清兵衛氏が会長に退くべきだったと思われてならない。

川西清司氏　略歴

1890年（明治23）神戸市に誕生
1916年（大正5）慶應義塾大学理財科卒、日本毛織に入社
1918年（大正7）日本毛織購買課長、購買部長、原毛部長を歴任
1925年（大正14）9月営業部次長
1928年（昭和3）取締役就任
1934年（昭和9）常務取締役
1936年（昭和11）専務取締役就任
1943年（昭和18）12月社長就任

第 5 章　川西清兵衛の人間像と経営方針

　清兵衛氏の経営信条を概略的に述べておく。

1　事業への意気込みとその背景

　1933年（昭和 8）4 月11日「神戸又新日報」新聞に人物伝記として川西清兵衛を次のように紹介している。

　「川西氏を中心とした事業としてはこの他に名古屋の昭和毛糸会社がある。あくまで羊毛工業報国を念とする氏の本拠……日本毛織の別動隊である。また神戸生糸会社及び石川県に川西粟津牧場がある。

　川西氏を中心とした企業網は別表の如くであって、世間ややもすれば企業閥と金融資本閥の抗争を伝え、近世産業革命を云為（言ったりしたりする）するが、このうちにあって毅然としてその率いる企業閥を引緊め果然として所信に邁進する氏の風貌は寔に快心そのものである。

　かくの如き企業網を率いて金融資本閥に一歩も譲らぬ川西清兵衛氏の商才ぶりは決して世間並の所謂社長ではない。

　69歳の今日でも書類には全部目を通し重要点及びミスの点にもチェックしているという。しかもそれが設計図の様なものに対しても同様だというのだから大よそ想像がつこう。

　『わしはこの事業をはじめ、他事業についても同様に終始する覚悟である、事業に対しては自分の年齢など考慮の外だ、川西の事業に対して常に長男だという気分でやっている、勿論隠居などという事は以ての外であるから、わしの子供には長男に清司と次男に龍三という三男名をつけてある』とは川西氏の本音であろう。

　現実に清司氏は日本毛織取締役、龍三氏は川西航空機社長であり各々事業の後継者として不足ない活躍ぶりを示している。このような事が、世情で言われているように、川西は家庭的だという所以であろうか。

　かって記者が川西氏に岐阜にある人絹工場を拡張する気はありませんかと聞いた時『わしは人絹工場を拡張する資金があったら羊毛を国産せしめたい、

これからのわしの本当の希望と仕事はこれだ』
と語ったことを思い出して氏の満州進出の当然なことを再確認した」と報道
している。

2　清兵衛氏の信条

清兵衛氏の経営信条を集約しておく。

先ず、商才を発揮した裏付けとなる好奇心の旺盛さは、家業の墨守に飽き
足らなかった点として大きいと言える。

一つまみの羊毛屑から、40余年（1937年時点で）を毛織工業のために打ち
込んで、日本毛織という我が国最大の毛織会社に成長させ「羊毛王」と言わ
れ、1920年（大正9）秋創設された日本羊毛工業会では、理事長に就任し、
10年余りこの業界をリードした。

清兵衛氏の経営行動とその信条は、

「一以貫之」
_{いちをもってこれをつらぬく}

「勤而不倦」
_{つとめてうまず}

と、あるが至言であろう。

当時最新鋭の機械製品であった航空機にも興味を示し、結果的に合資会社
解散事件があったが、それにも挫けず川西機械製作所及び運航会社（姉妹会
社＝日本航空）、川西倉庫、山陽皮革など数々の企業設立等、我が国工業近
代化の発展に貢献している。

その他、関連又は支援した会社、山陽電鉄、山陽皮革および日本フェルト
工業については後述する。

第1節　経営者として

1　経営方針

清兵衛氏評のひとつ

赤松啓介の著作によれば、「多くの財界人物に接すると、極めてエピソー
ドの多い人と、石部金吉型の人との両極端が目立つ。

話題の多すぎも選択に困るが、月並みな生活態度や思考のみが目立つ人物

も挨拶のしようがない。乾新兵衛、金子直吉、山下亀次郎、内田信也などという人は前者の例で、その脱線ぶりとか、常人には及ばない態度が見える。

　武藤山治、兼松房治郎、川西清兵衛、田村新吉などは後者に近く、私生活でも模範的と言っても過言ではない。それ故に本性を見せるような話のタネも少なく、表面的観察にとどまらざるを得ないが、しかしそういう人達でも、ある機会に素顔を見せることもある」

清兵衛氏の凄腕

　世間的に著名な例では、1922年（大正11）藤田謙一が社長だった東京毛織と日本毛織の合併案が持ち上がった時のことである。

　藤田謙一は東京商業会議所の会頭を勤めた人物だが、後には背任、横領、贈収賄、証拠隠滅などの犯罪嫌疑で御用となり、刑務所を出たり入ったりした有名な財界ゴロである。その藤田が日毛との合併を考えてその斡旋方を工業倶楽部にさせた。

　川西側としては、先ず臭いものの蓋を取れということで、藤田に責任のある真実のバランスシートの提示を要求したが、藤田がそれを回避したので、川西は即座にこの合併談を蹴ってしまった。……炯眼である。

清兵衛氏と他財界人との比較

　ここでは、清兵衛に対して金子直吉（鈴木商店）という全くと言ってよいほど経営思想の異なる人物を持ってきて対比してみる。

　大阪朝日新聞は1923年（大正12）5月6日朝刊「財閥から見た神戸人物伝記」で清兵衛の凄さを報道している。

金子直吉

　金子直吉の前に、鈴木商店を紹介しておく。現在では経済界の話題で「鈴木商店」と言っても通じにくいが、明治中期から大正にかけて、三井・三菱を凌駕する勢いのあった会社である。

　鈴木岩治郎が当主で、砂糖の輸入販売により大利を重ね、1887年（明治20）ごろには、神戸有力八大貿易商のうちに入り、神戸商業会議所常議員を

務めていたが、1894年（明治27）に急逝した。後を継いだ妻の鈴木よねが、番頭の金子直吉と柳田富士松をフルに使って巨大商社に仕上げた。

　金子直吉は、1866年（慶応2）土佐の生まれで、1886年（明治19）に神戸へ出て、鈴木商店に勤めた。当初国内製品を扱っていたが、樟脳の効用性（防腐・医薬・セルロイド原料）に気付き世界最大の産地であった台湾産樟脳の一手販売権を確保し、鈴木商店が一大飛躍する基礎を作った。

　1914年（大正3）夏、第一次世界大戦の勃発時に、金子は国内外の情報を分析し、長期化するとみて、ロンドン支店長の高畑誠一に『鋼鉄と名の付くものは、何でも良いから金に糸目をつけず買いまくれ』と打電し、高畑は船ごと買いまくるという破天荒な取引を行い、1億数千万円の巨利を得て、三井・三菱と「財界天下三分の計」を豪語したと言われている。

　鈴木系の東京毛織は日本毛織の対抗会社としてよく併称されるが、内容に於いてはとても日本毛織の比ではない。東京毛織は鈴木系の後藤毛織と大倉系の東京毛織と更に東京毛織の3社が合体して成立した関東毛織の雄として知られているが、関西の日本毛織には頭が上がらない。

　毛織事業の合同といえば、日本毛織対東京毛織と相場が決まったものであるが、いつも川西の精細なる婿選び振りに出会って東京毛織はお婿さんとしての資格がないと蹴られてしまっている。

　清兵衛には日本毛織を今日まで育て上げるについて、並大抵でない苦心を舐めてきた経緯がある。一日社長の椅子に座ってさえいれば納まる彼が、技術者出身でないにもかかわらず、毛織工業に関する実際的知識は何人の追随を許さぬほどに確かなのは、この苦労に裏付けられた一副産物たるにすぎない。

　彼は日本毛織をもって、誰はばからず「日本一」のお嫁さんだと自負するだけの勇気を持ち、且つそれに加えて船場・兵庫商人式の石橋を叩いて渡るのだから、お婿さんたるものの条件に叶うのは相当に難しくなってくる。

　一例として、東洋毛糸が日本毛織と合併する計画があって、それが不成立になったのは、その交渉担当者によれば『川西さんときたらそれはひどい、どんな会社でも多少の秘密はあるものだから、いくら合併するといっても資産状態を調べるにあたり、セメテ腰巻ぐらいを許して貰いたい。それを腰巻

まで取られて、その挙句、いけぬというのだから堪らない』と述懐している。

この批評に躍動しているものは清兵衛式経営態度の他何ものでもない。

清兵衛と金子直吉とは東京毛織との合同問題で時々接触して問題が起こる。元来清兵衛は兵庫の土地を代表する守旧派であり、金子は特異な大風呂敷を広げる癖がある。

根本的に性格が相反しているので両者の意見が合致するはずがない。毛織合同問題が持ち上がった1927年（昭和2）、堅い頭の清兵衛と、柔らかい頭の金子は、神戸からわざわざ東京まで出かけて会見している。

この時の合同計画は、鈴木商店が過半数の株式を握っている東京毛織と、川西が同じく過半数の株式を手にしている日本毛織（川西家は12％ほどしか持ってないが）とを合同し、これに陸軍の千住製絨所をも払い下げて、さらに満蒙毛織を併合し日本と満蒙との毛織事業を統一しようと目論んだものであった。

計画が派手なところから推察すると、東京毛織側から提起されたことは明確である。

この題目の下に両社重役はしばしば折衝し、且つ会見した。すったもんだのつまりが、東京毛織の資産状態について日本毛織側の腑に落ちぬ所があるというので、折角の名案たる日満蒙の毛織事業（三角統一理想論）も二葉のうちに摘みとられ、合同談不調の幕がおりた。

金子は金子で『あんな融通のきかぬ男とは話は出来ない』と言ったそうだが、清兵衛は『あんな化物のような男と話が出来るか』と言ったとか。後の鈴木商店の有様をみると慧眼であったと言えよう。

2　清兵衛の持つ「慧眼」

日本毛織は、川西清兵衛によって生まれた会社であるが、清兵衛は手を懐にして、環境に恵まれて今日の日本毛織を築き上げたのではない。そこには、彼の慧眼がある。慧眼即ち物事の本質を鋭く見抜く力がある。時代の変遷を見透し事業の進路を知る目であって、彼はそれによって常に新しい時代を捉えて行き、これが今日の日本毛織を築き上げた力となっているのである。

川西のこうした慧眼を語る最初の業績は、日本毛織の事業主力を軍絨（軍

で使用する厚い毛織物）に向けたことである。周知のように毛織物は大別して厚物と薄物に分けられるが、厚物は大量生産に適していないので小企業規模による経営を適当とするが、川西はその逆を行って厚物から始めたのである。しかも日本毛織は創業2、3年でイギリス、ドイツからの輸入毛布に対抗するものを作って、これにより厚物の技術経験を十分に積んだ。

　1902年（明治35）頃から陸海軍、警官、監獄署員などの服地製造に着手した。既に毛布で陸軍と十分な関係がついている上に、服地なら毛布を織ると同様大量生産に適する。こういう服地を作って官庁に納入していれば、数量も大きいし、少々の問題があっても安全である。で、川西はその後もせっせとこの軍絨製造に主力を注ぎ、日本毛織が安泰な業績を続けてきた根本事情である。

　おかげで欧州大戦当時はロシアから約1800万ヤードの軍絨の注文を、日本毛織が半分を引受けてウンとこさと儲けた。

　川西は、それゆえに他会社の軍需製造計画に対しては極度に神経をとがらせたもので、川西の慧眼を語る第二の事例は、常に彼が世界の新技術を受け入れることに努力した事である。

　1902年（明治35）に、機械部技師で後に取締役となり、後に伊丹製絨所を創立してその社長となった谷江長を欧州各国、特にドイツ、フランスに長く滞在させて本格的な製絨技術を研究させ、1905年に谷江が帰国するや、川西は谷江の言に従って製造設備を大改造したものである。「日毛三十年史」によると、「… 30年の昔に、僅か資本金50万円の小資本の地方会社が、他の先輩会社に率先して、技術員を欧州に留学派遣させるということは、斯界の驚異に値すべき一大英断である……」と述べているが、実際その通りである。

　谷江長はこの時、合わせて大陸式梳毛絨及び精紡機を持ち帰ったが、この大陸式が日本に適すると見て取った川西はこの同年、新たに小倉喜一技師をドイツに派遣して、もっぱら大陸式梳毛製造法を習得せしめ、同時に加古川第3工場を建設して梳毛工場を経営したのである。そしてこれは日本毛織の事業に新しい威力を加えたのであった。と同時に、日本におけるトップ製造の最初であったが、そこへ間もなく欧州大戦が勃興してオーストラリアのトップが輸出禁止となって、日本の毛絨会社は殆ど行詰まったのだ。けれども

日毛のみは、このトップ自動設備のお陰でノホホンを決め込んだ上に、シコタマ儲けたのだった。

　川西の頭の良さは、この二つの例だけではない。トップ製造と同時に始めた毛糸事業が思ったより良かったので、その販売毛糸を製造するため、1913年（大正2）には日本毛糸紡績会社を日毛の本織子会社として創立して100％効果を上げており、1927年（昭和2）には、当時の日本の毛糸供給力大不足状態と見てとって、昭和毛糸紡績会社という絨毛糸専門の大会社を作ったが、これも100％の効を奏していて、かつ日本で国産毛糸の供給に決定的な勢力を確立したのである。その後東洋毛糸紡績、中央毛糸、日本毛糸といった毛糸専門の中小会社が発足しだしたのは勿論これにならったものである。

　川西清兵衛は、事業の進歩改善には、実際、大した慧眼を持ち努力を費やして来たのであって、このことは、日本の毛絨工業のため川西を100％に評価すべき事実だと思う。

3　川西の積極的堅実経営法

　川西がメリヤス工場を建てた明石市茶園場は、日本毛織にとって、いわくつきの土地である。

　工場設置許可が出るまで、30ヶ月保有し続けた土地である。新しい事業を起こすには記念の地がふさわしいとして、鉄筋コンクリート建て、合計約7千平方メートルの大工場が建設された。機械設備はイギリスのコットン式編立機械210数台を入れた。欧米メリヤス機械の粋を集めたという。

　当然、それらは巨額に達した。だが清兵衛は惜しみなく金をつぎ込んだ。「我社の海外派遣技師は、莫大な手付金を即座に支払ってハルトマン、プリンス・スミスなど大機械メーカーの信用を博した。しかし、代金の支払いが確実であった代わりに、その検収は峻烈を極めたので、ハルトマン社長が『日本毛織は左の目で怒って受け取り、右の眼で笑って支払う会社である』と述懐したという」（日本毛織六十年史）。

　川西清兵衛の積極姿勢を示すもう一つの例に、アルパカ裏地の製造がある。

　大正の末年から昭和にかけて、アルパカ裏地の輸入が増えた。それに対抗するように、国産ものが市場に出回る。舶来に市場を食われることは、繊維

メーカーとしては何とも悔しい。また、国産の粗悪品が出回ることもほってはおけない。清兵衛は、アルパカ原毛から一貫作業で舶来を凌ぐ裏地を作り上げ、舶来品を駆逐しようと考えた。

　まず、原糸を加古川工場でつむぎ出し、明石工場に送って織り、染色することにしたが、アルパカには特有のつやと、スベリの良い手触りがあるがそれがなかなか出ない。

　『よし、イギリスへ行って勉強して来い』と清兵衛は、1928年（昭和3）、印南工場の工務課員、佐山弘を渡英させた。不況の真っただ中である。一民間企業とすれば社員の海外研修は重荷だったろう。しかし、これも清兵衛の計算ずくの投資だ。佐山は清兵衛の眼鏡にかなった働きをした。アルパカ原糸の紡ぎ出しに適した細番手用フライヤー精紡機を買い、また欧米各国を回って見聞した技術を、あらゆる面で生かした。外国製品にひけをとらぬ裏地が明石工場でつくり出されたのも、清兵衛の、一旦決断すればどこまでも押す、信念の強さによるものだろう。

　清兵衛の国産品にかける情熱は、他に類がない。日本毛織の技師長から加古川工場長を経て常務取締役になった谷江長が、1922年（大正11）、高級なラシャ、サージを製造するために伊丹製絨所（現・伊丹イオンモールショッピングセンター）の創業を支援したのも、『輸入品に追いつけ追い越せ』が動機だった。これも清兵衛の影響といわなくてはなるまい。

　投下した資本は確実に増やして回収する。〝川西の堅実経営〟は、第一次大戦後の慢性不況にもビクともしなかった。

　大正末ごろから1929年（昭和4）にかけて、モスリンの衰退振りは、会社が乱立したこと、慢性的な過剰になったこと、生活様式が変化してモスリンの需要が減少したこと、などが原因だった。1926年（大正15）、上毛モスリンが破産、1927年（昭和2）、東京毛繊と毛斯綸紡績が減資・合併して「合同毛織」創立。いよいよといき詰まった1929年（昭和4）、東洋モスリンが破綻したが、川西は一人で踏みとどまった。

4　清兵衛と牧場経営

　清兵衛は実益に供するとともに多少の趣味を兼ねて、牧羊による原毛の国

産化、皮革・カゼイン（接着剤）原料自給のために、石川県粟津牧場、静岡県伊豆牧場、鹿児島県馬毛島牧場を経営したが、常駐人材の不足等管理面が不十分で、経営的には成功したと言い難い。

「余話1－8　日本毛織の「牧場経営」」および「余話1－9　趣味と実益を兼ねた「牧場経営」」参照。

第2節　姻戚・血縁関係者について

本書の編集に当たり、関連文献を紐解くと、川西家に関係した姻戚・血縁関係が相当に広範囲に亘ることが分ったので支障のない範囲で要約してみた。

1　榎並家との姻戚関係　榎並充造

音松の養父五代目清兵衛の妻の実家が、兵庫資産家元老格の榎並家であって、そこから音松の後妻〝ふさ〟が入っている。

榎並家の子女のうち、川西家との関係が最も深いのは、榎並充造である。

榎並家との詳細は、余話1－19　榎並家の詳細に譲るが、榎並充造も音松の支援を受けて、起業して後に神戸財界で名を成している。

榎並充造略歴

1879年（明治12）生誕。

生家は、質屋を営む神戸の旧家、榎並彦五郎の長男である。

早稲田大学政治学科に学び卒業後、1904年（明治37）父死亡に伴い神戸へ戻り、家督を相続し、家業の質屋を継いだ。

坂東調帯（現バンドー化学）及び内外護謨（内外ゴム）社長の他、旭海上火災保険、川西倉庫、神戸生糸等の要職を務め、1921年（大正10）4月、神戸商工会議所議員に就任、1934年（昭和9）神戸女子薬学専門学校（現神戸薬科大学）理事に就任している。

1951年（昭和26）2月逝去。享年72。

特筆すべきは、榎並を中心として川西が山下亀三郎（山下汽船の創業者）とも繋がっていることであって、川西・榎並・山下という神戸財界の三巨頭が、強い連携関係を持っていることが分かった。

榎並充造のベルト製造起業

友人を介して機械動力伝動調帯（ベルト）発明家の坂東直三郎と引き合わされ、木綿製ベルトの量産化を起業した。

清兵衛と瀧川辨三（東洋燐寸「日本のマッチ王」）が出資し、1906年（明治39）資本金５万円で神戸市兵庫区に坂東調帯合資会社（現在のバンドー化学）を設立した。

創立当時の坂東調帯本社工場（神戸財界開拓者伝）

1909年（明治42）２月27日、高速度鋼切断機にベルトを装着して試験中に、ベルトの切損により立合っていた坂東が事故死したことで受注激減の大打撃があったが、日本毛織の技師長、谷江長から英国のカタログを見せられ、ゴムベルト製に改善して、1913年（大正２）に完成させた。ここに至る間、英国製機械の購入、資金調達、有能社員の採用等多大の苦心があった。別会社として、内外護謨合資会社を設立し、人力車及び自転車タイヤ製造を始めたことで市場販路を確保して成功した。

榎並家の家系については、「資料④　榎並家の家系図」を参照。

2　筑紫家との血縁関係

清兵衛とその実家筑紫家との係累関係はもっと以前に記述すべきであるが、この項に纏めさせて頂き、詳細は「余話１－２　筑紫家の詳細」および「資料③　筑紫家の家系図」を参照。

筑紫三次郎家との係累

清兵衛の長兄である筑紫家の人脈が相当に大きかったことを概略述べておこう。

筑紫三郎

筑紫三郎は、音松の兄である筑紫三次郎の長男として1884年（明治17）に

誕生した。

　三郎の母小鈴は村山守雄の娘で、その実兄の村山龍平は、人ぞ知る朝日新聞創業者（社主・社長）である。

　叔父川西清兵衛（音松）が1911年（明治44）10月姫路における新規事業として「山陽皮革株式会社」を創立した際、役員の中に、監査役として筑紫三郎が就任している。

　経営していた「筑三商会」のその後は、江戸時代から続く木蝋生産が、生活様式の変化で、大正時代に入ると電灯やパラフイン蝋の普及とともに衰退し1923年（大正12）頃には消滅していったというから「筑三商会」も、世相に応じて形を変えたものと思われる。

　日本毛織売店の増加もあって、最初に開設されたのは大阪支店である。

　加古川工場が1899年（明治32）6月に操業を開始すると同年10月、音松の姉の主人筑紫卯之助を販売係として、11月川西音松の実家である東区高麗橋5丁目117に大阪支店を開設したと記録が残っている。

筑紫六郎

　筑紫六郎は、1894年（明治27）2月、筑紫三次郎の次男として誕生した。川西龍三より2歳若いことになる。

　1915年（大正4）大阪高商（後の大阪市立大学）を優秀な成績で卒業、更に京都大学法科に学び、第一次世界大戦の最中に大学を中退して一時家業に進んだが、その後独立して貿易商「筑六商会」を神戸で始めた。第一次大戦による大景気で一時は大変な繁盛であったが、1920年（大正9）に取引相場の暴落で破産状態になり、後に川西家からの勧誘もあって、神戸生糸取引所理事となっている。

　筑紫六郎については「余話1－2　筑紫家の詳細」参照。

第3節　社会的・公的活動

　以下は、清兵衛氏が起業した諸会社等から見ればやや遠い位置付けとも考えられるが、彼の人望に期待されたものと思われる公的な職務について述べる。

1　神戸商法会議所の再発足

　清兵衛氏は、1915年（大正4）3月に、神戸商法会議所会頭に就任している。

　神戸商法会議所の設立の経緯については、兵庫地区・神戸地区双方の思惑もあり、湊川付け替え工事、新川運河・兵庫運河新設、神戸埠頭の建設等が、からまり相当の紆余曲折があったが、地元発展のために会議所は運営され続けた。

2　財団法人「日伯協会」設立

　清兵衛氏が関与した公的な活動に、ブラジル移民に関する事項がある。

　財団法人「日伯協会」と「日伯拓殖（株）」であるが、ここでは概略を述べて詳細は余話1－10　「ブラジル移民」活動参照。

　移民については、明治の初年からアメリカ、ハワイに多かったが、1908年（明治41）ごろから排日運動が盛んになって、移民が減り、南米のコーヒー園への契約移民に移行した。

　日露戦争後の不況と排日の影響で実行されたのが、1908年（明治41）4月28日、移民船・笠戸丸に乗った第1回ブラジル移民165家族、781人（単身48人）が神戸港を出港して以来、神戸港とブラジル移民とは切っても切れない関係がある。

最初のブラジル移民船「笠戸丸」
（「市民のグラフこうべ」）

神戸港が移民の中心基地として関連施設等の事業完備状況については、「余話1-11　神戸が移民の中心基地」参照。

3　日伯拓殖会社（株）設立及び毛製品ブラジル輸出開拓活動

1926年（大正15）5月、川西清兵衛、榎並充造ら阪神財界の有力者が協議して財団法人「日伯協会」を設立した。

日本で初めてブラジルとの2国間交流関係を結んだ団体である。

日伯協会は斡旋親善機関だが、我が国の人口問題は年々その深刻さを加えて政府でも努めて植民者を奨励したため、営利的観念を抑えた形で報国のために「日伯拓殖会社」の設立が始まり、1927年（昭和2）神戸市明石町明海ビル3階に創立事務所を置き着々と準備を急いだ。

発起人は、川西清兵衛、岡崎忠雄、小曾根喜七郎、榎並充造、鈴木岩治郎、田村一郎、辰馬吉左衛門、岩井達一郎等市内の富豪連を網羅し、資金300万円を準備した大会社である。

元来ラテンアメリカ諸国は、政治的・経済的に問題の多い国々であるが、それを背景にしても、我が国の国際友好精神の発露だとみておきたい。

4　兵庫県清和会　副会長

清兵衛氏の社会活動の中に際立った事項がある。兵庫県清和会という運動が1923年（大正12）7月に創立され、その設立当初から1933年（昭和8）9月までの10年間、清兵衛氏は副会長を務めている。

「回顧10年　兵庫県清和会」によると、兵庫県は昭和元年における県総人口のおよそ1/20に相当する人数が少数部落であったといわれている。全国における人口数においては第1位で、1907年（明治40）頃から改善事業に着手しつつあった。

1923年（大正12）に内務、警察両部長連名の依命通牒（行政官庁の命令によって補助機関が発する通達）を各郡市長、各警察署長に発し、さらに内務部長よりは公私立の中学校長に対して依命通牒が発せられた。一般県民に対しても差別撤廃、融和促進の主旨普及及び徹底する必要を認め、清和会の創立に至ったのである。

創立10周年に当たり川西清兵衛の「過去と将来」という一文を以下に抄出する。

「どの点から見ても不合理なる因習に原因する差別観念である。明治の初め、先帝陛下が四民平等を宣示されてからすでに50年、然るにまだこの誤った因習的感情が国民間にわだかまっているということは、実に欧米列国に対してもお恥ずかしい次第であって、一部同朋の諸君が奮起して、この不合理なる因習観念の撤廃を叫ばれるのは尤も千万な次第である」と機関誌「清和」の第4号に述べている。

　また清兵衛は「融和運動は初めの反省懺悔運動、一般啓蒙運動から、いわゆる内部の自覚運動、さらに最近の経済厚生運動に至るまで、次第に変化推移してきまして時代とともに働いていることは確実だと思います、従って相当の効果を挙げてきたことは疑いないのであります。しかしながら……効果は期待ほどではない……悲しく思います」と述べ「外観に現れた差別はなくなったようにみえるが、心の奥底に潜む偏見は全くなくなったのではないのが現状である」と言って一層の遺憾と責任を感じている。

　運動開始から10年経過後の現実について清兵衛は、「理由のない偏見のために、兄弟相和さないことがあっては、国家に対する不忠である。融和の問題は、人道上の大問題である。この運動の必要性がない世の中にする運動を続けていき解決のために努力する」と決心を述べている。

5　兵庫県発明協会2代目会長

　1930年（昭和5）3月17日、社団法人帝国発明協会兵庫県支部を創立し、初代支部長には商工会議所会頭鹿児島次郎、事務局は神戸商工会議所内に設置された。

　この発明協会は、兵庫県における発明の奨励、次代を担う人材の育成、知的財産権制度の普及啓発を通じ、兵庫県の科学技術の進展と産業経済の発展に尽くしてきた。

　川西清兵衛は、発明協会2代目支部長に就任し、1947年（昭和22）後任の牛尾健治会長が就任するまで、戦前から戦後の長期にわたり協会活動に尽力した。

　この発明協会が創立50周年を記念して、1980年（昭和55）4月18日、神戸市三宮・生田神社境内に発明記念塔を建立した。

　太陽電池時計と日時計を備えた、高さ約4.5mの塔で、主柱には約100名の「郷土の発明功労者」が刻記されている。

　この塔の裏面に「川西清兵衛」名が刻まれ、表面には、新明和工業の菊原静男「ストール飛行艇に関する発明」、徳田晃一「国産中型輸送機の完成」（ＹＳ−11のこと）両名の功績と氏名が刻まれている。後日この塔を再確認しようと境内を探索したが見当らず、社務所で尋ねると「震災以降に撤去されて現在はない」とのことであった。

6　関東大震災の支援

　1923年（大正12）9月1日11時58分、関東大震災発生。死者99,000人、行方不明43,000人、被災家屋411,000余戸、被災者1,500,000人と想像を超えた大災害であった。鉄道と電信電話は不通、デマの伝達は汽車より速い。デマがデマを呼ぶ間をぬって新聞が、未曽有の惨事を刻々明らかにする。

　震災の第一報を読んだ川崎造船所社長・松方幸次郎、鈴木商店支配人・金子直吉らは神戸新聞社へ駆けつけた。何はともあれ救援が先決だ。

　神戸新聞は2日から連日訴えた。3日の社告に「大震災被災者救援のため本社救護船派遣、国際汽船タイン丸を9月4日朝、神戸より急派」の見出しで救援品の寄託を呼びかけた。

　商業会議所会頭滝川儀作の見舞金目標額は100万円。即座に実業家30数人に呼びかけ「一人3万円ずつ拠出してほしい」と寄付を募り、ともかく100万円集まったが、「大阪では一人10万円〜20万円出している者もいると聞く……」との事で、さらに寄付を集め総計150万円を超えた。

　150万円と一口にいっても現在の時価にすれば50億円位か。一人3万円に限らず出せる人は出そうという元会頭・川西清兵衛の提案があったとしてもたちどころに集め得た神戸経済界の力量は評価される。

　全国的にみた個人の寄付では岩崎、三井の各500万円、安田の200万円、大倉、浅野の各100万円といったところが目立つ。

　川西では、傘下の日本航空が静岡県清水を中継点として、機体と操縦士2

名の派遣を行い、新聞記者を同乗させ、報道活動につかせ、同時に航空郵便も取り扱って、延べ６万通を空輸送支援した。

第４節　個人的なものについて

1　川西清兵衛と爵位

　清兵衛氏一代の努力が、企業集団を成して阪神財閥というカテゴリーに入っていることは、知る人ぞ知るでもある。

　清兵衛氏の国産毛織製造業での功績を見れば、爵位の推薦もあったであろうに授爵していない。

　船場・兵庫商人の意気地と、自己の身魂を駆使してやってきたのであって、そんなものは当てにも期待もしていないようでもある。

　爵位などを持って政財界に顔を利かすなどをしない、やや古いとも思われる体質の企業活動を清廉に行ってきたことに誇りを持っているだけだと主張したかったのかもしれない。

　爵位についての詳細は、「余話１－12　清兵衛と爵位」に譲る。

2　川西財閥とは

　清兵衛氏が起こした毛織業が巨大に発展しその他、皮革産業、倉庫業、電鉄業、精密機械業さらに航空機業にまで手広く企業活動したことを受けて、一般には「川西財閥」と総称されているが、その実体は如何なるものであったかが気になる。その辺については「余話１－13　川西財閥とは」参照。

3　川西清兵衛の報国精神

陸海軍に飛行機を献納

　1931年（昭和６）９月、満州事変勃発。

　事件勃発するや、陸海軍のために軍用機献納運動が盛んになり、海軍は「報国号」、陸軍は「愛国号」と称した。

　川西では、他に率先して1932年（昭和７）３月３日、海軍「報国号」として90式水上偵察機「ニッケ号」を川西鳴尾工場で献納し、陸軍「愛国号」は、同年３月13日に、88式偵察機を「日毛号」として大阪城東練兵場に於いて献

納している。

　後に1942年（昭和17）9月、谷江長が海軍に99式艦上爆撃機を「谷江号」として献納している。

　大東亜戦に直面して、日本毛織を代表して慰問等を管理する海軍省および陸軍 恤 兵部に各50万円献上した。

川西報公会を設立

　建国二千六百年記念事業として、私財100万円を投じ財団法人報公会を設立したことは、あまりにも有名な話である。

　清兵衛は1941年（昭和16）5月から1947年（昭和22）11月まで理事長を務め、社会事業及び農業の奨励助成など、会を代表し、また事務決定を行った。その後日本毛織、川西倉庫、川西機械製作所などで活動が続けられている。

4　清兵衛の趣味など

　川西清兵衛翁の趣味は広い方であった。書画、骨董は勿論のこと、茶や庭園にも深い知識を持ち、日本毛織より受ける賞与は全て趣味のために費やされたとのことである。

　東須磨の邸宅にある諸什器や書画類、某庭園から掘り出された古陶器に金の蓋をつけて香炉に加工してあった等々、これらの話になると尽きるところがない。庭園には前田家の茶室を模した茶室や、泉水に渡してある根布川石等について、社員の一部は色々話を聞かされたという。

　また翁の趣味であり、国家的事業のひとつと考えられるものに石川県粟津の牧場と馬毛島（現鹿児島県西之表市）の牧場がある。川西家の管理下にあったので、相当の経費がここにつぎ込まれたことだろう。

5　清兵衛の邸宅

　清兵衛は兵庫津の川崎町に1910年（明治43）頃まで住んでいたが、1927年（昭和2）に須磨区東細沢町15番地に転居した。

　1919年（大正8）11月10日、陸軍演習のため17時30分、大正天皇が須磨駅に到着された。大正天皇は大本営武庫離宮に宿泊され、元帥陸軍大将奥保

鞏・長谷川好道・川村景明は川西清兵衛宅、九鬼隆輝邸、須田綱邸に分宿された記録が残る。

裏山に高射砲陣地があったため、周辺民家も爆撃を受け、清兵衛宅も被災全焼し、その後は高倉町の龍三宅に同居した。

雷嫌いは有名で、雷鳴が大嫌い。「警戒警報」「空襲警報」や高射砲弾が空中破裂する音に悩まされていたという。

6　龍三の邸宅

川西龍三は、源平の合戦地に近い「須磨寺」の西、須磨区高倉町に居住していた。

筆者はこの地を探訪して、山電須磨寺駅から須磨寺参道を歩きすぐに到着した。

現在この広い邸宅跡地には、マンションが建設されて、門のそばに龍三の長男甫と次男龍彌名で、「この緑地・広場は神戸市開発指導要綱に基づき、建築物の付属施設として設置したものであり、広く一般に開放されるものです　平成7年3月28日」と記された標識があり、阪神淡路大震災では避難所の大切さが重要視されたが、その一環として場所を提供したものである。

7　GHQ「公職追放指令」の発令

1945年（昭和20）10月30日、GHQ（連合国軍総司令部）は、日本政府に対し教育関係者の教職追放指令を、続いて1946年（昭和21）1月4日、公職追放指令を発令した。

政府は、2月28日公職追放令を公布し、追放基準を A項戦争犯罪人、B項職業軍人、C項右翼団体有力分子、D項翼賛団体有力分子、E項日本領土拡大に加担した金融機関、F項占領地の行政長官、G項その他極端なる軍国主義者や超国家主義者の7段階とした。

数次にわたる追放も終わるかに見えたが、4月11日に突如D項の範域を広め、翼賛政治体制確立協議会の支援メンバーも該当するとして、6月25日付けで川西清兵衛が「兵庫県支部長の任にあった」との理由により、D項該当者として指名された。清兵衛が翼賛政治体制確立協議会兵庫県支部長に就任

した動機は、1942年（昭和17）春の衆議院議員の総選挙にあたり、兵庫県知事から『優秀な議員候補者を選びたいから、ぜひ協議に参加してもらいたい』との再三再四の懇請により、その意図に沿って純粋な気持ちで引受けたに過ぎなかった。

清兵衛は、過去2回にわたり勅選議員（貴族議員）に多くの人から薦められたがこれをも固辞し、終始一貫、実業に専念した政治嫌いの実業家として自他ともに許してきた人物であったから、上記のように取り沙汰されたのは全く心外であった。

8 永 眠

追放指定を受けた清兵衛は1947年（昭和22）7月4日、日本毛織会長を引退した。

日本毛織を創立し52年、終生の事業として日夜心血を注いできた日本毛織の経営から、この日を限りに身を引くとともに一切の名誉職を離れ須磨区高倉町で世間から遠ざかりひっそりと暮らすことになった。

その頃から衰えをみせ、病床に臥し秋深まるに従い漸次症状が進み、1947年（昭和22）11月19日午前8時40分永眠した。享年83。

戒名「積善院殿清空徳巖宗仁大居士」

数日前に見舞った日本毛織太田威彦社長に『わしはただ一筋に働いてきたので、今はもう何も思い残すことはない』と明るく語った。

1865年（慶応元）7月18日に生誕した清兵衛翁は、「勤而不倦」（つとめてうまず）の4文字通り生涯を通して実践したのであった。

1947年（昭和22）といえばまだ終戦後の混乱期を脱していない時で、物資が非常に不自由であったが、神戸全市の菊花を一堂に集めたかと思える薫りの中で、翁はひときわ白い大輪の菊花に埋もれ、あたかも生けるが如く目を閉じていた。

育て上げた日本毛織をはじめ山陽電気鉄道・川西機械製作所・新明和興業（川西航空機）・川西倉庫・山陽皮革・東洋パルプ・神戸生糸・日伯拓殖・オリエンタルホテル等の各社社長、日本羊毛工業会・神戸実業協会・神戸商工会議所・帝国発明協会・財団法人神戸村野工業高校・財団法人川西報公会理

事会長等の弔辞を満足して聞いているかのようであった。

　なお、清兵衛の公職追放令は、没後3年を経た1950年（昭和25）12月21日付けで総理府により解除されている。

　清兵衛が眠っている場所等については未確認であるが、以前は下記に示す場所に眠っている。

　墓地の所在地は、神戸市兵庫区山田町下谷上の神戸市立鵯越共葬墓地にある川西家墓地。寺名は、大徳寺三玄院（京都市北区紫野大徳寺町）である。

　日本毛織百年史編纂資料によると、「地元の元兵庫切戸町　阿弥陀寺にもある」との記載が目に留まり、筆者は現地を訪ねた。寺は、地下鉄海岸線・中央市場前駅から約400mの所にある。寺の説明書によると、「800有余年間、兵庫津・和田（大輪田）の地にあり「念仏の灯」を伝えてきました。其れゆえ阿弥陀寺は、親しみを込めて「あみだいじ」と呼ばれるようになりました。……略……浄土宗西山禅林寺派の寺院……」とある。墓地の中を歩き墓標を確認したが、川西の名は見当たらなかった。取材中に「お墓は長男の清司さんが京都に移した」と耳にしたので納得した次第である。

第6章　素顔の一面

1　人物養成

　谷江長が見た清兵衛の一側面。「清兵衛は負けん気の強い人で、学校出の人物養成に力を入れられ、適材適所に配置した。すべて自分の意思を表して行動するように求め、希望も聞いて上手に人を惹きつけるところがあったが、意志は強くいわゆる筋金入りのところがあり、それらを以て人物養成に努められた」

2　生涯の思想と行動

　清兵衛は死に至るまで、羊毛工業全体の理想を立て、誰にも教わらず一途に邁進してきた。創業時に政府・官界の伝手を頼るなどの事を絶対にしなかった。

　後藤毛織などは政府の保護機関となったが、日本毛織は独立独歩であった。

　官庁物を受注する場合に、日毛はウルサイとよく言われたが、引き受けたからにはキチンとやった。堅実家で製品に重点を置き、仕事に全面的な興味をもって対応した。

3　無礼講

　中々几帳面な人だと部下は言う。その根拠とする逸話は「十呆会」である。その時は底抜けの「あほう」をやった。そんな阿呆の会をしたとき、清兵衛は決して欠席せず、大した熱の入れようで、そして人が怠けたら決して承知しなかった。遊ぶ時でもそれを真面目にやれと言うことだろう。

4　食料不足を予見（満腹時に食料対策）

　事業は色々なものに手を出し、毛織物業・飛行機・弱電・皮革・鉄道・牧場経営等をやり、晩年には特に食料関係まで手掛けた。

　1931年（昭和6）のころ、日本はこれから食料が不足するという見解を示したことは、慧眼であったと言わねばならない。

大正中期から昭和初期の15年間、国内には米があり余り、台湾と朝鮮から毎年150万トン以上を移入していたので、政府はその処置に困り、古船に白米を積んで品川沖で焼き捨てようとまでした。そのようなときに清兵衛は食糧事情窮迫時代の来ることを予想し、対策として牧場を経営した。荒れ地で牛、馬、豚などを飼って土地を肥やし、牛乳、バター、肉類を生産、肥えた土地を農地にして食糧増産を図る一石数鳥の狙いである。

　まだある。牛乳からバターを取った残りの廃液のカゼイン蛋白から牛乳繊維（ラニタール）を採る。一頭の牛から平均9リットルとして月に270リットル、お産に2カ月休んでも1年に2700リットル採乳できる。牛乳の成分は脂肪の3. 1％、蛋白3％、つまりバターと牛乳繊維原料がほぼ同量に採れる。一頭から牛乳繊維が118ポンド採れるわけで、1年わずか3ポンドしか羊毛の採れない緬羊とは比較にならない。牛1頭はバターのほか緬羊60頭分の、繊維が採れるという、誠に有利な計算を綿密に弾いていたのである。

5　銀行業に無関心

　先代清兵衛衛は家業として銀行経営を行っていたが、事業欲旺盛な清兵衛だが銀行業には手を出さなかった。その理由はわからないが、多分銀行は実業ではないためであろうと推測する人がいて、思い当たることの一つに、ある人が大きな商事会社の優先株を持ってきて、『ぜひ名義人になってくれ』と頼んだことがある。持っていれば数十万円儲かったと思えるのに、清兵衛は『何も資産のないような会社の株は持てん』と言ったことがあったようで、やはり銀行経営をしなかったのもその為であろうか。

　清兵衛は銀行泣かせと言われていた。日歩に何銭何厘何毛という毛位を付けさせたというやり方で嫌われた。

6　清兵衛の性格の一端

　日本毛織社員で清兵衛の近くで仕えた人の感想文の一部を紹介する。
①人の話を聞くのが上手、黙って聞いて3カ月ほど経ってから、自分が思いついたような顔をして言い出してくる。賛成であればズバリとカネを出す。
②過去のことは言わなかった。

72

③慈善はそれを貰う当事者を脆弱にするものであるから、当人のためを思って絶対にしない。これは冷たいが正論である。
④ Pay base に乗るものでなければ、国際的事業といえども手を出さない。
　何事も人より一歩だけ早く計画着手した。

7　事業欲と細心の注意の関連

　清兵衛の事業欲旺盛な様子は、常にアンテナを立てて目新しいものを聞取り、投網を投げて獲物を手繰り寄せて起業することばかりでなく、日常業務の中から派生する事項からも、常に何かを目論んでいた。

　細心の注意を払った場面もある。山陽電鉄に関係していた時、山陽電鉄社長の親戚に村の警察部長をしている人が、自分の持ち山に枕木用の栗があるが、買わないかと話を持ち込んできた。江州（滋賀県）の虎姫山で、かなり道の険しい山であったが、自身でその木を見て得心しなければ、話だけでは買付けは出来ないとその山に登った。結局その木は弱く枕木には使用できないことが判った。一事が万事このような心掛けであって、とるに足りないわずかばかりの事であっても、おろそかにしない人であった。

　事業欲についていえば、後に飛行機に着目したのは大きかった。

第1節　我国民間航空の誕生　日本民間航空小史

　清兵衛が飛行機に手をつけるまでの日本の民間航空業界のあらましを記しておく。

　我が国で、「日本航空機の父」という評価が高まっている「二宮忠八」の先見性や独創性について概略を触れておく。

1　明治時代の飛行機研究者「二宮忠八」

　日本で飛行機械（器械）の発明に苦心した人物として「二宮忠八」がいるが、残念なことに飛行が不成功だったためか、今では人々の記憶から遠くなったと思われる。

　彼が陸軍に入隊し四国の野外演習に参加した時、樅（もみ）の木峠で小休止中に羽を広げて滑空しているカラスを眺め、羽ばたいていないのに気が付く。

向かってくる風を翼で受け止めれ
ば、空を飛べるのではないかと考え
公務の余暇に、カラスをモデルとし
た模型を作った。

1891年（明治24）4月29日、4枚
羽プロペラのゴムを巻き、手を離す
と浮き上がって草むらに降りたとこ
ろは30mも先の方だった。ライト兄
弟が飛行する12年前の出来事である。

玉虫型模型飛行器（上）
カラス型模型飛行器（下）

1893年（明治26）10月11日、大きさ約2mの第2号機玉虫型模型の動力と
して時計のぜんまいを使い、全くの独創によって作り上げ、現代の飛行機の
原理に外れていないことは、真に敬服される点である。

忠八は、玉虫型設計図に解説と請願書「軍用飛行器考案之儀ニ付上申」
を、上官の長岡外史（大佐）参謀、大島旅団長（少将）に提出したが、理解
なく却下された。

日清戦争後、忠八は除隊し飛行機製作の夢は捨てず、石油機関を動力とす
る研究を始め準備を整えている時、忠八を驚かせたのはライト兄弟が飛んだ
というニュースであった。

軍部はようやく忠八の研究を評価し、1922年（大正11）忠八を表彰、天皇
の耳にも入り勲6等に叙せられ、各方面から表彰された。

この貴重な発明をにべもなく却下した長岡参謀は、後に帝国飛行協会の副
会長として、民間航空の発展に日夜努力したから、誠に皮肉な取り合わせで
あった。長岡中将は素直に自分の不明を謝した長文の詫び状を忠八に送って
いる。

2　国産飛行機の産声

1911年（明治44）5月6日、所沢陸軍飛行場で奈良原三次海軍大技士（大
尉待遇）製作の純国産機が高度5m、距離60m民間機最初の飛行に成功した。

1912年（明治45）5月下旬、千葉県稲毛海岸に初の民間飛行場が開設され、
奈良原のもとで指導を受けた白戸栄之助、伊藤音次郎が飛行操縦訓練を行う

一方で、白戸式や伊藤式飛行機を国産化した。

3　民間航空黎明期の功労者

3 - 1　民間航空のパイオニア

　日本民間航空のパイオニアでは、奈良原三次とその弟子の、白戸栄之助、伊藤音次郎が有名である。

3 - 2　奈良原三次

　1877年（明治10）2 月　生誕。

　奈良原三次は、寺田屋事件で有名な奈良原繁の嫡子である。1904年（明治37）父の任地沖縄へ船で行く途中、物凄い濃霧に襲われ、この透視には気球を研究すべきだと思ったのが、航空に志す第一歩であった。

　1908年（明治41）横須賀海軍工廠造兵部奉職　海軍中技士任官

　1910年（明治43）奈良原式 1 号機完成

　1911年（明治44）5 月　奈良原式 2 号機完成　初飛行実施

　1944年（昭和19）7 月、67歳で死去。

3 - 3　伊藤音次郎

　1891年（明治24）6 月 3 日、摂津国西成郡今宮村で生誕。

　1908年（明治41）11月、ライト兄弟の活動写真を見て飛行家を志望する。

　1910年（明治43）頃19歳の時、奈良原に弟子入り志願の手紙を出し、念願かなって飛行機製作の職工として働き、先輩格である白戸栄之助飛行士の助手となった。

　1913年（大正 2 ）に奈良原が飛行生活を引退した後は、白戸飛行士と行動を共にする。

　1915年（大正 4 ）、千葉県稲毛海岸に伊藤共同飛行練習所を開設して、操縦を教える一方で白戸式旭号、伊藤式恵美 1 号を製作し、「伊藤飛行機製作所」と改称した。

『稲毛海岸は遠浅で潮が引くと 2 ～3000ｍも沖まで一面の干潟となり、砂がしまって固く、潮の干満の不便さを忍べば、金もかからず、殆ど無制限に広

いし、練習には申し分ない』という場所であった。

　1916年（大正5）1月8日、恵美1号で稲毛～東京間の民間飛行機による初の帝都訪問飛行に成功した。

　いわゆる伊藤、白戸飛行場時代の約10年間は、日本航空史の中でも純手作り民間機の伝統を誇る物語となり、後に千葉市稲毛海岸は、「民間航空発祥の地」と呼ばれることとなる。

　1971年（昭和46）12月　逝去、享年80。

4　手工業より大資本の重工業へ

　当時の模様を木村秀政元東大教授が自分の目で確かめたことを交えて、「日本民間航空史話」に掲載しているので、その一部を抜粋する。

　『1918年（大正7）～1922年（大正11）頃にいたる時代に最も華々しく活躍したのは伊藤音次郎らが製作した機体を干潟で飛ばしたもので、いずれも小規模の工場でコツコツと作製したものであった。

　一方、中島飛行機製作所、1917年（大正6）の他にも、東京瓦斯電気工業（株）1919年（大正8）、三菱内燃機（株）1920年（大正9）、愛知時計電機（株）1920年（大正9）、川西機械製作所1921年（大正10）、川崎造船所1921年（大正10）など、大資本工場が飛行機と発動機製作を始めるに及んで、我が国における飛行機製作もようやく本格的な重工業として確実な歩みを踏み出したのである。これらの大工場は、川西が初期において民間機のみを製作したのを除き、いずれも陸海軍の軍用機製作に主力を注いでいるので、民間飛行機史として語るべきものはない』と言っている。

　佐貫亦男東大教授は、『伊藤は小賢しく軍用機などに取り組まなかった。貧弱な日本の民間作業の中で、しかも、大資本へ援助を乞わず（この点はまさにライト兄弟と同じ）、自分で工面できる範囲で飛行機を製作した。これは中島知久平が軍と結び、やがては大資本を背景にした行き方とまさに対照的であった。この方針ではとても産業として成立するものではない。日本で飛行機製作が成立するためには、資本の援助を受けるか、軍と結びつく以外に手段はなかった』と結んでいる。

5　合資会社日本飛行機製作所設立

　1918年（大正 7）当時、神戸兵庫の雑穀商石川茂兵衛が手形操作で苦境だったのを清兵衛が、財産整理を引受けたとき、帳簿の中に「 2 万 5 千円・中島知久平飛行機渡し」という項目があった。『石川君、これはどういうことか』と聞いたら、石川は元海軍機関大尉の中島知久平が民間で飛行機を製作するというので出資したのだと言う。『君、俺も金を出してやろう』となって、これが発端で、川西が航空業界へ手を出したのである。

5 － 1　中島知久平

　中島知久平は、元は横須賀海軍工廠造兵部員であった。

　中島は、飛行機の進歩発展には政府の会計年度ごとに予算を組んでいるようなことでは、諸外国に後れを取ると強く感じて、自由性の大きい民間飛行機製作所を設立すべきだと言うのが強い持論であった。当時の海軍の空軍力軽視、大艦巨砲主義に固執した軍備思想を取除くのは、一大尉の身では難しく、制約の多い軍制度下では自己の主張が満たされることはないと確信して、優秀な飛行機工場を民間に興し、身を捧げる覚悟を固め、海軍から身を引く決心をした。

　中島の設立資金は、僅かな退官賜金と 2 万数千円の借入金（石川茂兵衛）が全資本だったという。

　一方、陸軍の航空に対する関心は海軍より早く、井上幾太郎陸軍少将の知遇を得たことも幸いして、陸上機を製作する方針を固めたのである。ところが、手元資金は早くも欠乏を告げた。石川を介して中島の飛行機製作に対する情熱を知った川西清兵衛が投資継続を行うとともに、令息の龍三にこの話をし、龍三は慶應義塾大学時代のクラスメートで、飛行機好きで海外航空事情にも見聞の広い坂東舜一に連絡した。坂東は、日本郵船に勤務していたが、この話を聞いて喜び計画に加わり日本郵船を退職し、新会社の設立準備に取り掛かった。

5 － 2　日本飛行機製作所設立

　1918年（大正 7） 5 月、社名を「合資会社日本飛行機製作所」とし、日本

日本飛行機製作所の工場
（群馬県太田町：新明和社史より）

における最初の法人組織飛行機製作会社として設立した。

本社は東京日本橋区上槙町、日本毛織株式会社東京支店内に置いた。

資本金は75万円。中島は労務に見合う出資として15万円、残りは石川が10万円、川西が50万円を出資して、工場は、群馬県太田町の呑竜寺の右側にあった同町の元商品陳列館を使用した。

日本飛行機製作所の活動とその経過を以下に略記する。

1918年（大正7）8月、中島式1型1号機完成。佐藤要蔵により初飛行したが、飛行不安定となり墜落大破。

本機は初めから重心位置の算定が間違っていたことが分った。

1919年（大正8）2月、実用的な中島の出世作と呼ばれた4型で、水田嘉藤太中尉が操縦し、良好な飛行結果を得た。

この4型は同年10月、帝国飛行協会主催の東京〜大阪間往復郵便飛行に佐藤要蔵の操縦で参加し、往復6時間58分の記録で1等賞を獲得した。

この結果、陸軍から20機の製作注文を受けたのが5型で、これが民間会社製作の陸軍制式機の最初となって、118機製造した。

5－3　中島式5型は欠陥機

次に完成した「中島式5型は欠陥機」だと判明した。「駄々っ子で火を吹く飛行機だ」と悪評を受けたのである。急降下すると引き起こせなくなるクセがあった。改修もしないでそのまま量産して陸軍制式機となったが、無造作に民間に払い下げられている。

欠陥の要点は、下記のとおりであった。
①主翼翼型の上面形状が間違っていたため、失速が発生し易かった。
②気化器燃料漏れ時のガス排出穴が無かったため発火し易かった。

細部は「余話 1 - 14　中島 5 型機と関口英二のエピソード」を参照。

5 - 4　川西・中島経営思想の相違

　発動機工場用に、川西龍三、有馬唯一、栗原甚吾の 3 人が機械の買付に渡米し、機械を購入して帰国し、製造準備に着手した。

　創業 1 年余りで従業員も300名程度に増加し、工場も増設され会社も活況になったが、円満な協調は言うべくして行われ難いもので、地道な手堅い実業家の川西と理想に燃える中島の間で、経営方針の相違からトラブルが発生した。

　中島は、三井物産がアメリカで買い付けた 1 基 1 万5000円の発動機100基の輸入契約を、内密単独で調印したのである。

　75万円の資本金の会社に、また150万円の莫大な資金を必要とするわけで、これは会社にとって大問題である。

　これを知った川西清兵衛は驚愕し、『差し当たって必要な数だけ購入すること、このように無謀な買い付け契約は、直ちに破棄するよう』言ったが、中島は聞き入れず、注文の発動機は横浜に到着した。

　川西は中島に所長の辞任を申し入れたが、中島は性能さえ優れたものを生産すれば、当初は営利を無視しても将来は物になるとの考え方から所長の地位は譲れぬと断った。

　川西は、あくまでも所長を辞めないなら『この工場を10万円で買い取ってもらいたい。ただし期限は11月30日限り』という最後の決断を下した。期限日は、わずか 3 日を残すのみであった。中島は、これを予知していたので、事前に代議士に働きかけて新田銀行（後の群馬銀行）から工場買収資金12万円の手当を完了していたのである。

　11月30日、約束通り中島知久平は川西清兵衛に小切手を手渡し、提携は 1 年 8 ヶ月で幕切れを迎えた。

　1920年（大正 9 ） 1 月、川西側は工場を中島側に引き渡し総退陣した。

5 - 5　川西機械製作所への道

　中島と手切れ後、1920年（大正 9 ） 2 月、アメリカから購入した機械を活

かすため、神戸に川西機械製作所を設立し、製作所内に飛行機部を設けて、川西式と称する民間用飛行機を多数造った。

第2節　定期航空輸送

1　航空輸送の幕開け

帝国飛行協会が1919年（大正8）第1回東京−大阪間懸賞郵便飛行競技を開催してから、郵便空輸事業が促進された。

本格的な定期航空会社は以下の3社である。

2　日本航空輸送研究所（井上長一）

井上長一は、将来の商業航空は、経済都市大阪が中心として、航空輸送の利用は、海上交通と比較して速さの利点に着目し、大阪を起点とした四国主要都市間の航空輸送開設を目標として、1922年（大正11）6月4日堺市大浜に水上飛行場を開き、同年11月15日から、海軍払下げの横廠式水上機と伊藤式飛行艇を使用して、堺（大阪）～徳島、堺（大阪）～徳島経由高松間を開いた。1926年（大正15）大阪～大分間の路線を経営した。1928年（昭和3）に、国策会社日本航空輸送株式会社が設立されたが、井上所長独自の見解をもって解散に応じず、引き続き定期航空輸送を行った。

1937年（昭和12）に至って日支事変勃発と共に、国家的見地と政府の命令により、日本航空輸送に吸収合併させられ、井上独力経営という特異な研究所は幕を閉じた。

3　東西定期航空会（朝日新聞社主宰）

朝日新聞社は航空思想の普及に大きな役割を果たし新聞社自身も飛行機を所有し、原稿や写真の空輸による速報に活用した。

それらを背景に「定期航空輸送」を事業化することになり、定期航空輸送計画を立て、官界及び関係各方面の協力を仰ぎ、1923年（大正12）1月開始を目標に準備を進めた。朝日新聞社村山龍平社長（川西清兵衛の兄嫁は龍平社長の妹）は、女婿の長挙に任務を担当させ、「東西定期航空会」と命名して定期路線をスタートした。

　操縦士は伊藤飛行場から3名、白戸飛行場5名を借用した。機体は中島式6機、伊藤式1機、白戸式1機を整備した。

　東京、大阪両地から1機ずつ出発し、途中、浜松市外三方ヶ原を中継地として、郵便及び貨物を授受交換した。東京は洲崎埋立地を、大阪は城東練兵場を基地として使用し、週1往復で開始した。1925年（大正14）東京〜仙台線を毎週1回の往復飛行を開業。

　定期航空は、1929年（昭和4）春まで続けたが、日本航空輸送会社の発足により、事業の一切を無償で新会社へ譲渡した。

4　日本航空株式会社（川西）

　関西財界において、大きな基盤を持っていた川西一族も航空輸送事業の将来性を高く評価して、1923年（大正12）7月　資本金200万円をもって、川西龍三社長、川西清兵衛相談役、坂東舜一総支配人で「日本航空株式会社」を設立した。

　同社の計画は、日本国内の定期航空輸送運営にとどまらず、遠く大陸方面まで路線を伸ばし、大阪〜上海間、大阪〜大連間という当時としては画期的な長離距国際航空路開拓という雄大な構想の実現を目指した。

　大阪木津川尻埋立地に飛行場を開いて、まず横廠式水上機を使用し、大阪－別府線の定期航空を開始した。当時の民間航空界の殆どは、陸海軍の払下げ機に依存していたが、川西機械製作所飛行機部で設計、製作した飛行機を使用し、外国機と比較しても遜色のない国産優秀機をいち早く使用したことなど、我が国航空機工業発展の礎石として果たした努力は高く評価されるべきである。1929年（昭和4）日本航空輸送会社発足により事業を譲渡した。

第7章　川西倉庫（川西商店）設立

1　会社設立経緯　倉庫業界の発展と川西倉庫

　明治・大正・昭和にかけて多数の企業を生み、神戸の近代化に大きな足跡を残した川西清兵衛とその企業グループの本流を受け継いでいるのが川西倉庫といえる。

　1899年（明治32）の新商法の施行により、倉庫業の規定が法的に確立され、倉庫業務の整備拡充が図られるとともに倉庫業者が陸・海連絡業務にも進出することになった。

　1903年（明治36）上記のような背景を受けて、日本毛織創業者川西清兵衛は、1000円の運転資金と数棟の倉庫を所有し、自社毛織製品用の輸入羊毛を保管・荷捌きすることを主目的に神戸市兵庫港（神戸市川崎町）に倉庫業を設立した。

　余談になるが、社章の由来について記しておく。

　川西清兵衛が川西倉庫を起業し『流れ川』の商標を付与した会社は川西倉庫の外に、川西機械製作所、川西航空機である。

　戦後、新明和興業／工業では「川西のダンプ」の商標にも使用された。

　現在、川西財閥の象徴としてグループを引っ張ってきた『流れ川』マークを今に使用しているのは川西倉庫のみである。

　この由緒ある社章について川西倉庫の情報誌から紹介する。

川西倉庫創業時から続く
「流れ川」の社章（川西倉庫）

　「当社の社章は一見して社名の『川』の字を図案化したものとお気付になられると思いますが、『丸の中に川』ではなく、水の流れをそのまま表現した『流れ川』であることに注目願いたい。これ程端的、且つ、明瞭に社名を表現した社章は、世間広しといえども少ないのではなかろうか。川は清冽なる水を満々とたたえ、つぎつぎと数多くの支流を併せて、淀むことなく濤々と大海や大湖に至る。

　古来、文化は先ず大河の傍らに起こり、大都市は川に沿って発展してきた。当社もまた従業員の皆さんと共に、年毎に川幅を広げ、水の量も豊かに伸びて行くことであろう」と語りかけている。

　この特徴ある社章が、簡潔でシンプルに洗練されたデザインとしてアメリカやヨーロッパで人気があり、意匠登録を意図して譲渡して欲しいと申し込みが数多くあったがお断りしたという。

　創業約10年後の大正初期には寄託物も増加し業容も伸張したため、1913年（大正2）7月、合名会社川西商店（資本金30万円）を設立し、1918年（大正7）7月には川西龍三を社長とし、神戸市川崎町114番地に本社を置き、資本金200万円で発足した。

　1922年（大正11）6月に商号を「川西倉庫株式会社」に変更した。倉庫業が業績を上げてきたので、神戸港の第一突堤の側に、他の業者に先んじて鉄筋コンクリート高層建倉庫の、我が国最初の冷蔵倉庫を建設するなど、常に倉庫業界をリードした。

　これ等の業務達成に辣腕をふるった井上治郎は、川西龍三の3歳下で京都二中の同窓であり、寄宿舎も同室という仲の良さであった。井上は女房役を完全に果たし、龍三が死去するまで生涯二人は離れることなく経営者として共に歩んだ。その詳細は「余話1－15　川西倉庫の運営」参照。

2　川西倉庫の本社的機能

　筆者が、この執筆にとりかかって真っ先に思ったのは、川西機械製作所飛行機部で始めた飛行機製作は、作っても売り先がなく赤字経営であったこととの関連である。

　負けず嫌いの龍三は次男坊気質丸出しで、突き進んでいった。川西の飛行機の買い手がなければ、自分で使用して事業を営もうとし、1923年（大正12）に、日本航空を設立したことは前述した。

　相手にしてくれない陸海軍、売れるあての無い飛行機を技術者たちは採算を無視して、次々と新技術を盛込んだ新型機を作った。

　龍三は、川西倉庫から、年間30万から35万円という利益を全部、飛行機につぎ込んだ。飛行機会社は危ないと、どの保険会社からも保険契約を断られ

たことも背景にある。

　本社機能とはこの程度のものではないことは理解できる。日本コンツェルン全書では、「司令塔がない…」とあるが、それは川西倉庫、川西機械製作所、川西航空機3社が一つの会社の各事業所的な存在と考えると、すんなりと受け入れられるのかもしれない。

　そのトップすなわち親会社的な存在となるのが川西倉庫と思われるのである。

　ということは、川西倉庫、川西機械製作所、川西航空機それぞれの社長は川西龍三なので権限上で出来ることかもしれない。社員の採用は龍三社長が鍵を握っており、社長の性格に合う人が集まることになる。現在ではどこの会社でも委員会のようなものが出来て従業員を採用するから、会社の性格はぼかされるが、以前は社長の性格が直ちに会社の性格に反映したものである。これは川西においては特に顕著であったという。当時は川西倉庫で採用して、会社の基礎的事項を習得させた後、関係各社に配属させる方針であった。

　住友や三菱の合名会社が行った役目を、同じように川西倉庫も行ったと言えようか。

　川西航空機の末裔にいる筆者は、川西倉庫は恩人であると一言では言い表せない強い意識と、何らかの親近感のようなものを持ち合わせる不思議な存在でもある。

　川西倉庫があっての現在の新明和工業航空機事業部があるのだと思えてならない。

3　事業の変遷

　川西倉庫、川西機械製作所、川西航空機3社の先頭に立つ川西龍三社長は、社会人としての第一歩を倉庫業から始めている。

　倉庫業は人様の貨物を信用で預かる、銀行は人様の現金を信用で預かる。ともに信用を得なければこの業界に残っていけない。

　倉庫業は利益が少ないが、薄利多売で運営するといったところか。

　川西倉庫の業容拡大については、「余話1－16　川西倉庫の事業変遷」参照。

第 8 章　山陽電気鉄道株式会社

1　民間鉄道事情　新規事業への意欲

　1881年（明治14）には日本鉄道会社（私鉄）設立許可が出て民間企業の興隆期に入り、加えて都市部の拡張、人口増加と相まって移動手段等も欧米の発達を見聞した者にとっては、企業化の時が到来したと思ったであろう。

　川西清兵衛が新規な事に興味があり、且つ、それを事業化する旺盛な意欲を持って、電鉄会社の創立を企てた事実を知る人も少なくなっているが、以下にその概要を述べる。

　山陽電気鉄道は、川西清兵衛の創業によるものだが、日本毛織の加古川工場が操業を始めてから 6 年しか経たない1905年（明治38）のことで、1905年（明治38）時点では、まだ軌道に乗ったとは言えない時期であり、鉄道に手を出すことは、日本毛織百年史余話によれば、〝一ヲ貫ク〟どころか、〝二兎ヲ追フ〟になりかねない時期だった、と驚きに近い感想が述べられている。

　現在の山陽電鉄に至る経緯は相当に複雑なので、詳細は「余話 1 – 17　山陽電鉄への布石」に譲るが大凡の概要を下記に述べておく。

① 　兵庫電気軌道（以下、「兵電」と略称）

　1907年（明治40）設立（清兵衛社長就任）

　1910年（明治43）兵庫〜須磨開通　　営業不振　経営陣更迭

　1912年（明治45） 7 月、一ノ谷まで

　1913年（大正 2 ） 5 月、塩屋まで

　1917年（大正 6 ） 4 月、明石まで

② 　播州鉄道との競合

　播州の富豪「伊藤栄一」派の「播州鉄道（現 JR 加古川線）」に免許認可が出た。

　1918年（大正 7 ） 6 月、「伊藤」は「兵電」に対して敵対的な買収を仕掛けて乗取ったため、川西派退陣。

③ 　明姫電気鉄道

　1919年（大正 8 ）、川西、明石〜姫路

「明姫電気鉄道」設立（清兵衛社長就任）

1927年（昭和2）、宇治川電気（関電の前身）が2社合併を計る。

1928年（昭和3）、宇治川電気（現山陽電鉄の前身）飾磨～岡山間鉄道敷
設免許申請するも却下される。

1933年（昭和8）、山陽電鉄発足

上記路線に関連して、飾磨―網干間が1935年広畑製鉄所工具輸送関係で
開通している。

2　山陽電気鉄道の沿革

現在の山陽電気鉄道の沿革は、旧・兵庫電気軌道に由来する兵庫－明石間
の軌道と、旧・神戸姫路電気鉄道に由来する明石駅前―姫路駅前間の鉄道が
路線の母体となっている。

兵庫電気軌道は1905年（明治38）8月、鉄道敷設許可を申請して競合路線
が名乗りを上げたため調整に手間取り、約2年を経た1907年（明治40）7月
2日に創立されて社名を兵庫電気軌道と称した。

当時は日露戦争後の反動で大不況、大変な時代であった。

当初の計画では、兵庫の東川崎町を始点とし、埋め立て後の旧湊川河川敷
を越えて西進し、日本鉄道（後のJR山陽本線）の兵庫駅を経由して須磨に
至るルートであった。

用地の買収や、線路ぎわの住民との調整などに手間取ったものの、1910年
（明治43）3月10日、兵庫電気軌道（現山陽電鉄）の第1期線兵庫－須磨間
が開通した。

1917年（大正6）兵庫－明石間が全通。須磨・塩屋の沿線開発は急速に進
んだ。

一方、明石－姫路間にも軌道敷設の動きが起こり、1919年（大正8）明姫
電気鉄道が誕生、1923年（大正12）運転を始めた。

その後、明姫電気は兵庫電軌への対抗意識もあって神戸市への乗入れを計
画、別に神明急行電鉄を設立し、神戸－明石間の路線施設の免許を得たが、
間もなくその権利を明姫電気鉄道に譲渡して解散、明姫は神戸姫路電気鉄道
と名を変えた。

　このように、兵庫電軌と神戸姫路電気鉄道は明石でお互いに接しながら、直接には連絡なく、乗客に大きな不便を与えていた。

　1927年（昭和2）、宇治川電気（関西電力の前身の一つ）が両社を合併し、宇治川電気電鉄部として、初めて神戸－姫路間の直通電車が実現したのである。

　その後、軌道の大がかりな改修も行われ、1933年（昭和8）、宇治電から分離、独立して現在の山陽電気鉄道が誕生した。

山陽電気鉄道　社章
（山陽電気鉄道百年史）

　以上概略を述べたが、この先鞭をつけたのも川西清兵衛である。

　前記のような経過をたどった詳細は、「余話1－18　難産の末に山陽電鉄開業」に譲る。

第9章　山陽皮革株式会社（現・株式会社山陽）

　川西清兵衛が「国宝」姫路城を望む播州姫路の地に「山陽皮革」会社を創業して、現在兵庫県の地場産業の一つである皮革素材の生産では業界に君臨している。

　特に紳士靴用の甲革（こうかく）では国内の1／3のシェアを持ち、他社の追随を許さない。最近「山陽」と社名を変え、皮革産業を牽引する名門として2021年（令和3）創業110周年という見事な花を咲かせている。

1　姫路における皮革産業

　布を知らなかった古代人が、最初に身に着けた衣類は、おそらく動物の皮であったと思われるが、腐ったり、固くなったりしやすい欠点があった。その欠点を防ぐために、動物から皮を剥離し、動物の脂や草木の汁につけたり、煙でいぶしたり、干したり揉んだりして得られたものが皮鞣（なめし）であり、人類が最初に手掛けた化学工業とも言えよう。

　我が国に伝わる最も代表的な皮なめし方法は甲州印伝に用いられる「脳しょう鞣（鹿革）」と、「姫路白鞣革（牛革）」に集約される。

　播磨地方で古くから製革業が行われていたことは、平安時代末期の法令集「延喜式」の中で確認できる。中世以降では、その生産の中心地は姫路地区であったとも言われている。現在では「播州鞣し」と称され、JR山陽線沿いの姫路、龍野に業者が集まり、出荷額は全国の半分以上を占める大産地である。

　近代的皮革産業として成長した背景には、日本資本主義の軍事的性格に支えられて、急速に形態を整えたといえる。

戦前の工場（「皮革産業沿革史」）

2　近代皮革産業への歩み

　皮革産業は江戸時代からの古い産業の一つであった。近代皮革産業は主として軍需に依存しつつ、旧来のものとは異なった次元で開始された。すなわち「在来産業」としてではなしに「移植産業」として発展して、近代皮革産業資本の系譜をたどってみると、下記の４タイプに区分できる。

　①徳川幕府体制下において皮革経営の特権を付与されていた。

　②藩営または士族授産のために役立てていた。

　③政商資本家による経営。

　④商人資本家より出て、後工場経営者となった。

　これらの内で最も成功を収めたのは、第３のタイプで具体的には大倉財閥であった（「金融資本成立期における皮革産業」）。

　1905年（明治38）「姫路製革所」

　　丸山芳介　創業

　1907年（明治40）「日本皮革株式会社」

　　大倉喜八郎　設立

　1908年（明治41）三井系の「東洋製革」

　1909年（明治42）姫路に「北中皮革」

　1911年（明治44）「日本皮革」から独立した「明治製革」が設立された。

　同年　「山陽皮革」設立（旧姫路製革所）

　　（「皮革産業沿革史」日本資本主義の発達と近代皮革産業）

3　山陽皮革の創業

　先述の如く、播州姫路方面には幕藩時代から良質の皮革製品が生産されていたがその規模は手工業的で、近代的企業化には遅れていた感があって、地場産業の育成に姫路近辺の有力者は努力を重ねていた。

　事の起こりは、日露戦争で捕虜になったロシア兵が姫路俘虜収容所に送られてきた。この中にロシア式鞣革（なめし）の熟練工ミハウ・ムラスキーがいた。

　大塚武臣姫路市長はムラスキーを雇って、名産姫路革の改良を試みたいと考え、試作させたところ、専門家から優良品と鑑定されたので、株式会社組織による製革会社の設立を計画し、経済界に呼びかけた。多くの経済人が賛

意を表したが、いざ投資となると経験のない事業への危険をためらい、株式会社の設立は宙に迷っていた。

　市長からこれを聞いた丸山芳介は独力でこの事業を経営することを決意、市川の付近に工場を建設して、1905年（明治38）「姫路製革所」を設立した。

丸山芳介のプロフィール

　山陽皮革創業の貢献者丸山芳介の略歴を示す。

　1855年（安政2）4月28日、会津藩丸山玄斉の次男として生誕。鳥羽伏見の戦いに従軍して敗走、会津若松城の官軍攻囲時に奮闘したが落城。会津藩士の多くが北海道に移ると、行動を共にして辛酸をなめた。

　1874年（明治7）札幌から上京し、東京で事業家として修業を積んだ。

　1888年（明治21）民営山陽鉄道（現JR西日本山陽本線）の建設工事が開始されると、兵庫―姫路間の一部工区を請負い、建設業者として一本立ちした。

　1905年（明治38）に姫路市会議員に当選。

　更に姫路経済界で着々と地歩を固めた。

　1922年（大正11）10月11日　死去。

4　時代の流れをつかみ創業

　日露戦争は膨大な需要を生み出したが、この需要を満たすことが出来なかった日本の皮革産業を大規模経営化へと促進させる契機となった。

　丸山は伊藤長次郎や川西清兵衛から出資を仰いで事業拡大を図り、姫路製革所を新たに山陽皮革として設立したのである。

　軍に限らず、今後民間等の需要が増す。軍備の拡張、一朝有事の時にはさらに需要が増す。本企業は姫路製革所を買収し、新式の機械と優秀な技術と合わせ、拡張改良を施す。目論見書ご一覧の上、奮ってご賛同お願いする、と自信満々であった。

　本社は神戸に置き、川西清兵衛が社長に就任し、丸山は取締役として社務を統括した。

　1911年（明治44）、川西清兵衛が買収し、資本金100万円で山陽皮革を創設

し、朝鮮にも朝鮮皮革が設立された。

5　山陽皮革の業績経緯

日清・日露戦争時代

製革業は主として軍需用品製造のために大いに盛大となり、特に1894〜1895年（明治27、28）の日清戦争、1904〜1905年（明治37、38）の日露戦争による需要で製革業が著しく刺激され、飛躍的に発展し、機械制大工場の出現という意味では質的な発展でもあった。

清兵衛がこの時期将来を見据えて会社設立を決断したのであるとすれば凄いことだと言わざるを得ない。

明治末年の山陽皮革（株）の商標（「皮革産業沿革史」）

丸山芳介が経営した姫路製革所は1911年（明治44）に閉じられ、山陽皮革に移行したのである。

この時期、伝統的な白なめし革とかタンニンなめし革も作っていたようで「日本で初めてクロムなめしを行い、すべて民需用を目指した。原皮は全部内地産で、神戸市の屠殺場から仕入れていた」と古老は語っている。

第一次大戦

日露戦争後の不況を一気に吹き飛ばす大きな契機となったのは第一次大戦である。

交戦諸国はもとよりアジア・アフリカ諸国からも膨大な軍需及び民需品の注文が殺到して事態は一変し、ロシア政府からは膨大な軍需皮革製品の受注があり、我が国皮革産業は、異常なまでの大ブームに巻き込まれた。靴を中心とする「皮革製品生産部門」の拡充である。1914年（大正3）〜1915年のわずか1ヶ年の間に、数量で7.3倍、価格で25.4倍に激増し、皮革製品のメーカーは我を争って、羊革の買付に奔走し機先を制して、関西方面の皮革業者から羊革の買い占めを行い、その結果山陽皮革との間に羊革2万枚の買付け契約を結んだほどであった。

全体としてみれば生産工程の機械化と経営規模の拡大を以て、会社組織的経営を行っているものはわずかに明治製革、日本製革、山陽皮革、朝鮮皮革その他二三を数えるのみであった。

昭和初期～大戦末期

1945年（昭和20）6月の姫路地方の空襲により、本工場を含む周辺地域は焼失した。戦後、皮革産業（一次製品）は軍需体制から解放されて、小規模ながら民需型産業へと変わった。皮革業界は全体として昭和中期に成長し、その後も近代化を進めて、現在は自由貿易や地球環境問題などの課題に取組んでいる。

6　航空機と皮革

清兵衛が皮革に着目した理由は、軍需への活用があったことに間違いない。

山陽皮革の創業は、1911年（明治44）で、日本最初の飛行が前年12月、徳川・日野両大尉により行われた時期である。

皮革材料の強靭で油、水等に耐え、軟らかく、軽いなどの特性が、昭和初期の航空機の踏板、操縦席回りの被覆、高温でないエンジン部分のガスケット、潤滑油・冷却水ポンプ、各種器具の格納袋、座席覆やバンドおよび落下傘の帯革等に応用されたが、使用量は僅かなものであった。金属機体時代になって、飛行機プロペラの定速可変節装置や引込脚装置、脚緩衝装置、燃料槽、燃料濾過革、油密・気密ガスケット、パッキン等の防漏シール材として用いられ、次第に合成ゴム系材料に置き換えられていったが、合成ゴムは日本の化学工業の遅れから、良質のものは出来なかったようである。

飛行機の機体、機器の組立用具として金属ハンマーを用いると、部品等に損傷を与え、木槌を用いた時は年輪の硬軟不同等による損傷が多いが、生皮槌でカバーすると硬度、強靭性等が均一化され製品の損傷を防ぐ利点から多数使用された。

第10章　日本フェルト工業（株）

1　川西清兵衛、フェルト事業を開始

　羊毛を蒸気で圧縮するプレスフェルトの生産を始めたのは旧陸軍であるが、我が国で初めて羊毛フェルトの生産を企業化し、工業化を推し進めて現在フェルトのトップメーカーにまで成長させたのも日本毛織社長であった川西清兵衛である。

　1985年（昭和60）頃は不織布の比率が売り上げの60％を占め、プレスフェルトは40％だが、創業から一貫して技術開発型企業の道を歩んでおり、需要先は楽器、衣料、医療電気製品、OA機器向け等に幅広く、高精度のハイテク分野にも及んでいる。

2　日本フェルト帽体（株）の創立

日本フェルト帽体の創業

　我が国のフェルト製造工業は1889年（明治22）頃、製帽工業から始まっているが、羊毛を蒸気で圧縮するプレス平面フェルトの製造は、帽体フェルトからずっと遅れて大正に入ってから着手された。

　フェルト製造の工業化は、陸軍千住製絨所が大正年間にイギリスからBywater社の長尺フェルト製造設備一式を輸入し、試験的に着手したことに始まる。当時フェルト製造設備を輸入した目的は、日露戦争に大勝した日本陸軍が貧弱な装備を改善する一部として、乗馬用鞍下すなわちゼッケンを製造するためだったが、大戦景気は洋風熱をあおり、圧縮フェルトは軍需品のゼッケンよりも、むしろ帽体用や草履用として広く使われ、一般に市販された。

　フェルトの将来性に着眼した清兵衛氏は、1917年（大正6）12月20日、フェルト民間事業の先駆けとして、姫路市に日本フェルト帽体株式会社（資本金30万円）を創立した。

日本フェルト帽体の始業時

　機械設備は千住製絨所指導の下にイギリス式を採用し、長尺羊毛フェルトの製造を開始した。これが日本フェルト工業株式会社（NFK）の前身である。

　第1次世界大戦後になると、ドイツ製の優秀な圧縮フェルトが割安に輸入され始め、商社の宣伝と相まって、これまでの帽体用や草履用以外に、船室の装飾用・家具用・冷蔵庫用・電車汽車の窓枠用・スタンプインク台用などに需要の激増を見た。

　日本毛織は、毛製品の新分野をさらに開拓するため、フェルト部門を印南工場内に新設することを重役会で決定し、1921年（大正10）最新式製造機械をドイツに発注し、印南工場で製造を始めた。我が国における長尺フェルトの民間製造は日本フェルト工業とともに、日本毛織の川西清兵衛がこれを始めたといってよいのである。

3　日本フェルト工業に改称　技術開発力が支え

　1934年（昭和9）2月、日本フェルト帽体から日本フェルト工業に社名を変え、陸軍省向けの防寒靴、鉄道省向けの車両用座席などに需要を伸ばし経営を軌道に乗せた。発展の原動力は絶え間ない技術開発の努力が実を結んだのである。

第1部　余　話

余話1－1　船場と家訓の重み

1　商都「なにわ　船場」について

　商都「なにわ」で、人、モノ、富が集まる「船場」と呼ばれる場所を地理的に見てみる。

　大阪の上町台地に聳える「大阪城」の西方で海に向かって広がり、四方を北は土佐堀川、南は長堀川（現在の長堀通り）、東は東横堀川（現在の阪神高速南行線）、西は西横堀川（阪神高速北行線）の四つの堀川に囲まれた南北約2km、東西約1kmの長方形の地域を「船場」という。

「船場」の町割りは、東西方向の道を「通り」、南北方向の道を「筋」と呼び、南北には大阪城西へ、「谷町筋」「天神橋筋」「堺筋」「御堂筋」が碁盤目のように整然と作られている。

　以後、船場周辺には船宿、料亭、両替商、薬種商、呉服店、金物屋などが次々に誕生し、政治、経済、流通の中心地となり栄えた。

「船場商人」の名は全国に広がり、江戸時代には「天下の台所」「天下相場の元方」「諸国の賄所」として日本の商業の中心となった。

　大阪城のお膝元に店を構えて、御大名とも取引した多数の大店は、今の総合商社や銀行のような商い（大阪の「銀」、江戸の「金」を両替＝為替）をしていた。

　江戸時代の大阪経済は、衣料、家庭用品、生産用具、美術工芸、武具等に比較的優位をもって海運（菱垣廻船、樽廻船を駆使した、西回り・東回り航路）を整備して物産の集散を大々的に行った。集散品目は、東海道は水産物、農産物に、東山道は鉱・動物、燃料、生産用具に、北陸道は水産物、鉱・動物、生産用具、医療に、山陰道は林産物、燃料、医薬に、山陽道は水産物、鉱・動物、家庭用品、武具に、南海道は林産物、水産物に、西海道は林産物、水産物に各々特異性を持って大阪に運び込み、各藩が大坂という中央都市を介して結ばれていたのである。

　船場という名前の由来は諸説あるが、海岸線が内陸に入り込んでいた頃、無数に打ち寄せていた波を表す「千波」「船着き場」であったことでこの名がつけられたというのが最も有力な説のようである。

2　船場界隈の商人たち

　船場商人の原形を作ったのは太閤秀吉。京都から伏見商人、堺から堺商人、河内から平野商人を集めてきたのが起こりで、この3者を総称して船場商人という。メイン商品は、伏見系が繊維、堺・平野系は薬品等で、道修町が日本一の薬品会社の街となっているのはこれが発祥である。

　この時代から昭和のはじめに至るまで商人街を支えていたのが、丁稚奉公制度で厳しい修業と独立・暖簾分けという仕組みが活力のもとであった。

　サントリーの創業者鳥井信治郎は、筑紫音松より14歳年下であり、堂島の両替商・米穀商、鳥井忠兵衛の次男として、1879年（明治12）1月、釣鐘町（大阪市中央区）に生まれている。彼は、12歳のとき、道修町薬種商小西儀介商店の〝丁稚〟奉公に出て、1899年（明治32）20歳で独立、西区靭通で店を構え、葡萄酒の製造・販売を始めた。

　松下幸之助が生涯経営に向かった原点は、大阪船場の丁稚奉公にあるといわれている。自転車屋に奉公していた幸之助は、自転車納品で鳥井信治郎に会った際に「頑張るように」と励まされたとのことである。

　上方商人の3要素は、始末・才覚・算用。いまの言葉でいえば、「始末」はムダを省いて節約する一方で必要な投資は惜しまない事、「才覚」はアイディアと戦略、「算用」はコスト計算に当たる。また船場の気風としての開拓・挑戦の精神と独立自営の精神、そして商人の基本としての挨拶・立ち居振る舞いなど高等小学校や中学を出たばかりの丁稚は、毎日、一日中みっちりと叩き込まれた。住み込みで、現在で言うところのOJT（On the Job Training）業務を通じて行う教育訓練である。

　経営の神様と呼ばれるほどの創業社長は、こういう〝学校〟で学んできている。最近の「学士様」風情が、足元にも及ばないのは道理である。筑紫音松も正にこういう〝学校〟で学んだのだ。

3　高麗橋と商家について

　筑紫音松は「高麗橋5丁目37番地」において誕生した。大坂城と商業地だった船場をつなぐ橋が「高麗橋」である。

1872年（明治5）の町名改編により高麗橋通5丁目14番地となったのである。

船場の東側の入口となる「高麗橋」が最初にできたのは、豊臣秀吉の時代で、その名称は当時この橋を中心に朝鮮・高麗との貿易が盛んだったとか、迎賓館の名前に因んだものだと言われている。

この橋が重要で賑やかな所だったかは、西詰には御触書を掲げる高札が立っていたことからもわかる。通行量が多いということは、店の数も多いということで、三井呉服店（後の三越）は江戸時代にここにできたし、大坂の両替商もこの場所にあった。

4　筑紫及び川西家の家訓

「その家を存続させていくため、子孫に残した教訓のことを指す」これを一般的に家訓・商訓という。

以下少し長くなるが家訓の例を述べる。

商家の家訓は、もともと武家の家訓を模倣したものであるが、江戸時代には商業の発展につれて、重要なものになった。

三大商人と言えば、大阪商人・近江商人・伊勢商人である。リアルかつユーモアある大阪商人、三方よしの近江商人、創意工夫で旋風を起こした伊勢商人。いずれの商家にも名言・家訓というものが大なり小なり存在している。

大阪商人には独特の商訓がある。代表的なものが経営の三大要素といわれる「始末・才覚・算用」である。加えて四大の場合には「信用」が加わる。これらは経営原則と言われてよく見聞する言葉である。

各商店にも少しずつ違いがある。

その中の一つに「三つのつかず」がある。一つは、〝嘘をつかず〟。嘘をついていては商いにならない。まがい物を売っていては必ずしっぺ返しを被る。

二つは、〝役つかず〟。町会や団体の役について商いがおろそかになっては本末転倒である。ましてや名誉欲を厳しく戒めている。

三つは、〝はんつかず〟。捺印のことを大阪では「つく」という。引き受けた保証人。捺印した印影（はんこの押し型）が独り歩きし、倒産、破産と離散ということになる。昔も今もよくある話である。

　本題の筑紫家・川西家の家訓というものが調査の結果見つけることは出来なかったが、唯一、大和製衡の「大和ニュース　2019　JAN　No.419」の中で、川西清兵衛の長男川西清司の言葉「時代に応じた高度な技術で本業だけを進化させる」が、川西家に家訓として代々受け継がれている。

　もう一つ大和製衡川西勝三社長から直接聞いた話では、同じく川西清司から家訓として「本業以外に手を出すな」があった。

家訓例

　家訓によく登場する有名なものに「始末」がある。大阪では、現在でもなじみの言葉で、意味は倹約と重なるが、結構、奥の深い言葉であり、ケチることと誤解されがちであるが全く異なる。

「始末」とは、始めと終わりのことで、商いの一貫した計画性を言い、お金の出入りを正しく行い、無駄な出費をしないことである。

　必要とあれば惜しみなくお金を使うことも「始末」である。

　商いを継承していくことに重点を置いている家訓が多いことも事実である。商いが盛況であることに浮かれて家が破綻することのないよう、「牛の涎」のような細く長い商いが大切と考えられてきた。それは、お客様、取引先に対する姿勢でもある。目先の利に捉われるのではなく、長い付き合いを重んじる考え方である。

　近江商人の家訓「売り手良し、買い手良し、世間良し」の「三方良し」は有名である。

　以下に複数例を述べてみる。

【大阪商人】

〝商売は牛の涎なり〟

　商売は、牛の涎のような粘りが大切で決して途切れてはならないという意味である。継続的な利益、粘りなどを指す。

〝商いは飽きない〟

　全ての商売は異なっていて多様。だからこそ飽きない。もう一つは、商売に飽きてアクビをするようではだめだ、頭を働かせよとも言っている。

〝**商は笑にして勝なり**〟

商品を間にして商人と客の双方がにっこりと笑わない事には本当の意味での商売は成立しない。客を喜ばしてこそ商人は誇りを持ち、客を泣かせてはいけない。

〝**人の行かぬ道に、花あり**〟

商売の基本は、逆張り、常に逆張りするタイミングを虎視眈々と思いながら、伏して待ち続ける。商人の王道。

〝**損して得をとれ**〟

目先だけの得を考えるとかえって大きな損をすることがあり、逆に今の損を我慢すれば最終的に大きな得を得ることができる。

〝**生きガネを使わな、あかん**〟

「お金はなぁ、世の中を回るもんなんや。そやから、生きガネを使わな、あかんのや」。人が喜び、自分が喜び、おカネも喜ぶ、そういうお金の生きた使い方をしろ。

〝**貸してからの喧嘩よりも貸す前に喧嘩せよ**〟

お金の貸借関係が双方に生じてから揉め事になるよりも、貸す前に喧嘩をしておいた方がいいというリアルな教え。

【近江商人】

〝**三方よし**〟

「**売り手よし、買い手よし、世間よし**」

近江に本店を置き、全国各地を商圏として活躍した近江商人は、封建体制の時代に活躍した。当時、他国で円滑に商業活動を行うためには、自己の利益を優先する以前に、商行為を行う土地のためと思う気持ち、今でいう社会貢献活動を視野に置いた商いが、何よりも大切なことである。社会のためだけではなく、古くからの歴史や文化に育まれてきた近江独得の生活規範に裏付けられた理念であったのである。

〝**自利利他円満の功徳**〟

他人に利益を与えようとする行いをすれば、自ずと自分に利益が返ってくる。これを〝自利利他円満の功徳〟という。

〝積善の家に必ず余慶あり〟

　善い行いをすれば、必ず、思いがけない慶びごとがやってくる。善行を積む家には、必ず、子々孫々まで、慶び事がくる。

【伊勢商人】

〝商の道　何にても新法工夫可到候〟

　「商売をするなら何にでも創意工夫をしなさい」（越後屋元祖・三井高利）

〝商売は見切り時の大切なるを覚悟すべし〟

　投資と同じく見切りが大事。（三井高利訓）

　家訓に関して、「余話1－3　「座古清」　いろいろ」で後述する井上貞治郎は、経営哲学として「きんとま」という言葉を残し、現在レンゴー（株）の社是として今に生きている。

余話1－2　筑紫家の詳細

1　筑紫家の家族

　大阪高麗橋で蝋商を営む三郎助と妻国女には、長男三次郎、2男卯乃介、長女、3男宗吉（石井源兵衛）、4男音松（川西清兵衛）、末子（池田家へ）、初子（大西家へ）の子宝に恵まれている。

（「資料③　筑紫家の家系図」参照）

2　父・筑紫三郎助の家業

　大阪市史によると音松の実家・筑紫家は代々、福岡藩御用達であり、藩の特産物等を対象として様々な業務を行った問屋（廻船）である。父親筑紫三郎助が大阪の安治川の川口で製蝋の小さな工場を営み、蝋の対米輸出など事業に成功し、やがて高麗橋の辺りに家屋敷を持つ身分に出世した。

　後の事だが、「筑三」について知る人ぞ知るという話が残っている。大阪町人史の研究家で『東洋紡績百年史』の執筆者の一人である作道洋太郎阪大名誉教授と日本毛織百年史編集委員が対談した時に、船場の筑紫家の名を出したところ、作道教授は『あの筑三ですか』と言った。

「筑三」とは筑紫三郎助を短縮して、「あの」付けで呼ばれ、史書に名が載るほどのレッキとした町家だったわけだ。

ローソクの歴史

ここで今では馴染みの薄い蝋について少し解説する。古来、灯火の主体は植物油を皿に貯めて灯心を付けこれに点火する様式であった。これに対して蝋を用いた固形照明は、照度、安全性、使い易さの面から、なかなかの高級照明だったわけである。

和蝋燭は奈良時代に既に存在し、原料は蜂蜜の巣から採った蜜蝋で中国から輸入され、高価で宮中や寺院でしか使われなかった。

江戸時代には商工業の発展につれ灯火の需要が高まり、ローソクの需要も増大した。工業化のために、原料が大量に産出される必要がある。多くの藩が蝋座、蝋会所の役所を設けて、ハゼ蝋やウルシ蝋の増産を奨励し生産を増やし、江戸や大坂・京都などの都市で需要が増え商家や遊里、仏事や宴席で灯された。

大阪市街地に近い安治川の岸辺に、その高級照明の原料精製産業が立地し、問屋も出現した。時代が明治に入り、海外との交易で、蝋は生糸と並んでわが国の数少ない輸出品となった。筑紫家は、江戸時代末期から明治のその時期までこれを生業とし、大いに栄えたのである。

1877年（明治10）ごろには、石油からパラフィンを原料とした西洋蝋燭が出現し、さらに、石油ランプ、ガス灯や電灯の普及による生活様式の変化に伴い、実にあっさりと駆逐され蝋産業も衰退した。

音松青年は、そのように生家の家業が新技術に駆逐される有様を目のあたりに見た苦い体験を骨身に刻んだが故に、今後の自分の行き方として、進取の精神を高揚させたものと思えてならない。

3　筑紫姓と士族から平民

筆者は商都なにわ船場で蝋商を営む筑紫姓に「士族」と併記されていることに強い興味を感じた。

大胆に筑紫姓の由来と「士族」について独断と偏見で調査してみた。

　まず筑紫姓から福岡藩に目星を付けた。福岡藩は、筑前国のほぼ全域を領有した大藩で筑前藩とも呼ばれる。姓が「筑紫」で何ら問題はないが、「筑紫」という地名のある福岡藩は櫨蝋の主産地である。これらを強引に結び付けて、先祖は九州出身であると大胆な仮説を立てて見ることにした。

　武士の家柄を表す「士族」の根拠を探すことにして、「福岡県史資料　第9輯」から、福岡藩士の家中分限帳を閲覧した。

　この中の「京大坂其の他諸国両市中郡浦」に福岡藩外居住者の扶持（主君から家臣に給与した俸禄）が記されていた。

　この中で「御銀主手代」欄には、銀10枚、米15表　15人扶持　鴻池永助を筆頭に、鴻池千助、鴻池彦七、……中略……と続き、これら豪商の末席で高禄ではないが2人扶持「筑前屋三郎助」を見つけた。

　まさしく大坂に居住し、「筑前屋」の屋号で商いをしている筑前藩士ということになる。

　2人扶持と俸禄は少ないが「御銀主手代」であることが誇りである。このデータは1860年（万延元）6月のもので、1865年（慶応元）筑紫音松誕生のわずか5年前の新しい記事と言える。

　そして時が明治維新に入った1875年（明治8）、「平民苗字必称義務令」により「筑前屋三郎助」を「筑紫三郎助」に改め、家業変更を機に「筑前屋」から「筑三」に改称したと確信するものである。

4　兄・筑紫三次郎へ代替わり

　1867年（慶応3）3月15日に、筑紫三郎助の長男三次郎が家督を相続して代替わりした。

　1873年（明治6）大阪市作成には、「東大組第13区高麗橋5丁目」「慶応三卯年三月十五日に父三郎助退跡相続す」とある。

　家督を引き継いだ筑紫三次郎は、筑紫三郎助の長男で、黒船来航の前年1852年（嘉永5年）正月10日に誕生した。「資料③　筑紫家の家系図」参照。

　その後の「筑三」については不明であるが、日本毛織が1896年（明治29）12月3日設立し、赤毛布（赤ゲット）製造から始めて、製品品質の不均一が原因で不評を買った時期があり、川西音松が自ら赤ゲットを持って大阪の洋

反物商を回り販売に力を入れていた頃から、売店の増加も検討し、最初に大阪支店を開設した。毛製品の大市場は大阪であったから、加古川工場が1899年（明治32）6月に操業を開始すると、同年10月、音松より4歳上の姉の主人である筑紫卯之助を販売係として、11月音松の実家である東区高麗橋5丁目117に大阪支店を開設したという記録が残っている。

兄・筑紫三次郎の富

父から家督を引き継いだ三次郎は、弟音松と共に家業の蝋商に励み、船場では資産家といえるまでに盛り上げている。

しかし当時の大阪での商いはそう容易なものではなかった。明治以降の商品に蝋・油・藍があり、蝋は和蝋燭の原料として、また結髪の用品として取引されていたが、維新後次第に衰微していった。

まさに斜陽といえる現象で、兄の三次郎が大阪で〝斜〟、弟の音松が神戸で〝陽〟という皮肉な巡り合わせとなる。

維新以降経済界の混乱により、昔日の勢力を失墜した旧家には加島屋・平野屋・天王寺屋など24家を数える。今なお旧家として残るのは鴻池家・辰巳屋などがある。

旧家は以上のような有様であるが、維新後に新たに五代友厚・藤田伝三郎・田中市兵衛などが出てきた。1886年（明治19）の市民財産調査の結果、5万円以上の財産を有するものは筑紫家のある東区で102人、南区36人、西区45人および北区20人の合計203人である。

筑紫三次郎は厳しい環境下の中での明治から大正にかけて資産家として健闘していた。

時事新報によれば、1901年（明治34）と1911年（明治44）の前後2回に「全国50万円以上資産家表」を発表している。

大阪府に目を向けると50万円以上の資産家は382名が存在し、住友吉左衛門（男爵）を筆頭に、藤田平太郎（男爵）、久原房之介、鴻池善右衛門（男爵）と続き、120万円で筑紫三次郎は114番目にランクされている。

維新後の蝋商の衰微は、明治から大正へと時代が下るにつれて益々顕著に

表れた。

　電灯の普及だが、それが一般市民に需要が起こるのは、日露戦争後の好況、大阪市北区の大火等が電灯の需要を喚起し、1911年（明治44）1所帯1.6灯であった。宇治川電力会社（関西電力の前身）により水力電気の供給を受け料金が低下し、電球の耐久性も数十日の使用に耐え、タングステン電球も発売されたため石油ランプとガス灯の領域も奪って、一般家庭用に浸透したのである。

5　筑紫三次郎の家族
　やや煩雑であるが、血縁関係の温かい触れ合いを見てみよう。
次男　筑紫六郎
　筑紫六郎は、1894年（明治27）2月、筑紫三次郎の次男として誕生した。1915年（大正4）大阪高商（後の大阪市立大学）を優秀な成績で卒業、更に京都大学法科に学び、第一次世界大戦の最中に大学を中退して一時家業を営んだが、その後独立して貿易商「筑六商会」を神戸で始めた。

　第一次大戦にかかる戦時戦後の大景気で一時は大変な繁盛であったが、1920年（大正9）に取引相場が暴落した。当時は「瓦落（がら）」と呼ばれ、現在の「バブルがはじける」と同じである。これで一度に大損をして破産した。六郎27歳のときである。同じ神戸のことでもあり、川西家から六郎を救う話が出たが、六郎はこれを辞退し単独で整理に当たった。

　その後1923年（大正12）、関東大震災を契機として神戸に生糸市場が生まれるにあたり、その基盤として設立された集荷機関が「共同荷受所」で、後に神戸生糸会社となると経理部長に任じられ、1927年（昭和2）支配人に進み、次いで専務に上っている。

　先に述べた事情で六郎は、当時大阪の虎屋信託会社に勤めていたが、それに同情して、是非神戸の生糸事業に参加させようと、大阪に幾度も足を運んで進めたのが従兄の川西龍三で、これは叔父にあたる清兵衛の意見によることだと思われるのだが、親切あふれる勧誘である。

　六郎は神戸生糸の創立に参加し、生糸が一生の仕事になり、神戸に永住することになり、後に神戸生糸社長となる。

1950年（昭和25）９月、生糸取引所再開に尽力したが、糸価の異常変動防止を目的とした繭糸価安定法が施行され、価格制限の最高額に達し市場は大混乱した。

　1958年（昭和33）、心労による病で死去。

余話１－３　「座古清」いろいろ

１　音松　婿入り当時の「座古清」

　当時の「座古清」について調べてみた。

「日本毛織百年史余話」によると、安政年間の「浪速兵庫の商人番付表」が神戸市立博物館に保存されている。その「兵庫の部」には「座古清」川西清兵衛商店の名は挙がっていない。また「豪商神兵湊の魁」にも同様に記載がないことから、「座古清」はもう少し時代が下がって、多分、明治になってから力を付けた商家だったのであろう。

　やや長文だが、明治期の商家の様子がよくわかる面白いものなので紹介する。

　川西音松が結婚した５年後の1895年（明治28）８月のことが記述してある。

　放浪の末、板紙・段ボールを思いつき、「段ボール」という名前を最初に命名し、現在では紙製の包装資材を製造・販売に年商６千億円を超し、創業100周年を超える業界最大手企業にまで発展させたレンゴー（株）（元連合紙器株式会社）創業者で社長となったのが井上貞治郎である。彼はまさしく立志伝中の人として成功者のピカ一というべき人である。

　井上が「よし今にみろ〝偉く〟なったるぞー」と青雲の志を抱いて奉公先第一号として入ったのが「座古清」であった。

　井上自身が記す「きんとま随筆」には、「川西家は……（中略）……兵庫きっての旧家で、当時すでに一二を争う程の資産家で、家業としては、ただ片手間に石炭問屋を営んでいるに過ぎなかった」と記されている。

　その波乱万丈の井上貞治郎が、座古清で約１年程度過ごした様子について、1959年（昭和34）６月から日本経済新聞「私の履歴書」に播州弁で語る思い出が掲載された。

　その中からの抜粋と、筆者実家の旦那寺が姫路市余部区の「教蓮寺」で、

井上の実家とほぼ同位置である事から寺に問い
合わせて判明したことを付加え以下に紹介する。
「播州平野に流れる揖保川は、鮎の産地として
名高い。井上は、揖保川の堤から２、３町（約
200〜300ｍ）ばかり入った100戸ばかりの揖保
郡上余部村前畑（現姫路市）1097番地の寒村で、
1881年（明治14）の８月16日、農業を営む長谷
川善九郎・みの夫婦の３男坊として生まれた。
父が村の総代（代表者）、長兄も後の村長、県
会議員になり300坪の敷地に住まい、２歳の時、

井上貞治郎　壮年時
（レンゴー株式会社八十年史）

当時は家系の跡継ぎは兵役を逃れる特典があったため、米２俵を持って遠縁
の井上家の死籍相続人となった。

　村の祭りには、有名な太鼓が繰出した。ドドンコドドンコ、その響きがま
ことに珍妙なのである。村の子供が東と西に別れ、太鼓を担いで練り歩くケ
ンカ祭りである。井上は播州弁で『チョーイなんぞい！ 東所がなんぞい！
お前なんかに負けるかい！　チョーイまかせ！』と息巻いて、いつも西の大
将であり、腕は弱いが気が強いので出しゃばった。

　生家はむしろ豊かな方で、村でただ一人1889年（明治22）４月、石海尋常
小学校の生徒となる。1891年（明治24）11月、余部尋常小学校が新設された
ので石海から転入した。余部尋常小学校は、木造平屋建ての小さな校舎に40
人ほどの学童が通っていた。当時は４年制で、その上に２年制の高等小学校
があった。井上は成績が良くて勉強好きだったから1893年（明治26）春、尋
常小学校を卒業すると東隣の旭陽村坂出にあった伊水高等小学校第３分教場
へ進んだ。高等小学校への進学は村では初めてで、1896年（明治29）３月高
等小学校を卒業。

　伊水高等小学校では、1895年（明治28）には『嗚呼玉杯に』の作詞者矢野
勘治が卒業し、1899年（明治32）には『赤とんぼ』の作詞者である詩人・三
木露風が入学している。

　井上は高等小学校まで上げてもらったが、それでも結構追い使われた。大
根売りや米つきなど、へとへとになって夜机に向かいながらついうとうとし、

カンテラの火で着物の右袖を焦がして酷く叱られたこともあった。高等小学校を出たら、姫路の中学校にやってもらえると思い込んでいた。だが気の小さい父親は中学へ30銭の月謝を出すより、田地の1反でも欲しい性格だった。ちょっとやけ気分になっていた頃、本人が全く予期しなかった奉公話が持ち上がった。

　娘の頃、大阪の住友家に奉公に出ていた母はよく『男の子は上方へ奉公にやらせな出世しやへん』と口癖のように言っていた。『よし偉いもんになったるぞ』と井上は、当時神戸の生糸検査所の用務員をしていた同村の和助さんに連れられ、母が渡してくれた銅貨まじりのがま口を懐に、両親、兄弟の見送りもなく、奉公先のある兵庫を目指して網干の港を発った。そのころ播州と兵庫の間を20銭の運賃で結んでいたのは100トン足らずの蒸気船である。

　井上14歳、1894年（明治27）の8月のことだった。次第に小さくなっていく故郷の山を眺めながら、『えらくなるまでは帰らんぞ』と武者震いするほどの希望に膨らんでいた。淡路島や明石を過ぎて兵庫の桟橋に着くと、まず港に林立する帆柱の数に度肝を抜かれた。港に降り立って初めて見る都会の風景に目を奪われ、言いしれぬ心細さにただ立ち尽くすばかりだった。頻繁な出船、入船、かけ声をかけながら忙しく立働く仲仕たちを、うつろな目で眺めていた。

　『貞やん、はよゆこか……』和助さんに促され、夢心地の井上は風呂敷包を抱いて、てくてくと後に従ったが、『あれが三井銀行や、ここが米相場のたつ所や』と教えられても、疲れ切った井上はうなずくことも忘れている有様である。

　奉公先として連れていかれたのが屋号を『座古清』という川西家であ

座古清川西商店
（井上貞治郎「きんとま随筆」）
（日本毛織六十年史より）

る。

　川西家は当時すでに一に小曽根、二に座古清と言われるほどの兵庫きっての資産家で、帝国海上火災の代理店をしており、家業としては片手間に石炭問屋をやっている程度であった。奉公に来たものの、井上の仕事は長男の清ぼん（清司）、次男の龍ぼん（龍三）の二人の子供のお守役ということになった。勿論無給である。龍ぼんこと川西龍三氏は後に川西航空機の社長になった人だが、その父君の6代目清兵衛氏（旧名音松）は日本毛織の創立者として有名な人である。大旦那の先代清兵衛氏も当時はまだご存命で、なかなか細かい人だったと記憶している。なにしろ、この大旦那は石炭の袋を担いで売り歩き、一代で座古清の身代を作り上げた苦労人なのだ。

　田舎からぽっと出の井上は、朋輩の与吉や乳母、お手伝いさんたちからいじめられ通しだった。居眠りしている間に顔に墨を塗られて笑いものになったり、返事のしようが悪いと小言を食らったりした。寒中の拭き掃除や早朝の門前掃除で手足はしもやけで赤ぶくれになった。特に意地が悪かったのは、備中の笠岡から来ていたお米である。

　井上がこっそり温かいご飯を自分の茶碗に入れようとすると『貞吉っとん、それはお上（かみ）のんでっせ』と奥に聞こえよがしに言うのである。新しく出した漬物を下の方に入れて『上から取れ』というのも彼女であった。あまりしゃくにさわるので、ある日、仕返しに糠みその堅いところを練って、寝ているお米の尻のあたりに放り込んでおいた。次の日様子をうかがうと、お尻に手をやって、においをかいでみたり、そわそわしている。井上は可笑しさをこらえて逃げ出したが、結局バレてひどく叱られた。

　失敗もよくやった。若旦那に、『お房を呼んで来い』と言われたので、慌てて『お房どん、お房どん、若旦那が呼んではりまっせ！』と大声をあげて廊下を走ったら、『貞吉っとん、何言うてなはんね、ごりょうさんやがな！』とどなられた。気がついてみればお房とは奥さんの名だったのである。（中略）

　ごりょうさんの背中を風呂で流すのも井上の仕事だったが、ある日風呂場でごりょうさんが言われた。『貞吉や、辛いやろけど、別家するまで辛抱しいや』親切な言葉にふっと目頭が熱くなったが、一体別家とはどんなふうに

して貰えるのかが気になり、そこで密かにしらべてみたのである。

　これまで別家した2人の奉公人のうち、友七さんは醤油屋を、もう一人は米屋を営んでいずれも川西家に納めていた。二人とも20年も奉公した末がこんなふうなのだから、自分には別家も大したことはないなと、子供心に思えてくる。第一自分が国からはるばるやって来たのは商売を覚えるためなのに、子守ばかりさせられている。毎日が嫌でたまらなくなってくるのだった。有馬道からやってくる畳屋の「きわ」さんに『どっか他にええ店はないか』とそっと頼んでみた。その後の自分を引きずり回した生来の放浪性がようやくこの時分から首をもたげてくるのであった。

　畳屋の「きわ」さんが世話をしてくれたのは、神戸三宮の松浦有平という洋紙店の住み込み店員だった。ここは主に外国人の経営している工場の紙を扱っていた。細君は混血児で目の色が違った子供がおり、主人は病身、なんとなく活気のない店だった。井上は15歳になっていたが、この紙を扱った最初の経験は、『後年私が段ボール商業の際、非常に役立った。しかし店に活気がないので働く私の張り合いも抜ける。……』

　と続くが、これは1896年（明治29）のことであるから、音松が31歳、龍三が1892年（明治25）2月生まれで4歳の時の出来事である。

　ここ川西家での日常会話は、「ごりょんさん（主人の妻）、ぼん（主人の息子）……」など船場言葉が使われていた様である。

　井上は川西家での生活に物足りなさを感じて、新たな働き場所を求めて店を出た。

　ところが、井上の志はいつも空回りし、洋紙店、回漕店、活版屋、中華料理店、銭湯、酒場、パン屋、散髪屋、砂糖屋、洋服屋、材木屋、板問屋、石炭商……「段ボール」を作り始めるまでの14年間、転職は30数回におよんだという。1905年（明治38）9月、日露戦争で勝利を収めた。25歳になった翌年、朝鮮、上海、香港等で知識を得て日本に帰り、東京市の南外れ、旧東海道北品川宿の一画で企業を興したのである……（後略）……。

　井上貞治郎の経営哲学「きんとま」について記す。「きん」はお金と鉄のように固い意志を表し、「と」は英語でいう and、「ま」は真心の真と、間を意味する。

　すなわち「きんとま」とは gold and timing、金鉄の意志・金・人・間の4つを握ったら死んでも離すなという商売の鉄則であり、タイミング、チャンス、商機を逃がさず、人・モノ・金と心を大切に経営せよと説く貞治郎の造語である。後にレンゴーの社長は、さらに間という字に「時」「空」「人」をつけて時間、空間、人間を加えて会社の原点とした。

　『大切にしたいものとして時間、空間は物と物との間、つまりモノであり、それから人間。お金と強い意志を持って、時間管理を重視し、モノを大切にし、そしてなんといっても人間を大切にしながら真心を込めて事業経営をしなければならないというのが「きんとま」哲学の原点であり、これを社員に徹底して浸透させるようにしています』と語り、社是としている。レンゴーには、創業以来この「きんとま」哲学という理念、行動基準が脈々と流れて、[ビジネスとはこうあるべし] という考え方を具体的に表したものと言える家訓である。

余話1-4　先代川西清兵衛の婿養子

　当時神戸財界で活躍する人物には婿養子に入った人物が多い。

　義父の父である先々代川西清兵衛（4代目）も養子で、現在神戸市北区となっている有馬郡八多村屏風（現在のダンロップゴルフコースの南西）の西津家の出である。

　「日本コンツェルン全書」では辛口で記述されているが、一部抜粋して紹介する。

　「商人に学問はいらん」という考えを持つ実父のもと、音松は早くから商売の実務に携わり才覚を発揮した。……中略……「座古清」先代川西清兵衛の婿養子となって、そこのオボコ娘、長女「ぬい」を嫁にして兵庫の人、若旦那となった。これが普通の人ならば、伝統的の家業を守って平和な生涯を送るものだが、元来進取の気性に富み時勢を見る目があった青年は、家業に執着するのを好まず、何か新しい境地にその手腕を発揮しようと試みたのである。

　昔から俗に「小糠三合あったら婿に行くな」というように、男は僅かでも財産があるなら、他家へ入り婿せず、独立して一家を構えよ、養子に行くな、

といわれていた時代である。

　神戸の財界には三合組で成功したものが多い。川西を初め岡崎藤吉、滝川儀作、乾新兵衛など、神戸はもとより日本の産業経済の巨頭で、ぼんち（船場商家の跡取りに対する呼び名）育ちでは波乱万丈の荒海を、到底乗り切ることはできなかったであろう。兵庫津を代表する豪商・名家が、ほとんど明治維新や産業興隆期の激変の中で姿を没したのも、そのためである。

　新しい開港場に運命をかけてやってきた川崎・鈴木・兼松・湯浅その他の他所ものと、彼ら三合組で神戸財界の基盤が築かれたのも、思えば当然のことであっただろう。

出会いの詮索

　何故大阪船場の〝音松〟と、神戸の〝ぬい〟が出会い、如何なる縁で結ばれたか気になるところである。

　筑紫家及び音松も頻繁に、兵庫津に足を運ぶ機会があったから、必然的に兵庫の旦那衆との出会いも多いのは当然だ、とすれば商談の合間に音松の評判も聞き、両家が結ばれたと推測しても無理はなかろう。

　神戸の都市イメージにある「国際性」「開放的で自由な気風、風土」「異国情緒」等々、音松はこの時期一足先に感じ取って、この地で何かできないかと考えていたものと思える。

　以上のように推測し、さらに調査を進めていくと強力な事項に行き当たった。

　前述したように、音松の２歳年上の実兄石井源兵衛（旧名　筑紫宗吉）の存在である。石井源兵衛は先代（５代）川西清兵衛の姉〝しず〟と結ばれ、川西家の一員と言っても良い立場であり、その活躍が川西家に認められていた。その兄が仲立ちして音松の養子縁組をプロデュースしたものとも考えられる。

婿養子という立場

　筆者らがニッケから神戸大学大学院経営学研究科の平野恭平准教授を紹介されてレクチュアを受けたときの一部を紹介する。

『神戸の乾新兵衛などあの時代の人は養子でのし上がっていて、川西清兵衛が兵庫電気軌道の立上げ時に邪魔をした伊藤栄一なども養子である。養子でなくその家を継いできた直系の人だったら、それまでの商家の家訓などでリスキーなことをするなと、音松が養子になった時代には、まだ強く残っていた時代だと思われる。リスキーな事業に挑戦するより安心して、身代を守る商家の思考では、あえて養子がこういう事はなかなか出来なかったであろうが、また多分に養子であるからこそ出来たことでもあった様にも思えたりする。

　三井なども江戸から明治にはゴタゴタしたし、幕末から明治時代初期に活躍した三野村利左衛門が相当走り回り、基礎を作ったようなところがある。これは一種の養子みたいなものである。三野村は大商家から大財閥に代わるような時代に、三井も住友も番頭さん的な専門経営者と言われたような人がいたし、もう一つのパターンとして養子的な人物の方に可能性があったのでしょう。

　商家から財閥に関わった一つのキーワードは、三野村や広瀬宰平（住友財閥の基盤を作り上げた人）達がいて、商家のトップができないから専門経営者がそれの代わりに行った。その時に言われるのが財閥の家族経営は、商家の創立、所有はするが経営の方は口出しをしないという形態は、江戸時代から続いていた。三井なんかも創業はするが経営は下のものに任せ、専門経営者が自由に活動できるような素地ができていたのではないか。

　専門経営者がいたことばかりが注目されるが、商家から財閥にならなくても近代明治以降、生き残った企業は人物育成の工夫をした。三野村や広瀬のように名前は残らなくても専門経営者クラスの番頭がいたり、養子がいたりして、うまく立ち回った結果が大成したと言えそうである』とお聞きした。

平野恭平准教授
（出典：ニッケ社内報）

余話1－5　「神戸港と関連土木事業」

1　「兵庫津」は停泊に適した地形

　兵庫港は、鎌倉時代から「兵庫津」と呼ばれ、古代から海の要衝で、六甲連山が冬の北風を遮り、南に張り出した和田岬が西風と潮流を防ぎ、流れ込む大きな川もなく、深い海底で船の停泊に適した地形であった。

　平清盛が1180年（治承4）福原に遷都して、大輪田泊を整備し日宋（中国の宋朝）貿易の拠点にした。室町時代には「兵庫津」と名称を変え、足利義満が始めた日宋貿易の中心地となった。1467年（応仁元）には応仁の乱の戦場となって焼失・荒廃したため、貿易の拠点は堺に移ったが、江戸時代に入って近畿と日本海側を結ぶ北前船の航路開発で発展し、今日に至っている。

2　新川運河・兵庫運河

　1867年（慶応3）に開港した兵庫は退勢を盛り返し、近代化に即応するため種々の努力を払った。その一つが1874年（明治7）に始まった新川運河の開削である。

　運河は1876年（明治9）5月に完成し、築島寺の正面を運河が通り、切戸町の勤番所跡地などは運河に囲まれて中之島と呼ばれるようになる。

　しかし、林田村海岸から船が兵庫港へ入るには、和田岬の迂回を要するため、荷役の利便性と、風波避難も可能にするため、延べ約25kmに及ぶ兵庫運河の開削工事が始まり、1898年（明治31）12月、3年がかりで完工した。開削による土砂で浅瀬を埋立て苅藻島の造成を行い、倉庫・工場が並ぶ市街地に変容した。

　後に興る川西倉庫、川西機械製作所はこの兵庫運河の北側に隣接しており、その恩恵を大いに受けた。

余話1－6　工場敷地取得に大問題

1　選定敷地と御料地のその後

　現在の大和製衡本社工場は、「明石城址」と清流「明石川」に挟まれ、南北に細長い敷地に工場が建ち並んでいる。

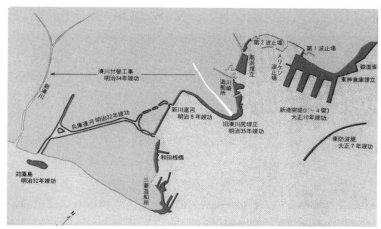

神戸・兵庫港の運河開削及び湊川迂回状況。1923年（大正12）

　ここは元をただせば日本毛織設立時に入手した土地で、5カ所を候補地に選んで、運輸交通の至便性、水質や水量の適性等を調査し、株主が神戸に多いので、一番近い明石の茶園場（さえんば）が良いと決定したが、明石城址が御用邸の候補地に選定され、工場がそばにあるのは、『まずい』と指摘され、関係者一同苦慮したが、思いもかけず宮内庁から下賜金が下されて、加古川への工場移転を決定した。

　余談だがこの土地は、御料地としても実現しなかった。1903年（明治36）発行の観光案内書には、明石城址は「……東宮殿下御離宮御造営の予定地となれり……」と紹介されているが、宮内省は1907年（明治40）、神戸と明石間の須磨に離宮用の敷地を買い上げ、1914年（大正3）12月に武庫離宮（須磨離宮）として竣工したのである。

余話1-7　赤ゲットの流行

　赤ゲットは1887年（明治20）頃から大流行し、それを纏った姿こそニュールックの典型だったのである。

　もともと明治初期に軍隊用毛布として輸入されたのに始まり、一般庶民にも膝掛などの防寒具や寝具を兼ねる点が重宝がられ、次第に地方にまで普及した都会見物のお上りさんがこれを纏っていたことから「おのぼりさん」、

創業期製造の赤毛布（復元品）。
輸入品は真紅の地に黒い縞が数本入った
デザインのものが多い
（「日本毛織六十年史」より）

明治末期には「田舎者」の代名詞という意味が込められるようにもなった。

　赤ゲットの、主な用途は、北海道漁業者の防寒着で、そのまま身にまとうか、外套に仕立てたり、脚絆や足袋、手袋を作ったり、端切れはワラ靴の深靴（ツマゴ）を履くときに足にまくなど、人々の生活に浸透した。

　　余談になるが、筆者が知る範囲では、なかにし礼　作詞「石狩挽歌」の一節　♪海猫が鳴くからニシンが来ると　赤い筒袖（ツッポ）のヤン衆がさわぐ♪、筒袖は赤ゲットで作られている。最近では2019年（平成31）NHK 大河ドラマ「いだてん」では主人公が赤ゲットを羽織り、熊本から上京する姿が度々放映され、これが赤ゲットかと、赤色の鮮やかさに吃驚した。赤い色が、仲間同士見つけやすいという利点があったようだ。

　夏目漱石の名作「吾輩は猫である」にも登場する。「坊っちゃん」ではゲットを被り、鎌倉の大仏を見学したら、車屋から親方と言われたという。「吾輩は猫である」（明治38年）には、「国を出るとき３円20銭で買った赤毛布を頭から被ってね」という一文がある。ちなみに白米10kgが１円20銭、とすると白米約30kgということになり、今の価格にすると赤ゲットは１万円以上したようだ。

　この赤ゲットが寒い地方に馴染み、発展したのが角巻である。地域によっては「フランケ」「ケット」「マワシトンビ」と呼ぶのも、この和洋折衷の名残りであろう。

『毛布着た四五人達や象を見る』子規

　川端康成「雪国」の、駒子が身に着けていた姿を思い出す人も多いだろう。

余話 1 - 8　日本毛織の「牧場経営」

1　日本の牧羊事業

我が国にも堂々たる軍事用もしくは産業用の国産羊毛産出の歴史がある。

1875年（明治8）9月に開始された第1次の緬羊飼育奨励事業では、政府が千葉県の原野を買い上げ、官営下総牧羊場を開設した。刈り取られた国産羊毛は、政府が開設した千住製絨所が直接その羊毛を買い上げたが、この第1次綿羊飼育奨励事業の失敗により1889年（明治22）から1917年（大正6）の29年間は完全な空白時代となった。

2　日本毛織の原毛飢饉対策

我が国の羊毛工業黄金時代出現により、毛織物の生産能力は画期的な増加で、原毛はいくらあっても足りないという有様であった。

オーストラリア政府が軍需品として羊毛に世界的需要が起こることを見越して、輸出制限したため急騰した。

日本毛織は暴騰を事前に察知し、1916年（大正5）春、日本毛糸紡績の支配人であった塚脇敬二郎をオーストラリアに派遣し、原毛状態（羊毛市場）を視察し、翌年2月に南アフリカの羊毛産地に急行させ、他社に先んじて買付け、さらに遠く南米方面からも原毛を輸入して当面の所要量を補足した。

この出張ではドイツ潜水艦の攻撃を受ける危険区域を航行し、到着した南アフリカでは炎熱下の未開拓地域を歩き回るなど筆舌に尽くしがたい苦労を味わったという。しかし、この手当てにより日本毛織は深刻な原毛不足を免れることができている。

3　日本毛織の牧羊事業

事業として未達成だったが略記する。

清兵衛氏は早くから緬羊の飼育に強い関心を持っていた。需要の急増に関して国の第2次増殖計画（1917年〈大正6〉）が立てられる10年前の1906年（明治39）にすでに原毛枯渇を予測し、1909年（明治42）、獣医・各務駒次郎を採用して直ちに清国へ渡航させた。各務は、軍用毛布の製造に適した緬羊

を物色、寒羊毛種の緬羊60頭と番犬２頭を購入し、清国人の毛氈工一人を伴い同年11月帰国した。

　鉄道が緬羊の輸送を拒否したので、やむなく神戸港から加古川工場構内羊舎まで歩かせ、何頭かを疲労で死なせた。同行した清国人も１年足らずで帰国してしまい、緬羊の管理は行き届かなかった。

4　土山牧場（日本毛織直営）

　1915年（大正４）、加古川工場から東へ10kmほど離れた明石郡魚住村清水字大沢岡山に1912年（明治45）２月、土山緬羊飼育場を開設した。牧羊場としてはうまくいかず、牛の飼育に切り替え、牛の牧場としては戦後の1955年代（昭和30）まで続けられた。

5　失敗した伊豆牧場（日本毛織直営）

　1935年（昭和10）イタリアにおいて、牛乳カゼインを原料とするタンパク質人造繊維の工業化に成功以来、各国は羊毛代用品として、タンパク質人造繊維の研究に着手した。

　日本毛織も翌々年1937年（昭和12）に技師をイタリアに派遣し、製品も購入して研究を行った。スフ混紡品が純毛品に比べて著しく見劣りするのは、スフの原料であるパルプが植物性繊維であるためで、これを動物性タンパク（牛乳カゼイン）を科学的方法により繊維とし、羊毛繊維と混紡すれば、数段と純毛品に接近し、供給源も対策いかんでは無尽蔵に求められると考えた。

　1941年（昭和16）下期、静岡県北狩野付近の125町歩（123.75万㎡）の土地を1942年（昭和17）４月15日、地方裁判所に登記し、日本毛織伊豆牧場と正式に命名した。

　３か年計画で開墾、農耕地として飼料作物を栽培し、乳牛は種牡牛も数頭飼育するとともに最低80頭は搾乳するなど具体的に計画した。事業を開始して見ると、この種事業の運営は実に困難を極めた。理由は、現地の人に作業を任せきりで、現地にいない人間がごまかされていたというのが実情である。牧牛事業は中止して、翌年から杉やヒノキの植林事業に切り換えたが、結局は成果を見なかった。取得33年を経た1975年（昭和50）、オイルショック後

の非常事態に際し売却され日毛の手を離れた。

「石橋を表から叩いて……」の、神通力も牧場経営では唯一失敗したと言えるであろうか。

6　朝鮮日毛緬羊牧場（日本毛織直営）

　朝鮮では、1931年（昭和 6 ）に総督に就任した宇垣一成が南綿北羊政策を促進奨励していた。これを機に日本毛織では、朝鮮半島北部で日本海寄りに土地を求め、1937年（昭和12）以降10か年間に朝鮮内維持頭数を50万頭に増殖する目標を立てた。

　1941年（昭和16） 7 月28日現在、朝鮮日毛緬羊牧場はコリデール種主体に牝羊2044頭など合計2563頭を収容する各種施設が一応出来上がったが、経営的には苦しく、牧場長の「経済的に成り立つ見通しがつかず、資金を投入しても一時的な効果しかない」ということと、1943年（昭和18）に至ると戦争激化で、重油・肥料・薬品などの重要物資が入手困難になり正常な経営は出来なくなった。

　終戦になり、緬羊・牛馬はもとより牧羊犬・工場器材・貯蔵食料に至るまで一夜のうちに略奪され、清兵衛氏のライフワークである牧場経営はつまずいた。清兵衛氏にとっては、牧羊経営は国家的仕事であったから、この気持ちを理解し、支える熱意を持つ人がいたならば朝鮮の牧羊事業はきっと成功していただろう。

余話 1 － 9　趣味と実益を兼ねた「牧場経営」

1　清兵衛の牧場経営

　関わった牧場は、川西家所有と日本毛織所有とを合わせると 6 ケ所を数える。前者が粟津・那須・馬毛島、後者が土山・伊豆・朝鮮である。

　牧羊することで、川上〜川下（原料⇒製品⇒販売）まで一貫した事業に乗り出そうとしたのかもしれない。

　努力した数々を以下に示す。

2　川西粟津牧場（川西家経営）

　この牧場は川西家の所有で、地元石川県小松市の人は昔から「ニッケ牧場」と呼び慣わしていたという。

　牧場の場所は、JR粟津駅から西へ歩いて5分ほどの所にあり、約70町歩（約21万坪、69万3000㎡）の土地である国営の種馬飼育所だったが、閉鎖されたので、清兵衛は個人的に1926年（大正15）に買い取って、牧羊を企画したようだ。しかし風土が牧羊に向いていないことが分かり、乳牛の飼育に切り替えられ、次いでチーズ、バター、乳酸飲料などの食品加工も手掛けたが、結局、採算は合わなかったようだ。

牧場経営の動機と食糧問題

　神戸大学経営学部にある日本毛織委託資料の中に「経済的道楽〝毛織王が牛の牧場経営〟神戸牛の復興計画が動機」という記事が目に付いた。

　神戸っ子は神戸牛を自慢しているが、代わりに青島牛という代物が我が物顔に市場に横行し始めた。清兵衛氏が神戸牛の復興に一肌脱ごうとした。

　そのころ農林省の石川種場所が廃止されたので、土地の譲下げを求め、大部分の譲渡を受けた。しかし石川県で神戸牛という訳にはいかない。そこで清兵衛は方向転換を図り、乳牛に目をつけた。

　清兵衛が緬羊でなく牛に目を付けたのは、食糧問題の解決という高遠な理想に基づいていたのだ。答申書によると「7千万の国民が最も苦しんでいる食糧問題解決への一端を果たすためには畜産を盛んにせねばならぬ。日本で畜産と言えば差当り牛だからその増産と改良を図らねばならぬ」という三段論法でこの計画を立て、事業に着手した訳である。

副産物カゼイン接着剤

「航空朝日」1942年（昭和17）9月号の〝カゼインはこうして出来る　北陸粟津牧場を訪ふ〟から紹介する。

『北陸に旅し、粟津温泉と片山津温泉との間にある川西清兵衛氏経営の有限会社粟津牧場を訪れて、飛行機や、滑空機の製作や修繕に欠くことのできないカゼイン（接着剤）の正体を知ることができた。カゼインはかつて豪州か

ら輸入していた。

　川西牧場は、……中略……清兵衛氏が、丑年の生まれから採算を度外視して、この柴山潟のほとり、林野を切り開いて開設したものと聞いた。

　片田舎の牧場から、近代科学の花形である航空機の必要資材の一つである農芸化学製品が生まれている。

　牛乳からカゼインをとるには、まず牛から絞った牛乳を分離器にかけて、クリームと脱脂乳とに分ける。

　クリームからは食用バターが作られることは言うまでもなく、一方脱脂乳に塩酸を加え、水分を取って固めると、ここに苦も無くカゼインが出来る。このカゼインは北海道では10年前から採っており、川西牧場でも6年前から栃木（那須牧場）、静岡方面（伊豆牧場）でも同様に生産されたそうで、今までこれを知らなかったのが誠に恥かしい……』

　この時代にカゼインはカゼインプラスチック、人造繊維、皮革用塗料、木材の集成材には接着剤として利用されていた。

牧場の様子

　清兵衛が先ず、最初に着手したのは優良種牛の購入だ。国内優秀種牛はもとより1926年（大正15）10月農林省技師針木昌二氏に託して本場米国から優良種の牡1頭、牝6頭を、当時の邦貨にして3万円を投入して購入した。

　乳製品について川西牧場は母牛が優良な上に、餌となる食物がよい。他の牧場ではサツマイモを食わしているが、川西では他から購入するものはフスマ位で、他の飼料は全部牧場の付属農園で栽培した玉ねぎ、キビ、青刈大豆などをサイロに貯蔵して、冬でも新鮮な生の青物を与えているから乳が悪いはずがない。

　牛乳生産量は日産1石5斗というから1斗缶15個（18リットル×15）になる。京都、大阪（南海高島屋）、福井、粟津等へ卸している。

　地元民の話では、経営主は神戸の川西で、製作した飛行機（K－10型と思われる）の試験飛行を兼ねて着陸し、牧場の牛乳や乳製品を運搬していたようで、宣伝の意味もあって、しばらく寄留していたこともあるらしい。時折、飛行機の旋回するのを村人たちはよく見ていた。（石川県「串町史」）

川西牧場が空港としてデビュー

現在、隣接する航空自衛隊基地小松飛行場について簡単に記す。

1941年（昭和16）旧海軍が航空基地の整備計画に基づき民有地を買収し、1943年（昭和18）4月旧海軍・舞鶴鎮守府の飛行場として建設開始し、地元の中学生、市民など20万人の労力をつぎ込んだ建設作業が昼夜兼行で進められた。翌年の1944年（昭和19）11月、東西1500m、南北1700mの十文字に交差する滑走路が完成した。

牧場のその後

川西粟津牧場の内7000坪は、1944年（昭和19）に兵器生産の小松製作所（現コマツ）へ、戦時の転用として強制的に譲渡させられ、残る5万坪余りで牧場を継続していたが、1955年（昭和30）ころ、この土地も石川県と小松市に売却された。県と市は開発工事が進み「ニッケ牧場」が痕跡さえ留めなくなることを惜しんで、1986年（昭和61）3月ここに記念碑を建立し、碑面には「神戸市の川西清兵衛氏が大正14年9月に、開場以来60年間、この地において多数のホルスタイン種優良牛を生産され、我が国酪農界の振興に多大の貢献をされました」と刻まれている。

地元の人たちの「ニッケ牧場」に対する思いが感じられる。

3　馬毛島牧場（川西家所有）

ここも清兵衛氏の個人経営である。

1918年（大正7）10月1日、種子島西方の馬毛島（まげしま）牧場を買収した。買収した年に国の第2次羊飼育奨励がスタートし、毎年その収穫羊毛は、日本毛織加古川工場毛氈課へ輸送した。しかし、戦争のため海外から若い羊の購入が難しく、国内的にも不便な立地が災いし、近親交配を繰り返したため衰微し羊毛の質量共に低下したが、太平洋戦争まで収支は合わないながらも継続している。

馬毛島の現在の様子を以下に示す。

2019年（平成31）初頭に「米軍機訓練　馬毛島を買収」というニュースが

飛び込んできた。米軍空母艦載機の離着陸訓練の移転候補地となったのである。

　政府は島の買収後に自衛隊施設を整備し、空母に着艦するパイロットの技量を保つため、陸の滑走路を甲板に見立てて着陸訓練を行い、米軍が共同使用にするのである。

　防衛省は2020年（令和２）12月、港湾施設整備に向けてボーリング調査を始めた。

　政府は2022年（令和４）から飛行場など関連施設の工事に着手する方針を固めた。

　工期は３年を見込み、2024年（令和６）度末に工事完了を目指す。日米合意を経たうえで、早ければ2025年（令和７）から運用が可能となる。

　清兵衛が手を付けたこの島が100年後に飛行機と関わることになるのも何かの因縁と言わざるを得ない。

余話１−10　「ブラジル移民」活動

　清兵衛氏の活動として本文で説明できなかった事項を要約して述べる。

1　財団法人「日伯協会」設立

　不況の中で忘れてならないものに「移民」がある。1908年（明治41）４月28日、移民船・笠戸丸に乗った第１回ブラジル移民165家族、781人（単身48人）が神戸港を出港し　その後ブラジルへは神戸が主要移住基地となった。

　明治初年以来、ハワイ・南北アメリカなど各地への移民があったが、第１次大戦後、アメリカでは日系移民の受入れ制限を行なった。一方、イ

出国準備に忙しい移民たち（「海鳴りやまず」）

タリア移民が減少したブラジルではアメリカとは逆に日系移民の受け入れを積極化して来たため、ブラジルへの移民が増加したのである。

　神戸移民収容所を作ろうと最初に呼びかけたのは、榎並充造である。

　それに応えて兵庫県、神戸市が積極的に動き〝官民一体〟の運動が実を結び、1926（大正15）5月8日、川西清兵衛、榎並充造ら阪神財界の有力者と相談して財団法人日伯協会を設立した。日本で初めてブラジルとの2国間交流関係を結んだ団体である。

2　ブラジル移民収容所の建設

　協会創立後最初に取り組んだ事業は、官界・財界を網羅して兵庫県と神戸市の協力を得て、公的な移住者の援護施設として「国立移民収容所」の設置を国に働きかけた。

　全ての財産を処分して集まった移住者たちは、まさに着のみ着のままである。もし審査で不合格になれば、故郷を捨てた彼らには行く所がない。審査にパスしても、外国の情勢や日常会話に疎ければ、移民先で顰蹙を買うだろう。移民の質の向上をはかるため、地元の熱心な運動が実って、内務省社会局は同2年、正式に移民収容所建設認可を公布した。

　1928年（昭和3）3月　国立移民収容所（神戸移住教養所）として創建。

余話1－11　神戸が移民の中心基地

　異人館の多い生田区山本通りに面して4階建、食堂、医務室、講堂を完備し、他の部屋は全部移民宿舎にあてられた。収容人員約2000人。移住者は渡航前の7～10日間を過ごし、健康診断、予防接種からパスポートの手続き、語学研修まで様々な準備をして、最後の日本、故郷を目に焼き付けたことであろう。

　1971年（昭和46）5月まで海外移民の教養・宿泊施設として存続した。

（神戸移住教養所概要より）

1　移民　ブラジルに根づく

　移民ブームの一つに『神戸と横浜を比べると、横浜には移民を〝棄民〟と

みる意識がありましたね。食い詰めて地球の裏側へ落ちていく連中だ、とい
う風に接し方も冷淡なんですよ、その点、神戸では〝移民さん、移民さ
ん〟と愛情を込めて呼んでいました』西向嘉昭神戸大教授（中南米経済専
攻）はこのように言う。移民のための日用品等について、商人たちは誠意を
もって彼らをもてなした、という。

　兵庫県移民の出身地は但馬地方がトップで105家族、続いて西播の96家族、
丹波（50）、淡路（46）、東播、神戸の順である。大正末期から昭和初期の不
況と天災が再度移民を押し上げた背景もある。1925年（大正14）京都・豊岡
大地震、1927年（昭和2）北丹後大地震等があった。その後の昭和恐慌では、
マッチ、ゴム、鉄鋼、造船に深刻な影響があり、鈴木商店倒産、川崎造船が
3000人以上の人員整理を断行し、優良企業の鐘紡でさえ操業短縮に陥り、日
本毛織、川崎薄板工場も右へならえ。1930年（昭和5）国税調査によると兵
庫県の失業者は1万8035人に上った。兵庫県は毎年25、6回に亘って移民奨
励講演会を開催した。財界も日伯拓殖会社（社長・川西清兵衛）を設立して
日伯貿易に積極的に取組んだ。
「来たれ！　青雲の志を抱く若人よ」といった勇ましい呼びかけに応えた移
民者たち。他府県に比べて平均年齢がかなり若いのもそのせいだろう。

2　移住者の顕彰活動

　神戸港から移民船が廃止された1971年（昭和46）まで、移住者の支援活動
は続いた。それ以降は、移住者顕彰事業に取り組み、移住開始70周年にはセン
ター玄関にある「ブラジル移民発祥の地」の石碑を建立、90周年には神戸
港メリケンパーク南端に「乗船記念碑」の建立と移住者が歩いた道の整備を
行い、100周年では、歴史的建物を保存・再整備し顕彰の最後を飾った。

（「移住ミュージアム」掲示）

　移住者支援活動に榎並が活躍した一例を紹介する。
　榎並が神戸商工会議所会頭時代というから1948年（昭和23）頃の事である。
ブラジル綿花の輸入が制限された。この綿花は日本移民が栽培したもので、
これを輸入しなければ綿花は下落し、イギリスあたりの商人に安く買いたた
かれる。「国内の紡績会社もブラジル以外の綿花には慣れていないのに制限

するとはもってのほかだ、米綿、印綿は減らしても伯綿輸入は続けろ」と政府に建議すること2回、奏功してブラジル移民に喜ばれた。太平洋戦争時には日伯協会の存廃が問題になったが、榎並は解散に真っ向から反対したので戦争中も、その灯は消えなかった。日英、日米その他の海外協会は解散したり、存続不明になったが、5ヶ年のブランクにも日伯協会だけは存置を公然と認められていたため、戦後も真っ先に立直り、廃墟と混乱のなかを旧移住教養所一室で不死鳥のように雄々しい最高の声をあげた」

（「郷土百人の先覚者」）

　2018年（平成30）は創建90年、初のブラジル移民を乗せた「笠戸丸」の神戸出航から110年の節目に当たる。南米と日本の懸け橋になって今後も脈々と続いて行くであろう。

3　現在は交流センター

　神戸山手の高台にある建物を訪れた。

　100年以上も経過した現在では、高層ビル群が林立して海は見えない。

　1928年（昭和3）に開設された「国立移民収容所」は、名前を変え、今は「海外移住と文化の交流センター」として、関西ブラジル人コミュニティの活動拠点として存在する。

　5階建ての外観は太平洋戦争と阪神・淡路大震災に見舞われたが「洋館」としての威容は保たれその健在さにまず驚いた。

現在の建物（筆者写す）

　玄関を入り各館内の壁や天井を見ると、コーナーに丸みを帯びた船の構造様式に似ており、廊下や階段も船のそれを連想させる造りになお驚いた。これは移住者が少しでも船内の雰囲気に慣れてもらうために設計されたと

聞く。当時のすべてに移住者の気持ちを汲んだ心憎い配慮に再度感心した。

　10日間入所した移民たちは、出港の日まで各種講話に明け暮れ、出港の日、万歳三唱後、移民収容所から通称「移民坂」を下って埠頭へと、行列は延々と続いたという。

　移民たちは、現地で筆舌に尽くし難い苦労を重ねたが、ブラジルの排日移民問題（1930年ごろ）の時、日伯拓殖（株）社長である清兵衛は、ブラジル移民懇談会に出席し、移民対策実行委員としてブラジル対日感情の好転のため努力した。

　ブラジル移住民の生活を精神的に慰安するため、田崎神戸商大学長は、渡伯前に日本毛織川西社長に相談し、潤いのある生活を送らせるため最初の慰問使を派遣することにした。人選の結果富山県の禅宗国奏寺管長に白羽の矢を立て快諾を得た。清兵衛はただ移民を送り出すだけではなく、フォローも行っていたのである。

　筆者はこのあたりの細部が知りたくて、『榎並氏または川西氏が渡航した記録等の有無』について日伯協会の事務局長に質問した。答えは『当時の記録は一切残っていない。恐らく片道90日かかる船旅に、要職を務められる両氏が空けられるはずがない事から、渡航はないと思います』代理人を出すことで解決したと思われる。

余話1－12　清兵衛と爵位

1　爵位

　爵位であるが、そもそも爵位とは主に君主制の国家において、君主の血族や国家への功労者に与えられる名誉称号で、日本では明治から戦前に使用されていたのである。

　日本の爵位には、5等爵と呼ばれる公爵、侯爵、伯爵、子爵、男爵がある。

　最下位となる男爵は、少し幅広く運用され、「僧職・神職」などにも叙されていて、上位の紳士の称号として認識されている感が強い。

「大阪は反権力の街だから、綬爵とか叙勲に興味のない人もいた」

　それが川西清兵衛で『綬爵なぞ興味ないゎ、バカバカしい』と言い放つ「在野の商人」のイメージが筆者の中にある。特に根拠となる確証は得ては

いないが、「中島や川西は戦争が始まって急膨張したからだ」などという人もいる。爵位と政治がセットになっているようにおもうが、研究したのではなく感覚的にいう筆者の主張に裏付けはない。

　男爵といえば、渋沢栄一は子爵となり、大倉喜八郎、古河虎之助、住友友純、藤田伝三郎、森村市左衛門等いずれも男爵になった。とするなら川西清兵衛にも男爵くらいの資格があるといえるのではないか。

2　清兵衛の勲章と褒章

　清兵衛は1913年（大正2）12月18日に緑綬褒章、1921年（大正10）12月26日に紺綬褒章、そして1928年（昭和3）11年10日に勲三等瑞宝章を受章している。いずれも日本毛織社長在任中の受章である。

　受章の審査基準には、国家や公共への功績の他に、その人の所属する会社の格や業績のようなものが加味されるらしい。

余話 1 – 13　川西財閥とは

1　財閥と新興コンツェルン

　書物や風聞には「川西財閥」に出会うが、必ずしも「財閥」と決めつけられてはいない。そもそも「財閥」という言葉の定義が曖昧で、厳密に定義された学術用語ではなかった。

　時代の流れと共に「財閥」という言葉は「三井財閥」や「三菱財閥」のような、同族が経営する巨大企業の連合体に限定して使われるようになった。

　学界で「これが財閥だ」とコンセンサスが取れているのは　三井・三菱・住友財閥くらいまで、それ以外になると諸説紛々である。

　戦後、GHQ が「財閥解体」をあげたが、目的が軍需産業の解体にあったので、金融財閥より重化学工業に強い財閥に比重を置いていた傾向がある。

　一方、産業界では新興コンツェルン（もしくは新興財閥ともいう）が勃興した。新興コンツェルンは、既存財閥を批判する軍部と同調し、軍需に沿った重化学工業（自動車・合成硫安工業・アルミニウム製造）に進出した。

　では、「コンツェルン」とは何か。財閥とどう違うのか。「コンツェルン」とは、「親子型の企業グループ」を指す言葉で、1910年代のドイツで学術用

語として定着し、日本でも1920年代後半に使われ、日本に伝わる過程で「企業集中」もしくは「産業横断的な組織」という意味が付け加えられ、その結果「コンツェルン＝財閥」として認識されるようになった。

神戸大学大学院経営学研究科　平野准教授にこの点を問うてみると、『結びつきとしては軍閥の方の影響を受け、軍閥との結びつきが強い感がし、軍閥との影響を受けている新興コンツェルン側なのかと思う反面、運営方式は既成財閥の方に近いし、何とも言えないような位置づけのところにくるかなと思ったりする。図を描いてみると何となく色分けがつくのか、何となく境がラップするところがあると感じる。そういう意味では面白さもあるようだ』とのことであった。

2　川西財閥の評価

一般的に大阪・神戸周辺には中堅の財閥が集中していたことから阪神財閥と総称されて、川西財閥はその中に含まれている。

川西清兵衛一人の力量で、且つ大阪商人精神が強いためか、政治力により企業を動かすことを好まなかったから、損している点も見えるようだが、その点がGHQの財閥指定を逃れた点でもあろう。

前出の平野准教授は『その辺では川西清兵衛さんの企業者の評価もすごく難しいな、と、悩ましいと思う反面、財閥だけでなくニッケだけでなくグループとしてみた時、新興コンツェルンと既成財閥どちらにも分類し難いようなところがあるな。できればあんまり考えたくない気がする。新興財閥は軍需とつながっている色が濃いですが、運営の仕方では近代化された形の現れと思ったりする。個々の企業の中の管理は、割とそういう面もあったりするのですが、財閥としての運営体としては一体どれだけあるかという点では、財閥本社の機能は、三井・三菱と比べれば大分弱いように感じる。日産の場合は本社的な機能ができており、日窒の場合は、日窒の元々やっていた会社が関連でどんどん多角化していてその下で子会社ができていく。じゃあ日窒が完全に傘下の企業を財閥として一体運営をするための本社組織を担っていくかというと、その機能は弱かった。そういう所に少し限界があるのを考えると、川西財閥はそれに近いところがあったのかなぁ。

結局川西財閥に司令塔がないというのは本社機能のところの問題でもあったのかなという気がする。新興財閥とか言われるところも、その司令塔の部分がすごく弱かったと個人的には思う』と締めくくられた。

以上のことから財閥というにしては、それほど強力なものでもなかったと感じられるのである。

余話1－14　中島5型機と関口英二のエピソード

1　中島5型　欠陥機の詳細

伊藤飛行機製作所で、東西定期航空会の使用機中島5型の整備を行っていて、一大事が発見された。

稲垣知足技師が検査のため主翼の布を剥いでみると、翼型がUSA5型と相違しているらしいと分かり精査してみると、翼の下面はUSA5型通りであるが、主翼上面が間違っていたのである。本来の翼上面の上に下面の厚さを加算していたため、上面の彎曲が原翼より大きく、失速が早くなり操縦しにくい〝駄々っ子〟の原因となったのである。

火を噴く飛行機だと言われた原因は、5型胴体の発動機蓋（ジュラルミン板）が脚の前横まであり、その後部の胴体下面は布張りで、しかも横桟の前に、排油の穴がないため、気化器の故障などでガソリンが漏れたときに、この箇所にガスが溜まり、発火したのである。

『設計通りの翼型を用い、排油孔を設けてあったら、もっとよい飛行機として使用されたかも知れない』と技術屋関口の良心を示す率直な証言である。

稲垣も同じことを伊藤音次郎に言った。『翼型の変更は大改造ですから、今のままで使うしかないでしょう』と、費用面を理由に実施されなかったのである。

陸軍ではこのことを知っていたのかは分からないが、何しろ性能が悪いと言ってほとんど使用しないだけでなく、製造を継続し続けて民間に払い下げたことは欠陥機である確証の上での処置だったと思えて、製造会社と軍部の癒着であり、確信犯の感がする。

2　日本飛行機製作所時代の関口英二

　後に日本飛行機製作所から川西機械製作所に移籍した関口は、飛行機にとりつかれたばかりに、八高二部甲（工科）を出ると、日本飛行機製作所に入社した。

　『現代最新の航空工業に趣味を有する人を募集する』という広告につられて入社した時は、中島式4型練習機の製作が開始されていた。中島式5型は、中島知久平指導のもとに、関口英二、佐久間一郎、宮崎達男、戸川不二男で作り上げたものである。

　中島式6型の製作が始まった時、たまたま肺炎を患い、知久平から休養せよと言われて、栃木の生家にしばらく帰ったのが、いわば運命を狂わせたと言える。

　回復して製作所に帰ってみたら、従来の5型のホールスコット150馬力が200馬力にパワーアップされ、6型として試験飛行に入っていた。一目見て、関口は眉をしかめた。5型では胴体の両側に固定されていた冷却器が、6型では翼面冷却器に変わっていたのだ。

　『アルバトロス機の真似だろうが、これじゃとても冷却は、果たさないよ』というと、知久平の側近が目をむいて詰め寄った。『だってさ、翼面冷却器ってのは、翼の上下両面の圧力の差を利用して作ってあるもんだろう？　ところが圧力の差による気流の速さは、飛行機の速度より遅いから、冷却能力が足りないのは当たり前じゃないか』科学的真実を述べたに過ぎない。

　自分が病気療養中に、会社の空気がかなり変わっていることにようやく気付いた。

　試験飛行を終えて降りてきた会社のテストパイロット水田嘉藤太（もと所沢航空学校教官）が、荒々しく設計室に

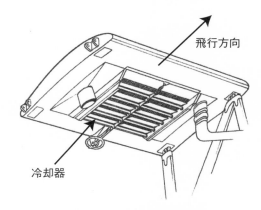

飛行方向

冷却器

翼面冷却器（上翼の下面を見る）
矢印方向に飛行すると空気は、翼下面から冷却器内を通過して翼上面に抜ける

飛び込んできて、『オレを殺す気か』と、どなった。

　案の定、冷却が不十分で、水が沸騰してどうしようもないという。

　その程度の事だったが、清兵衛と知久平の対立が深まっている折だったので、本来は中島派の関口が、中島派の連中から『謀反人！』とののしられ、思いもしなかった坂東舜一らと行動を共にして、神戸の川西へ行くことになってしまった。

　技術屋の、科学的根拠のある言葉がまっすぐに受け入れられなくなった空気を思い返すと、辞めて良かったという気もするが、飛行機設計を伝授してくれた知久平に対しては、少しも含むところはなかった。

　とはいえ、自分が参画しながら、必ずしも十分な自己表現が出来なかった中島式４型や５型を突き抜けた、もっと独創的な機体を作りたいと思った。

（「空気の階段を登れ」から要点抜粋）

余話１－15　川西倉庫の運営

川西龍三と井上治郎

　川西龍三が後に、川西倉庫、川西機械製作所、川西航空機などの川西財閥の一角を統率するための帝王学を学ぶスタートはここ川西倉庫からである。

　龍三は、1916年（大正５）４月、慶應義塾大学を卒業して川西倉庫の前身である合資会社川西商店に入社し、倉庫業務の初歩から勉強した。すぐに「船頭勘定」を担当し、船頭はなかなか難しいことを言うが、それら勝ち気な者共との応対をしたのが非常に勉強になった。

「船頭勘定」の意味が理解できないが、当時木造の艀（はしけ）を３隻ほどのロープで繋げて、先頭の強い動力船（タグボート）が引っ張るという輸送方法があった。その船頭たちの働きを確認し、賃金支給額などを仕切ることを指していたものではないかと推測する。

　当時の倉庫の業務は保管と運送であったので、龍三は一番難しいところを引受けたのである。

　入社２年後の1918年（大正７）７月、川西商事株式会社（合資会社川西商店を合併後川西倉庫株式会社と改称した）を創立し龍三は取締役社長に就任した。

　この時役員に抜擢され、30代の若さで倉庫部長の要職を与えられたのが井上治郎で、川西清兵衛が龍三の片腕として選んだのである。

　井上は、清兵衛が神戸商工会議所会頭となった時から清兵衛の補佐役として勤めたのを振り出しに、1916年（大正5）にそのまま川西商店に入社することになった。

　井上は最初に現場監督として勤務し、直接荷役作業の実情にふれていろいろなトラブルに対し身をもって当たった。

　当時の川西商店の陣容は中等学校や商業学校を卒業した者は、2、3名という貧弱なもので、京都二中－三高－東大の法学士という井上は異色だったのであろうが、その法学士が沖仲仕の荷役作業に混ざって、自ら荷物を担ぐというのだから後々まで自慢の種にしていたという。

　1922年（大正11）に井上は、海外港湾施設の視察を命じられ、約10カ月欧米を見てきた。その時龍三は井上に冷蔵倉庫の研究を申付けていたのである。

　井上は冷蔵庫とは氷で冷やすものくらいにしか考えていなかったので、海外では食糧問題と関連して欠くことのできない施設であることを知って驚いたという。

余話1－16　川西倉庫の事業変遷

1　業界初の冷蔵倉庫

　1924年（大正13）には第一突堤に懸案の5階建延べ5000坪の倉庫を建てて神戸埠頭に豪壮な一大偉観を添えた。

　1926年（大正15）12月には、名古屋港での港湾荷役作業を強化するため、名古屋の郵便専属の旭運輸（資本金50万円）の全株式を買収した。その後神戸港兵庫突堤に米穀肥料専用の平屋倉庫約5000坪を新築するなど、神戸新港における施設の完備と相まって、着々事業を盛大にしていった。

　1929年（昭和4）にはついに4階建ての冷蔵倉庫がそれに隣接して完成した。

　その設備も当時の最高最善をつくしたもので、龍三はそのために費用のかさむのは一向気にしなかった。

　冷蔵倉庫と普通倉庫業の業界は別で、両方やっているのは川西倉庫だけで

あったが、現在では多くの業者が行っている。

　1937年（昭和12）には東京の郵船運輸を買収し、次いで5月神戸港第5突堤に4階建て4000坪の普通倉庫を新築して、いよいよ業界有数の実力を得て行った。

　1938年（昭和13）1月には大阪市西区に普通倉庫を設置、翌年には港区に普通倉庫を設置した。

2　戦前から終戦まで

　1941年（昭和16）7月、業務の進展、複雑化にともない大阪、名古屋、及び横浜の各出張所を支店に昇格して強化を図った。

　1942年（昭和17）11月、戦時の国策により、合理的経営を図るため100％子会社の旭運輸を川西倉庫に合併した。

　1941年（昭和16）から1943年（昭和18）にかけて、戦時統制令により陸上小運送業務、機帆船運送業務及び港湾運送業務をそれぞれ日本通運、各地区機帆船運送会社および各地区港湾会社に譲渡した。

　1942年（昭和17）に国家総動員法による会社等統制令により社長の重任が禁止され、龍三社長は川西航空機に専念し、後任として井上が社長の席についたころは、戦争はますます激しくなっていた。

　1944年（昭和19）9月に倉庫業統制要綱により、強制的に54社共同出資による日本倉庫統制株式会社に統合され、井上は、和田顕治に社長の席を譲って統制会社日本倉庫の役員として転出した。大半の倉庫業者は単なる貸倉庫業となってしまった。

余話1－17　山陽電鉄への布石

1　民営電気鉄道の発展

　官設鉄道（旧国鉄山陽本線、現JR西日本）に並行して神戸－大阪間に民営鉄道を敷設する動きがあり、1897年（明治30）6月、村野山人らの摂津電気鉄道（後に阪神電気鉄道と改称）が認可を獲得した。

　1905年（明治38）4月、神戸市加納町から大阪出入橋間に全線の約76kmが開通した。全線複線で、両終点からは12分毎に発車し、所要時間は神戸－大

阪間1時間30分で、当初から営業成績は良好であった。

　当時の官設鉄道は、軍隊と軍需物資を優先的に運んでいたから、乗客は阪神電鉄に流れ、官設の方も、急行の増発・新駅の増設・発車回数の増加・定期券の割引率を大きくするなど集客向上に努めている。

　阪神電鉄の成功は、関西に私設鉄道企業熱をあおる結果となり、次いで神戸－明石間に川西清兵衛が旗振りして開通に漕ぎつけるのである。

　清兵衛が石橋を叩いて渡る人物だと言われる一面は、この阪神電鉄の成功に強い自信を得たものと容易に想像できる。

清兵衛の設立動機推察

　以上のように官設鉄道と電気鉄道が競合する形に清兵衛があえて挑戦する思いは何であろうかと知りたいところである。

　後年になって兵庫電気軌道開通式の式辞の中で、「時代の要求」（後述）と言っているが　財界人が多く住む高級住宅地須磨からのアクセス向上と将来を見て阪神間と明石・姫路方面との良好な連結性を向上させるためというのが本音であろう。

2　兵庫電気軌道株式会社（兵庫－明石間）設立

　1906年（明治39）11月20日に許可が下り、1907年（明治40）7月2日の創立総会で社名を「兵庫電気軌道」（兵電）とした。

　開通式は1910年（明治43）3月20日、須磨遊園地において盛大に挙行され、川西社長が式辞を述べた。

『閣下及び内外紳士諸君、本日ここに、わが兵庫電気軌道株式会社第1期線の開通式を挙げるに当たり……中略……深く我社の光栄とする所なり。

　おもうに交通運輸は社会人文の発達と互いに因果の関係を有するものにして、時代の要求に各種機関の増設を促し蒸気鉄道の外、さらに電車軌道の敷設を急なしむるに至れり……中略……去る明治40年7月本会社を設立して兵庫明石の軌道敷設を企画し、不肖清兵衛、これに社長の任を受け、幸いに大過なきを得たるは、一に閣下及び諸君の高庇と社会の同情に因らざるはなし。然れども第1期線は、全線の延長に比すれば僅かに3分の1に過ぎず、工事

の前途はなお遼遠なり。ねがわくは更に閣下諸君の眷顧（お目かけ）により、奮励努力もって速やかに全線の開通を期し、いささか社会の文明に裨益（けんこ）（役に立つこと）する所あらんとす。

謹んで一言蕪辞（ぶじ）（自分の言葉をへりくだっていう語）を述べて式辞とす』

当日の出席者は600名を越えるという盛況であった。

3　兵庫電気軌道沿線の行楽地を開発

沿線に行楽地などを設置し、多くの乗客を誘致する戦略は、阪急電鉄創始者小林一三のみならず、川西清兵衛とて同じである。

①　須磨寺遊園地

兵庫電気軌道は設立と同時に、須磨寺と提携して須磨寺遊園地を設立し、1913年（大正2）造成着手。「新吉野」と銘打って一大遊園地を造った。園内は四季の花が咲き、動物園や花人形館が建ち、多くの遊具が置かれ、池にはボートが浮かび、当時、関西地方に例を見ない最新の歓楽境であった。赤毛布（赤ゲット）を被った伊勢参りの道者（観光客）の団体が、音頭を高らかに歌いながら、青田の中の参道を須磨寺へ歩いて行った。（「むかしの神戸」より）

須磨海水浴場（山陽電気鉄道百年史）

「新吉野」とは、須磨寺の境内2万坪（約6万6千㎡）余と池の周囲に1千本の桜を植樹し奈良の吉野と並立する如くになり、1891年（明治24）以来、桜の名所になった。

②　須磨浦公園

1913年（大正2）7月、境浜御料地全部を借用して海水浴場を開設、夏のシーズンには臨時の停留所を設けた。工業化で水の汚れが目立ちだした東部の敏馬（みるめ）、東明（とうみょう）から、須磨に移り「海水浴客雲霞の如く群衆し淡水浴場、脱衣場、余興場を設け夏知らぬ別天地とし

て著名」と兵電の案内書に書かれたように関西有数の海水浴場となる。」
（「むかしの神戸」）

　海水浴が手軽なレジャーとして人気が出はじめたころである。

③　営業開始時の模様

　1910年（明治43）3 月15日、営業を開始し、開通を祝って、太神楽、柳原
芸者の日傘行列、曲芸などの余興が 1 週間続いた。

　ダイヤは午前 6 時〜午後11時に 5 分間隔運転で、兵庫、長田、西代、板宿、
大手、月見山、須磨寺、須磨の 8 駅に停まった。所要時間は16分、料金は 1
区画 3 銭、全線 2 区で 5 銭だった。須磨浦海水浴場は、この年 7 月 3 日にオ
ープンした。

4　兵庫 − 須磨間開通、明石まで延長

　しかし営業不振で一時神戸電鉄（後の神戸市電）へ経営委託を申入れなど
したが、結局条件が合わず自力営業を継続した。1912年（明治45）7 月11日
に一ノ谷まで延び、1913年（大正 2 ）5 月11日には塩屋まで延長約20kmが開
通した。一方で官設鉄道兵庫駅の乗客は、明治42〜43年にかけての 1 年間に
約17万人減ったといわれる。

　1917年（大正 6 ）4 月12日に待望の明石まで開通した。鉄拐山と鉢伏山が
皇室の御用林だったので、その借用願、舞子の景勝地保存問題などに調整の
労を必要としたが、創立当初の計画路線を現実のものとした。

　『沿線は日本一風光明媚で名所旧跡に富み、四季遊客が絶えないであろう』
と兵庫電気軌道の将来性を讃え、社長の清兵衛は、1917年（大正 6 ）4 月12
日の明石公会堂の記念式典で自賛した。

　完成すると欲が出るもので、次の目標は姫路までの延長である。

余話 1 − 18　難産の末に山陽電鉄開業

1　明石 − 姫路間鉄道の競願

　兵庫電軌は須磨から明石延長を実現し、さらに姫路まで再延長を計画した
が、当時一部株主から根強い反対があり、明石以西への実現困難と判断され
た。

川西清兵衛社長をはじめ兵庫電軌の経営者にとっては、明石－姫路間電気鉄道敷設の計画を捨去ることはできぬものであった。

　川西清兵衛ら兵庫電軌の幹部は開業以来経営が不安定な面があり、明石以西への延長は別会社を設立してリスク回避を図った。

　1917年（大正6）5月22日、明姫電気鉄道株式会社と称して別会社を新たに創立し、明石～姫路までの延長を決意し、敷設許可申請を兵庫県経由内務省に出願した。

　そうなると、明姫電気鉄道の出願は、実質は兵庫電気軌道の再延長であるとして、外部から反対する人物が現れたのである。

2　競合相手の出現
電気鉄道争奪　摂・播の戦い

　対抗馬とは、この時よりも少し早く、播州鉄道（現在のJR加古川線の前身）を創設していた播州方面富豪の伊藤栄一らが、ほぼ同じルートで姫路－明石間の鉄道敷設を出願していたため全くの競合線となった。

　この間の事情を1917年（大正6）6月8日の神戸又新日報は次のように伝えている。

　『川西清兵衛氏外8名の明姫電鉄出願に就いて、茲に播州鉄道の出願と衝突を見るに至りたるが、先に出願に係る播州鉄道の明姫線も海岸線なれば明姫間に2条の線路の布設せらるることとなるを以て、当局はこれが許可につき如何なる態度に出づるか、多大の注意を払いつつあり……出願の前後よりすれば播州鉄道に許可すべきものなるも、交通機関の許否に出願の前後を以て最後の断を下すことは理由の根拠薄弱の嫌なきに非ず……』。出願の順序からいえば播州鉄道が早いが、こと交通機関となれば、出願の早い遅いでは決められないと裁可は当然もたついた。明姫電鉄と名を変えていても実態は兵電の延長だ。

　そっちがその気なら……と、伊藤栄一は一気に攻勢に出た。「清兵衛はんは、元はと言えば浪速の商人やないか。こっちには播州人の意地があるワィ、いっちょやったろうやないか‼」

伊藤栄一の才覚と剛腕

伊藤栄一について略記しておく。

1864年（元治元）2月、姫路飾磨で生誕。高砂町今市（高砂市伊保町）の名門・富豪伊藤長次郎家の番頭から、娘婿となり、高砂町の町長や県会議員を務めた後に国会議員にも出馬した。

1917年（大正6）5月31日、伊藤は兵庫電軌の株1400株を持ち筆頭株主に、翌年5月末には、総発行株数の22.3％を占めて、清兵衛らによる明石−姫路間鉄道の目論見に対して、伊藤は財力にものをいわせて会社の乗っ取り策に出た。伊藤もなかなかの策士である。

1918年（大正7）に入ると、取締役に選出され、さらに持ち株を増やしていった。

1918年（大正7）6月、期末決算の4日目の重役会で、川西以下取締役、監査役が辞任した。その理由を、『日本毛糸紡績との合併について本業がすこぶる多忙となり、兵電は初期の目的地・明石まで開通したし、株価も騰貴して堅調なので、この機会に辞任したい』と言うことである。

「山陽電気鉄道65年史」によれば、播州における民営鉄道網の完成を目指す伊藤の積極姿勢に、慎重派の川西らがついて行けなかったのだ、という。明石—姫路間の鉄道敷設は筆頭株主になった播州鉄道が率いる伊藤栄一のものとなった。

1918年（大正7）7月1日　伊藤社長就任

多角経営の準備を進めた。明石電灯の社長に就任して電気供給事業を広げ、塩屋、垂水、明石などの土地経営にも力を入れ、須磨寺遊園地の拡充強化などのレジャー経営にも乗り出した。が、思いもかけない事態が起きた。

3　明姫電気鉄道の誕生

強気の経営が次々と当たって、伊藤栄一にとって順風満帆の時代が続くかに見えた。

ところが1918年（大正7）10月23日、明石−姫路間の鉄道敷設認可が川西清兵衛らが出願していた明姫電鉄におりた。

この免許は、川西が以前に兵庫電軌を完成させた実績及び発起人各氏の資

力・信用、数多い敷設促進の陳情などが大きく寄与したものである。

　兵庫電軌の経営陣交代の一因だった路線だけに、退陣した川西らに認可があったとは皮肉である。

　伊藤としては播摂国境である一の谷から西はオレの縄張りだという意識があったのだろう。明姫電気鉄道と播州鉄道は、完全に競合することになった。

　1919年（大正8）8月29日、神戸市相生町の神戸商業会議所において明姫電気鉄道株式会社創立総会が開催され、川西清兵衛が社長に就任した。ここに明石－姫路間40kmの明姫電気鉄道が誕生した。

　1920年（大正9）1月6日、川西他13人の発起で神明急行電鉄の認可を出願した。湊川を起点とし須磨—垂水の北部を経て明石に至る、いわば山手線である。これに明姫電鉄を連絡させれば、姫路—神戸はつながる。一方兵庫電軌は、そうはさせじと1ヶ月後に兵庫—明石間を複々線とする「兵庫明石間線路敷設ならびに運輸営業許可申請書」を提出した。しかし1920年（大正9）第一次大戦後の恐慌で資金繰りが苦しくなり、物価高にあおられて従業員の不満が表面化し、事態は複々線計画を許さなくなった。

4　岡崎へバトンタッチ

　さすがの伊藤も時流には逆らえない。

　伊藤以下の全重役が1920年（大正9）8月10日に退陣し、後任社長は手堅さを見込まれ、懇請された岡崎藤吉が就いた。

　阪神財閥の一つで、神戸銀行・同和火災の基礎を作っている。

　岡崎藤吉の略歴

　1856年（安政3）旧佐賀藩士石丸六太夫の4男として生誕。苦学して東京工部大学校予備門を卒業。兵庫の資産家岡崎真鶴の知己を得て、婿養子となる。

　1886年（明治19）摂州灘酒家銀行設立。

　1910年（明治43）岡崎汽船株式会社創設後に金融業に注力した。

　1917年（大正6）岡崎銀行を設立。

　1924年（大正13）兵電買収問題が発生。

　同年10月、須磨町の有志から陳情書が市へ出され、東の西代〜西の西須磨

に至る山手一帯は急激に発展し人口の急増もあり、市民のために神戸市は兵庫電軌を買収して市電にすべきだ、と言うのである。

　そこへ目をつけたのが、供給過剰時代に入った宇治川電気（関西電力の前身の一つ）と中国水力電気の両社が、大口電力消費会社の私鉄争奪を懸けて徹底した交渉を重ねた結果、兵電は宇治川電気との合併を決め、会社を解散した。

　1933年（昭和8）山陽電鉄の発足である。

余話1−19　榎並家の詳細

1　妻ふさに繋がる血縁

　筑紫音松の婿養子先は、先代（5代目）川西清兵衛で、その令嬢ぬいと結婚した。

　しかし、長男清司や龍三の母親はふさである。この違いが気になって、調べていくうちに妻ぬいとその娘共々早くに亡くなっていることが判明した。

　ぬいの母親である先代（5代目）清兵衛の妻きみは、兵庫の資産家2代目榎並直五郎の2女で、4女のりきが3代目榎並直五郎に嫁ぎ、その長女がふさである。ふさは、ぬいの死後に後妻として川西音松に嫁いできたのである。従ってここで音松は、神戸財界の元老格である榎並一門とのつながりを作ったことになる。

（「資料④　榎並家の家系図」参照）

　榎並には直五郎と彦五郎の2家があり、彦五郎には長男充造があり、人も知る通り神戸財界に重きをなしている。

2　榎並充造の功績
ゴムベルトの製造

　榎並充造の機械動力伝動調帯（ベルト）製造を起業する（坂東調帯）について、従妹の婿である清兵衛に相談すると『やってみてはどうか』と清兵衛と「日本のマッチ王」東洋燐寸創始者・瀧川辨三がすすめた。

　榎並に資金はなく清兵衛と瀧川が各2万円を出し、榎並は1万円を出して神戸市兵庫区に坂東調帯合資会社（現在のバンドー化学）を設立した。

充造は27歳の若さである。

1902年（明治35）2月、高速度鋼切断試験中に、坂東直三郎が事故死したことで、この難関を切り開くため榎並が目をつけたのがゴムベルトの製造だった。

日本毛織工場長の谷江長が、1912年（大正元）母校（東京工業学校）の後輩・今井恭二郎を紹介。

榎並は工場の一隅に研究室を作りゴムベルトの研究、試作に当たらせ、目途がついた時、企業化へ動き出していた。日本で初めてのゴムベルトだ、売れる成算はあった。

経営については堅実無比の岡崎藤吉に相談を持ち掛けると、三菱合資会社銀行部（元三菱銀行）神戸支店が紹介された。

支店長と副長はポンと5万円を貸し出してくれ、日本のゴム工業の発展について、すでに明確な展望を持ち、ゴムベルトの将来性を確信していた。銀行の先見性が今日のバンドー化学を成立させたと言っても過言ではない。

内外護謨合資会社設立

1913年（大正2）3月、榎並は別会社として内外護謨合資会社を設立した。

資本金12万円で長田区に工場を建て、人力車と自転車のタイヤ製造を始めた。

翌年には早くも空気入りタイヤの製造を始め、上海に送り出した人力車タイヤは英、仏の製品と十分太刀打ちできたという。

神戸財界をリードする

榎並充造は、坂東調帯（バンドー化学）と内外護謨（内外ゴム）の社長を務めたほか、朝日海上火災保険・川西倉庫・神戸生糸・昭栄汽船・阪神国道自動車などの要職を務め、神戸財界で活躍した。

1921年（大正10）4月に神戸商業会議所の議員に就任。1923年（大正12）には神戸市議に当選し、以降は公職にも尽した。

1937年（昭和12）神戸商工会議所の第18代会頭に就任した。

1942年（昭和17）坂東調帯の会長に就任。

第2部　荒天に耐えて

はじめに

　清兵衛が苦心して「日毛」を育成し大企業化した自信と、持ち前の商機を見る眼から電鉄、皮革、毛糸紡績等を起業して、多角経営を狙いつつ、ついには飛行機にまで手を広げました。

　その後、系列企業の経営については長男清司、次男龍三にゆだね、自身は相談役として運営状況を俯瞰しつつ、商法会議所、ブラジルとの交流等、公的な活動に入ります。

　第2部では清兵衛の経営イズムを引き継いだ息子二人の活動を記述します。

1　清兵衛翁と龍三社長

清兵衛と龍三の役割分担

　奥津慶一郎は、清兵衛と主従の関係が長く、後に川西航空機に移り龍三を助け、取締役となる。彼から見た両者の比較を示す。

　いつからか不明だが、川西系列では、川西清兵衛に〝翁〟を付け敬意を表していた。

　清兵衛翁と龍三社長とは実によく気の合った親子で大小となく翁の耳に入れ、翁の意見に耳を傾けていた事を奥津は知っている。

　他人の話を、聞いている翁の態度には、だれでも社長学を十分身に付けているという感じを受ける。

　事業家として御両所を見る時、翁は日本毛織を始め、日本毛糸、昭和毛糸、兵庫電軌、山陽皮革、その他、飛行機とか各方面の事業を起こしていたのに対し龍三社長は、倉庫、川西機械、川西航空機等いずれも翁の力により創立された同族会社から一歩も外に出ることはしなかった。

　即ち翁の仕事の一部を担当していたとも考えられ、社長・支配人的に区別するわけではなく、御両所の気持ちがピッタリ合って、そういう役割を分担していたと奥津は見るのである。

清兵衛の後継者（清司・龍三）

　清司・龍三について「日本コンツェルン全書」1938年（昭和13発行）によ

れば、かなり辛辣な批評があるが略記してみる。

『川西清兵衛の後継者は清司と龍三だけである。

兄の清司は1890年（明治23）生まれだから早50に手の届く歳、正に働き盛りである。結構な星の下に生まれたお蔭で、日本羊毛工業の最大陣営日本毛織の専務取締役を筆頭に、共立モスリン社長、川西航空機、川西倉庫、山陽皮革の取締役、他系列4社の取締役、監査役を兼ね、さらに親父のお蔭で安田銀行の監査役、神戸商工会議所の議員にもなった経歴を持っている。

1年ばかり豪州に行き、親父の事業のABCを研究したこともあるが、彼氏に対しての世評はあまり芳しくない、惜しいことで、もう少し人間学の修業が必要だという声も聞く。

弟の龍三は非常に世評がよく、仕事に関しては参謀の言を中々よく聞くという。褒めてよい態度で金持ちの後継者が、父祖の業を継いで支配者の地位に立った場合は、ほんとうに誠実を以てする頭のよい参謀を近づけて、その言を聞くことが何よりのことで、結局その人間を大成させるのである。

清司と龍三の場合、親父の清兵衛は近年、龍三の方にどしどし大切な地位を与えていくところを見ると、老人も相当深く考えているのではないかと思われる。

龍三には川西航空機、川西機械、川西倉庫、旭運輸の社長及び系列3社の取締役などと、数は少ないが国内事業の社長職を4つも与えられている。

事業として完全な絶対支配権が確立しているものは、黙って印判を押しておれば安泰だから弟にさせ、日本毛織は天下の大会社だが、川西の資本支配力は僅か12％しかなく、重役陣には外様の大物も沢山いて中々困難な問題も伴うから、これを兄に任せて専心せしめている、という見方もできるだろう。

清兵衛老も歳70余、この二人のために、「毛利元就の教えを、充分に吹き込んでおく必要があるというものである」どちらにせよ孝行息子の二人である』

「守りの清司」「攻めの龍三」

この言葉は、大和製衡訪問時に「川西勝三」社長から直に聞いた言葉で、推察が入っていることを御承知頂きます。

日本毛織の経営を清兵衛から引き継いだのが清司で、他の事業に手を出さずに、親の牙城を守り通したといえるだろう。川西家の家訓の「本業以外に手を出すな」と言い聞かされ、一方の龍三が川西倉庫、川西機械製作所、川西航空機の各社社長を務め、多種の事業経営を先頭に立って実施してきたことを、勝三社長は〝攻め〟と評価されたのかもしれない。

清兵衛・龍三と政治

日本コンツェルン全書によれば、清兵衛翁と政治については、政治献金を少し奮発すれば男爵の受爵ぐらいは確実であっただろうが、翁の財産は投機や思惑で儲けたのではないから金で爵位を買う事は良心が許さなかったとも言える。

1949年（昭和24）5月7日清兵衛は戦犯に問われたが、その追放解除嘆願のために、1933年（昭和8）8月から同年12月末まで神戸実業協会書記長として清兵衛氏の側近にいた北荘三郎は陳述書の中で、戦中の活動において政治への関わりが取沙汰されているのは不本意であると述べている。

北は「清兵衛が翼賛政治体制協議会兵庫県支部の支部長就任の時、『それは平素の御信条に反しませんか』と聞いた所、『この問題は自分としては不本意であるが知事が折り入って名前だけでよい、強いて辞退すれば国賊のように言われるから致し方ないが、要は名前を挙げてもらえば済むことであって、一か月もかかれば解散されることと言われたから、是非もなく引き受けた』と記憶している」と語っている。

龍三も政治については「つまらぬ」意味の虚しい売名等を嫌っていた。

親子ともども企業経営では調整や駆引きを行う手腕に優れ、堅物ともいえる御両人だが、政治面を仲介としてことに当たろうとする意志は無かったと言える。

第1章　川西機械製作所設立

　機械製作所を二つに分け、先ず個人経営時代を述べ、飛行機部が独立・分離した1928年（昭和3）以降は、株式会社として運営されたことを述べる。

第1節　川西機械製作所（個人経営）

1　はじめに

　1920年（大正9）2月に、清兵衛は新たに私財20余万円を投じ、個人経営として、神戸市兵庫区に、川西機械製作所を設立し、次男龍三を所長として経営をまかせ、日本毛織社用の撚糸機械等と飛行機の製作活動を始めた。

　飛行機に関して清兵衛にも意地があった。一時期は『飛行機はもうやらん！』と怒声をあげたそうだが、元来が一徹な男であるし、内心は飛行機の魅力にとりつかれてもいた。発動機1基と、多数の精密工作機械類を神戸市の兵庫区に移した。

2　設立時の規模

　1920年（大正9）は、大戦後の反動恐慌で、企業創始に不向きな時期だったが、以前からの願望を貫徹すべく敢然設立に踏切った。

　川西龍三がアメリカから購入した約30台の優秀機械を据え付けて1920年（大正9）7月15日、簡素な中にも意気溢れる開業式を挙行した。

　開業当時の陣容は
　　所長：川西龍三、事務所：6名
　　設計：5名（機械2名、飛行機3名）
　　現場：40名（機械28名、飛行機12名）

川西龍三。大正10年7月、満29歳。
（神戸工業社史）

その他：2名（守衛、炊事）

以上54名で、組織も事務、設計、工事現場と小規模なものであり、清兵衛自らは、相談役として後見した。

3　四部門設定

小規模な機械製作所であったが、兵庫運河沿いに事務所と工場を建てて、四つの部門を設置して活動を始めた。

機械部

日本毛織の機械増設を引受け製作開始。1921年（大正10）6月、撚糸機6台を完成して日本毛織へ納入し、引き続き梳毛機、縮絨機（しゅくじゅう）（組織を緻密にし、毛端を絡ませてフェルト状にする機械）を10数台製作。

2年後にはモスリン機を始め各種織機の製造に成功。日本毛織姫路工場よりモスリン機963台を受注し、当時、画期的な治具ゲージを多用したマスプロ方式を採用した。

関東大震災で横浜港が崩壊し、輸出生糸検査が神戸港で実施されると予知した清兵衛から検査機製作指示が出て生糸水分検査機を完成し、翌1924年（大正13）横浜、神戸両生糸検査所へ納入した。

新興繊維として脚光を浴びた人絹に着目し、オーストリアの技術を導入し、日本毛織名古屋人絹工場新設に際し、バーダー式人絹製造プラントを納入したのをはじめ、国内レーヨン等5社に機械を製造納入し、好評裏に新分野への進出を果たした。

衡器部

1886年（明治19）我が国は、メートル法条約に加入し、1924年（大正13）には、メートル法実施が発令された。

1921年（大正10）清兵衛の発案により衡器（はかり）製造を企画し、メートル法の採用・普及により将来有望且つ、一定して変わらない商品として着目した。

1922年（大正11）8月農商務省より衡器製造免許を得て製造を開始した。

製品は標準原器、各種天秤、台秤、貨車・荷車等の秤量機から風洞天秤、

材料試験機にまで及んだ。特に風洞天秤は日本の航空機製作の技術向上に寄与し、自動秤量機は独自の研究開発が実り、「川西のハカリ」として現在も名高い。

　戦時中は資材、人員不足に悩み軍需産業の盛況に比べ日陰の産業となったが、将来を見て操業を続け、戦後1945年（昭和20）12月 1 日明石工場に移転し「大和製衡株式会社」として分離独立し現在に至る。

精密部

　1924年（大正13）10月海軍工廠向けのリミットゲージ（限界ゲージ）の研究試作に着手し、翌1925年精密工場の完成を見た。

　年末に試作品を呉海軍工廠に納入、成績良好との判定を得た。

　当時民間会社でゲージ製作を行うところはまれで、兵器の国産化、マスプロ化を進めるうえで重要性がようやく専門家の間で認められ始めていた。

　風洞建設で来日したカルマン博士は、自ら考案した「金属プロペラ」を川西機械製作所で製作することを推奨した。

　精密部では、1926年（大正15） 5 月から金属プロペラの製造を始めた。1926年（大正15） 9 月、海防議会が川崎造船所に大型飛行艇の製造を依頼し1928年（昭和 3 ）11月完成したのが、「第 3 義勇号」飛行艇である。

　試験飛行が神戸沖で行われ、海軍指定の木製プロペラでは離水性能が良く

川西製金属プロペラ（川西航空機絵はがき、昭和 5 年）

なかったため、試験計画に入っていた川西製金属プロペラを取付けたところ、全備重量8300kgで、離水時間17〜35秒という好成績が出た。

　しかし、海軍3式艦上戦闘機に取付けた金属プロペラの飛散事故が発生し、殉職者が出てプロペラの使用禁止が出てしまった。後に飛散原因は、他社が作ったプロペラボス金具鋼材の欠陥だったのだが、ついに川西製金属プロペラは世に出ることはなかった。

（「航空開拓秘話」より）

飛行機部

　1920年（大正9）K-1型郵便機（複葉複座陸上機）を完成し、以後、川西K-12型にいたる優秀機合計28機が製作された。

　1925年（大正14）工場長の「高尾繁造」を渡欧させて、風洞設備についてフォン・カルマン博士の指導を受け、翌1926年（大正15）7月カイザー学士を伴って帰朝し民間初の風洞建設を始めた。

第2節　飛行機を事業化へ

1　飛行機製作への再挑戦

　日本飛行機製作所解散後、坂東舜一以下、行動を共にした、関口英二、戸川不二男、宮崎達雄等と、操縦士後藤勇吉たちは、『もう飛行機はやらん！』と言った清兵衛に、1機だけ作らせてくれと懇願した。

川西K-1型　津田沼で試験飛行。
東京湾の干潟が飛行場である。（海江田アルバム）

　清兵衛の本心は『飛行機はやらん‼』と言ったが、そうではないことが後にわかる。

　1920年（大正9）2月関口らは機械製作所の倉庫で機体の設計・製作を始め、これの成否は、川西式飛行機の運命を決し、川西の意地にも関わることから、技術者・作業者

は背水の陣を敷いて取り掛かった。

　1920年（大正9）12月30日、川西K-1型機が完成した。ホールスコット200馬力発動機を載せた複葉機である。

　この機体こそ、新明和工業に至る50数年の間に、独自の設計により生産された多数機中の記念すべき第1号であった。

　試験飛行は、関西に適当な民間飛行場がなかったため、民間航空界の先覚者伊藤音次郎が開設していた千葉県津田沼の飛行場で、後藤勇吉が見事初飛行に成功し、翌1921年（大正10）5月、帝国飛行協会主催の第2回民間飛行大会に参加し、滞空時間4時間50分、航続飛行距離648.5kmで1等、時速190kmで2等の栄冠を獲得した。

　名馬と名騎手の組合せであった。

　大社長清兵衛は、コロッと変わって『お前らでも出来るやないか‼』と言ったとか。

　龍三と坂東は、かねての計画である自社設計製作機体を以て、定期運航会社の設立を清兵衛に力説して『向こう10年間に300万円を出して欲しい』と頼み込んだ。清兵衛は驚いたが『どういう構想だ？』と坂東に尋ねた。『航空輸送に使い得る飛行機を自ら作る、それを定期航空路開拓のために使う』と答えた。大阪-別府-福岡-上海と、大阪-福岡-京城-大連を、たとえ週1回でもやりたい。それを10年間やると、どうしても300万円が要る。

　清兵衛は『まず100万円ほど出してやるから、航空輸送をやり、飛行機は川西で作ればよい』と言った。K-1型機の実績により、清兵衛も航空機事業に乗り出す決意が固まり「日本航空株式会社」が生まれたのである。

　『やってみなはれ、やらなわからしまへんで』はサントリー創業者鳥井信次郎が残した名言であるが、川西清兵衛も同様である。

　明治人の心意気というべきであろうか……。

2　清兵衛の存念と開拓者精神

　清兵衛は飛行機事業開始に伴い成功させようと色々策を練っていたようである。

　1915年（大正4）8月に、神戸商業会議所頭取の滝川儀作は、1922年（大

正11)、時の内閣総理大臣原敬から、「ワシントンに於ける平和会議を機会に財界有力者も宣言の一助として米欧を巡視されたい」と依頼を受け、松方幸次郎、川西清兵衛、山下亀三郎を推薦し、清兵衛は、滝川に次の依頼をしている。『現在仏国パリに在留中の滋野男爵が飛行機の研究家として日本におけるオーソリティーであるから、是非とも同氏に会見を願い、飛行機事業に対する方針なり研究の資料等なるべく詳細にお聞きして帰ってきて欲しい』とのことであった。

　滝川は、清兵衛の着眼点の非凡なのに驚いた。パリに着くや直ちに滋野男爵に面会を求め、清兵衛の希望を伝えて懇談し、種々有益な資料と日本における飛行機の将来について大方針等を伺って、清兵衛に報告した。

　この事は中島と袂を分かった３年後だから、今後の航空事業の参考にしたのは間違いなく『飛行機は止めた‼』などとは思っていなかったのである。

　なお滋野男爵とは、本名は滋野清武、1882年（明治５）10月６日生まれ、男爵滋野清彦の３男で、明治・大正期の飛行家である。自作機で飛行も行い、第一次大戦中にはフランス陸軍飛行隊に従軍し、バロン滋野の名で通っている。

3　川西K－１型に続く傑作機

　関口英二の設計した複数機の内から特異なものをここに挙げておく。運航会社「日本航空」については後述する。

K-3通信機（海江田アルバム）

①1921年（大正10）7月、K-2型機完成。「ドイツのユンカース社が低翼
単葉機を作った」ことを聞き、同様な構想から設計し、主翼も胴体も木製
合板張り、我が国最初の低翼単葉機で、しかも競速機である。東京築地の
海軍技術研究所の風洞で実験して、その安定性が確認され、これが海軍と
川西との技術上の繋がりの始まりとなった。

　この機体は234km／hの最高速を出した。着陸速度が速く、着陸後左右
に振り回され危険が感じられ、プロペラの亀裂等も発生したため、その後
の試験を中止した。

　折から、上海にあったドイツ製マイバッハ260馬力発動機20数基を1基
2万円で購入し、以後は発動機の心配が解消しK-3型以降の川西各型が
誕生した。

　この発動機は、第一次世界大戦中の飛行船用で、重量も大きく、飛行機
用には不適当と言われていたが、関口の心配ないという言葉で技術陣は、
大いに元気付いた。

②1922年（大正11）3月、川西K-3型通信機完成。東京上野の平和記念博
覧会に展示するため、後藤勇吉が東京日日、都新聞社の記者2名を乗せて
岐阜・各務原〜東京へ飛び、代々木練兵場に着陸、「我国最初の旅客機輸
送飛行」と新聞に報じられた。

4　試作戦闘機　自費で参加

　1926年（大正15）4月、海軍は三菱、中島、愛知の3社に、艦上戦闘機の
試作を発注。

　川西は指名を受けなかったが、「この機会は川西の真価を見てもらう2度
とない好機である」として自費試作を決めた。海軍の要求性能を知る必要が
あるため、坂東と関口が海軍省に聞きにいったが、機密事項なので教えても
らえない。

　あくまで自社責任で開発するという熱意に打たれ、航空機のレベルを少し
でも高めたいという意識から、艦政本部第6部部員の桑原虎雄海軍少佐（後
中将、元新明和工業顧問）は、部長の許可を受け、この程度だという近似値
をヒントとして示した。

これを目標に、設計したのが川西K－11型試作艦上戦闘機である。

　信頼性で定評のあったBMW600馬力、イスパノスイザ450馬力発動機各2基を購入し、1927年（昭和2）7月完成した。

　後藤操縦士による試験飛行の結果は、各性能とも海軍の要求水準以上であったので、海軍にテストを申し出たが、「発注も検査もしない機体を、海軍軍人に試験飛行をさせることは規則上不可能だ」と断られ、関係者一同落胆したが、その後「せっかく自費で製作したのだから、川西で操縦するなら、海軍が地上観測により性能試験を厳密に実施するがどうか」となり、霞ケ浦で飛行した結果、要求性能のすべてをパスし、川西機の優秀さが認められ、これが後に海軍機受注への足掛かりとなったとも言える。

　海軍に採用された中島3式艦上戦闘機に比べ、最高速度で11ノット（20km/h）、3000mまでの上昇時間で3分18秒上回る性能が確認された。

5　民間最初の川西風洞

　K－11型機とK－12型機の設計製作の間に民間最初の風洞と水槽を1926年（大正15）1月、に完成させた。（風洞建屋は下の写真参照）

　川西は各種の飛行機を設計し、実験は全て官の風洞を借用したが、神戸～東京までの距離は、不便が多く、技術の進展に伴い、益々航空力学や航空機設計の基礎的研究の迅速化要求もあって、率先して民間最初の風洞と水槽の

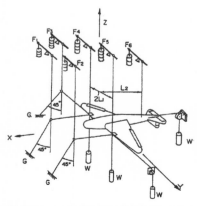

戦前のワイヤ式風洞天秤（大和製衡）

風洞実験室

川西 ゲッチンゲン型風洞実験室
（神戸　風洞が平面でなく垂直面内である）

建造を企画し、この道の大家であったドイツ・アーヘン工科大学教授テオド
ル・フォン・カルマン博士を招いた。

　ゲッチンゲン式竪型風洞で、要目諸元は下記の通りである。

　　吹出口： 2 m、風速最高：70m／sec

　　電動機（直流）：200HP

　　測定天秤： 3 分力天秤

　風速は、そよ風から最高風速70m /sec まで自由に調節でき、普通は風速
30m /sec で行った。

　当時の風洞実験方法は、 2 階に備え付けてある風洞天秤から0.5mm～
0.8mm 位の細いピアノ鋼線で模型を逆さ吊りに（背面飛行の姿勢）にして、
模型に風が当り揚力を生じた時、その力がピアノ線に作用して風洞天秤に重
さがかかり、その読みを測定する仕掛けである。

　1927年（昭和 2 ）、太平洋横断飛行計画に用いる川西式Ｋ－12型機の設計
に当たり、空力面の基礎資料提供に貢献したのも、神戸時代の川西風洞の功
績である。

第 3 節　太平洋横断初飛行に挑む

　1927年（昭和 2 ） 5 月20～21日、リンドバーグが、ニューヨーク～パリ間
5800kmを33時間30分で翔破、大西洋横断飛行に成功し、一躍世界航空界の英
雄となった。

　これに刺激された我が国でも「太平洋横断 1 番乗りは我国で、日本人の手
で……」という機運が盛り上がり、帝国飛行協会（後の日本航空協会）が運
動を始めた。

　世界は、いわゆる「大飛行時代」に入り、各国とも速度・高度・距離記録
作りに躍起となっていた。

　以下、昭和初期に航空界の話題をさらった「川西Ｋ－12型太平洋横断機」
について、その顛末の概要を述べる。

1 　太平洋横断飛行計画とその経緯

　Ｋ－12型機による太平洋横断計画は、残念ながら中断した。その経緯は我

が国航空界の大壮挙であったが、現在から見れば政治的・技術的に複雑且つ未熟な要因が背景にあったと言えそうである。

90年余り以前の事であるが、参考文献等から摘要を記述してみる。

計画の経緯略記

当時の世界航空界の概要を述べて、読者の一助とする。

1924年（大正13）米海軍ダグラス機、世界一周途上に日本に立寄る。

1925年（大正14）「初風」「東風」訪欧

1927年（昭和2）

4月10日〜24日及び5月20日〜25日日本航空Ｋ−8Ｂ型機が日本一周実施

5月21日　リンドバーグ大西洋横断

8月　帝国飛行協会「太平洋横断計画」発議

9月　川西、帝国飛行協会に太平洋横断機設計申し入れ、乗員4名の候補者を提示。他の4社は辞退している

10月　川西機体細部設計着手

12月　乗員4名、霞ヶ浦にて訓練開始

1928年（昭和3）

2月　後藤勇吉飛行訓練中不時着死去

3月　霞ヶ浦訓練終了

4月15日、1号機完成。各務ヶ原搬入

5月　試飛行開始。航空局は、第二種機（商業機）強度規定の適用を固守すると共に、航続距離不足を指摘し、計画実行不可の態度表明

同月22日、公開試験飛行開始

7月　航空局は試験結果から見て、実行不可能との断定を下す

同月　2号機完成

8月　2号機、各務ヶ原にて組立

同月24日　藤本操縦士2号機で初飛行

同月25日　全備3トンで試飛行

同月27日、重量3.55トンで試飛行

実行委員会側の性能試験終了

解析結果も評価は実行不適とされた。

今年度は、最適季節を超過したため太平洋横断不可能と決定した。

10月22日　「桜」号試飛行（最後の飛行）

同月29日　横断計画実施不可能の判断。

　　　　　　帝国飛行協会幹部全員辞職。

12月29日「太平洋横断飛行」中止決定

1931年（昭和6）

　10月　米国人ハーンドンとパングボーンがベランカ「ミス・ヴィードル」
号で太平洋横断に成功

2　帝国飛行協会の動き

計画具体化

　帝国飛行協会で、太平洋横断飛行委員会が設けられ、1927年（昭和2）7
月26日具体案を次のように決めた。

　　1　実施時期　　1928年（昭和3）5～9月

　　2　航　空　路　　アリューシャン群島に沿う北方航路8000km

　　3　発　着　地　　東京付近－シアトル

　　4　使用機体　　水、陸上機等制限せず、乗員2名、複式操縦装置、航空
　　　　距離8000km以上の飛行に堪える機体及び耐久力を有する発動機、そ
　　　　の他不時着に備えた救命具の艤装、搭載物など詳細にわたって決定し
　　　　た。

川西の決意表明

　川西は、実施に当たり容易なことと考えたわけではなかったが、長距離定
期飛行で洋上飛行に慣れた操縦士も居ることから、横断機の設計製作と操縦
士の提供を決意した。

3　太平洋横断機（川西K－12型）「桜号」

　1928年（昭和3）5月、K－12型が完成した。

　川西式K－12型（要目概要）

型　　式　　川西式12型単葉複座陸上機
発動機　　川崎 B.M.W.6 型水冷式 V 型12気筒
公称出力　　500HP/1350rpm
プロペラ　　木製固定ピッチ 2 翼
全　幅　　　19.05m
全　長　　　11.6m
全　高　　　3.4m
最大速度　　216km/h
飛行距離　　8350km
燃料搭載量　3.4トン
全備重量　　5.5トン

操縦士決まる　飛行訓練

11月 1 日に操縦士候補が決定された。

監督後藤勇吉（30歳）、一番機乗員藤本照男（24歳）、同海江田信武（22歳）、予備員諏訪宇一（25歳）である。

11月28日に霞ヶ浦航空隊に入隊して12月から基本訓練を受けた。

選出 4 操縦士（右から藤本照男、後藤勇吉、一人おいて海江田信武、諏訪宇一）信田五平次機関士（左端）

至宝後藤勇吉の事故死

　訓練は順調に成果を上げ、1928年（昭和3）2月28日、13式艦上攻撃機で霞ケ浦～大村間の往復長距離飛行訓練片道600海里（約1110km）に出発し、搭乗者は、後藤勇吉、諏訪宇一、岡村大尉であった

　翌2月29日、天候は雨であったが、3名は雨中及び霧中飛行には十分な自信を持ち、準備訓練として格好の天候と判断し、午前8時に大村を離陸した。操縦が諏訪操縦士、同乗は後藤勇吉、岡村大尉である。高度600～1000mの雲中飛行で引き返す決意をして、山と山との間を抜けるときに山林に主翼を引っ掛けて満載の燃料に引火し機体が炎上。諏訪、岡村は火傷を負いながらも脱出九死に一生を得たが、最後部席にいた後藤操縦士は、どうしたことかモンキーバンドが開錠せず機内で焼死を遂げた。31歳の若さであった。

　かけがえのない名操縦者を失ったことは、川西にとって大損害であっただけでなく太平洋横断の前途に暗い影を落とした。

　後藤は訓練の前に、川西社員一同を集めて『今度の大飛行は到底犠牲なしではすむまい。僕は既に覚悟している。万一中途挫折する様なことがあっても、諸君は我々の遺志を継いであくまでも日本のためにこの事業を完遂して頂きたい』と語り、一同感涙にむせんだことが現実となったのである。

航空局の動き　航空法を固執、巡航証明ついに下りず

　横断練習用1号機は、予定通り1928年（昭和3）3月末完成。岐阜県各務原の陸軍格納庫に搬入し、5月中旬には組立も完了した。引き続き社内試験を行い、5月22日から公開の試験飛行を実施し、安全性、操縦性とも極めて良好と判定された。

　ところが、神戸で1号機の製作が始まったころから、航空局と川西設計陣の間で、機体の強度について意見の食違いが生じ、強い議論の応酬が生じた。

　いよいよ実機が完成してテスト飛行を行う段階になって、急に例外は認めず一般の商業用機なみの第2種機規格で審査すると言い出し、徹底的に航空法の立場を固守したのである。

桜号を設計した人たちと操縦士

　航空局は1921年（大正10）に成立した法律54号航空法を、1927年（昭和2）6月1日から施行に伴い、5月5日逓信省令第8号で施行規則を公布した直後であった。

　元来、逓信省は横断飛行に気乗り薄であり、技術課長児玉少佐をはじめ、佐々木航空官らは設計に誤りがあると主張した。

　東大岩本教授などは、学者的立場から中正な意見を持ち出し『あの当時、航空法規に照らして、第二種（商業輸送機）としての強度を要求されたら、太平洋を一気に飛べる飛行機など世界中探したって一機もなかったでしょう。間に入って本当に困った』と述懐している。試験飛行データからの推算計算値等の議論も紛糾して、横断計画実行不能と判断され、1928年（昭和3）11月横断計画中止と決定された。

横断計画中止の要因

　実行が打ち切られたのは、前人未到の記録を立てるという組織行動に、未熟な点があったものと思われる。

①計画全体の定義が曖昧

　太平洋横断という前人未到の記録達成に徹するという本質的な面の理解不足。

②国民性の現れ

　農耕民族（日本人）＝集団意思行動型と狩猟民族（欧米人）＝個人意思行動型の違いが現れたのか。

③記録（冒険）の定義が曖昧

　　航空機発達に関し、過去の記録を超越するために、盛込んだ努力の可能性
　とその成果を見るという科学的許容態度（設計・製造・運用技術の可能性
　評価）の不足。

　　（ギリギリだが即危険ではない＝冒険）

　　…などが考えられる。

横断計画中止のその後

　12月24日、藤本、海江田、諏訪 3 操縦士は協会から解雇された。

　藤本操縦士は、新設の日本航空輸送株式会社へ入社し、川西を去った。入
院していた諏訪操縦士は、火傷の跡も生々しく、視力衰えて川西・日本航空
に復帰した。

　ひとり残った海江田は川西龍三社長に申し出た。『目をつむって、飛ばさ
してください。北海道で腹いっぱいガソリンを積んで、必ずアラスカまで行
って見せます』。由々しい問題である。最後の断を、川西清兵衛に仰ぐこと
になった。清兵衛は、しばらく目を閉じて言った。『国法を犯してまで、や
らせる訳にはいかん』壮大な夢は潰れた。

第 4 節　　飛行機部の分離独立

1　　機械製作所飛行機部のその後

　K－12型機では、川西機械には赤字だけが残った。川西に幸いしたのは、
海軍が川西の製造技術を認め、水上練習機・水上偵察機・陸上初歩練習機な
ど、 4 年間にわたり約150機の生産を発注してくれたことである。

　海軍がそこまで門戸を開いてくれたのに、断るわけにはいかない。海軍と
接触を深め、技術力を磨き、自社開発機の受注を待つという体制をとるため
にも、すっきりとした航空機メーカーの体制をたてる方針になり、機械製作
所の飛行機部門を分離すると共に、個人経営だった川西機械製作所を株式会
社とした。

　かくして分離された川西機械製作所飛行機部の技術を継承し、資本金500
万円の川西航空機（株）を設立することとなった。

かなりの大会社であり、川西家がそのほとんどを出資。武庫川尻にあった鳴尾ゴルフ場の一部を買収して新工場を建設した。

（一部「零からの栄光」より）

第２章　川西機械製作所（株）設立

機械製作所の新技術の取得

　飛行機部分離後の事業空白を如何にするか、航空運航事業に従事して無線通信機の重要さを体得したことから、弱電工業進出を決意して、真空管の一貫製造を計画し海軍艦政本部稲田虎彦中佐、逓信省松前重義課長、網島毅係長から一方ならぬ激励助言を受け新たに船出した。

1　（株）川西機械製作所設立

　1932年（昭和７）２月８日、川西龍三個人経営を改め、資本金100万円をもって「株式会社川西機械製作所」を設立した。

川西機械製作所　社章
（デンソーテン）

本社事務所、大正15年６月建設
（現 兵庫区和田山通り１）（筆者写す）

　定款　第１章総則　第２条　当社は左の事業を営むを以って目的とする。
　　１．機械及び器具製造販売及び一般鉄工業
　　２．衡器の製造修復、計量器の修復及び一般度量衡器　計量器の販売
　　３．電球、真空管並びにその材料製造販売
　新会社の役員は次の通りであった。
　　取締役社長　　　川西龍三
　　常務取締役　　　高尾繁造

取　締　役　　川西清司、井上治郎
監　査　役　　西岡謙二
相　談　役　　川西清兵衛

2　軍需要求を受け生産活況

　時代は満州事変の勃発、翌1932年（昭和7）1月戦火は上海にとび、国策
として全国的に軍需ブームの性格を強め川西機械もその影響を受けることと
なった。

①　機械部門
　　川西機械製作所も航空機等の緊急増産に応じ、機体用精密ねじ等の製作
　　を引受け、精密工場は繁忙の日々を迎えた。
②　衡器部門
　　製品の精巧と販路の拡大に努力して手堅い発展を成し遂げた。
③　弱電部門
　1933年（昭和8）に至り、弱電工業への進出を計画し、日本人の技術によ
　る真空管の国産を目指し、国家的事業への進出を企図した。

　海軍は、列国に先んじて通信機は真空管式を採用したが、当該工業が我が
国では未だ揺籃期に属し、外国メーカーへの依存度が高く、工場が東京付近
に集中し、国防上の見地からも関西・北九州での起業を考慮していたので、
川西機械に対して積極的な進出を勧め技術的困難さ、膨大な資本投入を要す
ること等、生産開始を前に技術中佐稲田虎彦が、以下の具体的なアドバイス
を示した。

①モリブデン・タングステンの冶金に成功すること。
②真空管用特殊硬質ガラスの製法を取得すること。
③小型真空管製作に成功すること。
④大型2極管製造技術を固めること。
⑤大型多極管製造技術を取得すること。

　以上の各段階を固めた後、試作に励み、早期に自立体制を確立し、技術的
に一貫作業による製品の均質性を期待する事などを強調した。
　1933年（昭和8）11月生産準備に着手。

　1934年5月モリブデン・タングステンの冶金、伸線用ダイヤモンドダイス、アロイダイスを製作。8月から線引作業を開始した。

　9月には送信管の製造計画に着手し、続いて真空管・X線管・硝子の工場を設けた。

3　弱電部門の伸長と技術向上

1935年（昭和10）

　1月　硝子工場の火入れ実施、真空管のバルブチューブ、線条の本格生産に入る。

1936年（昭和11）

　3月　通信機とX線管の生産開始。

　8月　送信管の一貫工場生産に入る。

　9月　受信管の一貫工場生産に入る。

研究体制の確立を図るため、研究所（総面積2,270㎡）を設立した。

1937年（昭和12）8月に、同研究所は、

★管球及び通信機用材料の研究

★真空管その他電子応用装置の研究

★通信機その他電波応用装置の研究

などの諸研究を骨子とした。

1938年（昭和13）9月には電子工学の権威であるドイツ、ドレスデン工科大学のバルクハウゼン博士（1881〜1956）を招き、その指導を受け将来の発展に備えた。

1938年（昭和13）頃の主要製品は、

（1）陸軍関係：航空機機体部品、発動機部品、プロペラ、通信機、真空管

（2）海軍関係：航空機機体部品、各種測範模範類、航空機搭載砲銃架、信管及び同部品、真空管、通信機

受信用真空管の量産開始。1944年。
（デンソーテン）

165

（3）民需：衡器、材料試験機、繊維工業用機械、X線管球、炭化タングステンバイト（超硬質合金）、タングステン・モリブデン線条、ダイヤモンドダイス、カッパロイダイス、通信機、真空管、録音機等

4　工場の拡充とその推移

1941年（昭和16）12月太平洋戦争に突入した。民需はいよいよ減少し、軍需から過酷なまでの増産を強いられ、これに即応すべく川西機械は、大久保工場の建設をはじめ工場を新設し、終戦時には11工場に及んだ。

大久保工場（明石）の建設

工場等の増設諸政策を講じた。

1939年（昭和14）2月

明石郡大久保町に約32万㎡（約96,500坪）の大久保工場建設に着手。

1942年（昭和17年）9月

真空管工場、翌年8月商用通信機工場完成。本社工場より移転、生産開始。8000名の従業員を擁し、1945年7月空襲を受けるまで生産に邁進した。

5　真空管事業の重要性

航空機と無線装置とは切離して考えられぬ関係にある。

当時日本の真空管研究は幼稚で僅かにアメリカ資本の入ったマツダ電機の社員を引き抜き、更に逓信省から楠瀬博士を招聘して真空管の研究に当らせた。

日本もドイツも真空管（レーダーに多用）で敗れたのだ。ドイツの空襲でロンドンは壊滅するかと思われたが英国のレーダー装置の完備により、ドイツの爆撃機が出発すると同時に英国上空には戦闘機が待機していた。そのためドイツ機の損害が多く、遂に英国は真空管によって守られたのである。

これを思うとき、社長の真空管事業に着眼した事は真に偉いというべきで、日本の先覚者であり慧眼の持ち主だったと言える。

6　主要製品の歩み

1938年（昭和13）頃の主要製品を列挙する。

川西機械製作所の3項（前述）に列挙する製品以外に、筆者が興味を抱い

ている点は、太平洋戦争敗戦の要因の一つに、海空戦における米国艦船および航空機搭載レーダー関連機器の能力差についてである。

当時は戦時中であるため航空機搭載用レーダーは、実態秘匿のため名称が無線電信機とされ、電探とも呼ばれていた。

製作したものは、「三式空六号無線電信機」で、H－6電探、空6号電探とも呼ばれた。波形の表示は時間軸上に受信パルスを垂直方向に表示する方式である。

生産台数は、川西機械と日本無線合わせて約2000台で、97式および2式飛行艇、一式陸攻、銀河、零式水偵に搭載した。

「三式空六号無線電信機」受信機（左）、
指示機上部に載せた受信機（右）
（デンソーテン）

艇首前端と左右側面にレーダーアンテナを
取り付けた2式飛行艇「敷島」
（株）文林堂「世界の傑作機No.164二式飛行艇」
から転載

川西で製作したレーダーについては、「余話2－10　2式大艇セイロン島軍港レーダー偵察」参照。

7　真空管部門の新設決意と方針

「技術の川西」と呼ばれたのは、戦前からである。航空機を分離した直後の1929年（昭和4）に入社した八尾房蔵神戸工業常務によれば、「その頃の川西機械には『我々は国家社会に貢献する』といった気概があり『嫁にやるなら川西へ』といった言葉が神戸にはあった」と回想している。

短期的な損益を考慮せずに、国家的な観点から重要と考えた航空機や真空管・通信機に取り組んで、いわゆる「堅い仕事をしている」という評価でもあり、この環境の下で技術重視の社風が作られた。

第3章　運航会社「日本航空」設立

1　はじめに

　川西龍三と坂東舜一が予て念願していた
「空の郵船」すなわち航空運行会社の経営
を自社設計・製作機で実施することになっ
て、1923年（大正12）4月、川西機械の姉
妹会社として「日本航空株式会社」を資本
金200万円で創立した。

日本航空　社章
（海江田アルバム）

　採算を上げにくい西方大陸方面、上海航路開拓等を行い鋭意運航業務に邁
進したが、1929年（昭和4）に、半官半民の国策会社「日本航空輸送株式会
社」の設立で、強制吸収され、日本航空は施設・人員等を譲渡して解散する
ことになった。

2　航空輸送事業の開始

　我が国民間航空の草創時代、自社製飛行機による航空輸送事業を行った人
は川西以外にはない。

　戦後、半官半民の日本航空株式会社（JAL）とは誤解しないで頂きたい。

　1922年（大正11）8月、大阪大正区船町の木津川尻埋立地に水陸両用の私
設飛行場と格納庫を建設して、ここを本拠地とした。

　この地が大阪における民間飛行場の草分けとなり、現在の大阪国際空港
（伊丹）が使用される以前はここが大阪飛行場でもあった。

　同年7月10日、飛行場の開場式を行い、官民航空関係者を多数招いて披露
を行った。

　坂東舜一の挨拶は『世界の公園である瀬戸内海を縦断して、泉都別府に至
る航空路は、商業航空として最も理想的であり、将来私どもは、上海、大連
など海外へも航空路を伸長させる計画である』と抱負を語った。

川西清兵衛 大社長

川西龍三 社長

坂東舜一 支配人

後藤勇吉 運航部長

関口英二 設計部長

戸川不二夫 製造部長

（すべて海江田アルバムより）

経営陣は下記の通りである。

川西龍三：専務取締役

坂東舜一：取締役支配人

後藤勇吉：運航主任

川西清兵衛：相談役

実務は、坂東、後藤の名コンビが行った。

大阪－別府－福岡線を同年中に開設し、続いて大阪－京城－大連線、大阪－福岡－上海線を各々開設し、1929年（昭和4）3月31日に、営業路線を譲渡するまでの8年間、民間航空輸送事業発展に貢献した。

この企業活動について、「日本コンツェルン全書」によれば、『川西が日本の航空機及び航空界につくした功績は100％に認めてよい』と賞賛している。

当時、大阪－東京間は朝日新聞社主宰の東西定期航空会が運営し、大阪以西は川西の日本航空が運営して、日本の空を二分して定期航空営業を行ったのである。

3　航空輸送を行った理由

航空事業に打ち込んだ川西清兵衛の真意について奥津慶一郎（元川西航空機取締役）が、新明和社内報「SMICニュース」1960年（昭和35）1月～1962年（昭和37）8月に〝新明和の誕生まで〟と題している一文を紹介する。『現在でも航空機事業は営利事業として中々成り立たないのだから、当時利益の出る事業だと誰もが考えていなかった。それに堅実な実業家と自負する清兵衛氏が手を出した事は後人の考えなければならぬ所である。清兵衛という人は金よりも事業の先端を行く人であったという事を知ると共に、後人に社会の先端を歩めと身を以て教えたのではないかと思う』と述べている。

『私（奥津）はなぜ航空輸送事業（日本航空）を開始したのか気になっていた。その答えは次のように金儲けだけが目的でないことが明白になった。川西家と中島氏との考え方の相違は陸海軍部内にも波及し、川西は資本の力で技術を圧迫したという風評が流れた。その事から、川西が今後陸海軍から注文を受けるのは全く不可能であると考えられた。普通には軍の注文なくしては、飛行機製造事業は、全く成り立たなかったのである。しかし川西家は、

航空機事業を断念するのは、陸海軍部内の悪評を裏書する事になり、又将来性ありと見込んだ事業を放棄する事にもなるので、民間航空輸送に活路を求めたのである。自社で作った飛行機で航空輸送をやるという構想である』

『飛行機の製造自体が既に難事である。これをもって航空輸送を行うのであるから、全く計算を度外視した計画であった。これが為川西家の事業の一部である川西倉庫会社の利益は、全部この飛行機の方に食われてしまった』

次に『すべて、人生は理想が無ければ努力心は起こらない。事業も赤同様で、何らかの遠大な計画を持たなければ従業員の心は萎縮する。この点、川西家は絶えず従業員に対し、航空事業への希望を繋がせたものといえよう。別府や四国航路というように、一定の所に航路を定め、輸送事業を行っていたら、或いは採算が取れたかも知れぬ。然しそれでは単なる運航事業に陥ってしまう。川西家はかかる目前の採算に捉われず、積極的に次ぎ次ぎと遠大な計画を立てていった。こうしたことが段々と認められて、後に海軍の受注工場まで進展していったものと考える』と述べている。

4　日本航空の活動と使用機体

ここでは、日本航空が使用した機体の運航状況について概説する。

最初は海軍払下げの横廠式ロ号水上機を使い主として郵便物を運んだ。

後に自社設計・製作した川西K－6型、K－7型、K－8型、K－10型機が主力となった。

① 　K－6型水上輸送機（春風号）　1機製作

1923年（大正12）11月に完成した。

1924年（大正13）7月、大毎東日新聞社との共催で日本一周飛行を成功させ、同年12月の伊勢湾周回懸賞飛行では、3周回840kmを5時間30分で飛行、水上機の最高記録を出し、川西の自信を更に深めた。

② 　K－7A型水上輸送機　10機製作

1924年（大正13）から1927年（昭和2）にかけて大阪－福岡間に使用し、週1往復の試験航空輸送も優秀な成績で完了した。

1925年（大正14）11月、帝国飛行協会主催の琵琶湖遊覧飛行大会に参加し、1等賞を獲得している。

上海航路開拓飛行　韓国木浦（海江田アルバム）

　1926年（大正15）10月、３機編隊で大阪−福岡−木浦−上海飛行を行っている。

③　Ｋ−７Ｂ型水陸両用郵便機　１機製作

　1925年（大正14）11月、大阪−大連線用

④　Ｋ−８Ａ型水上輸送機　５機製作

　1926年（大正15）１月、大阪−福岡線用として川西Ｋ−８Ａ型単葉水上機が完成。

　先に受命した大阪—小郡—福岡間週３往復の定期郵便飛行を行った。

⑤　Ｋ−８Ｂ型水上輸送機　２機製作

　1927年３月に、海防議会から発注を受けたＫ−８Ａ型改造機が完成し、「第１義勇号」「第２義勇号」と命名された。

　同年４月と５月に２機編隊で、航空思想普及のため日本一周飛行を実施し、総距離4649km、実飛行時間45時間27分の成果を得た。機体棄損まで、「第１義勇号」は、総飛行時間394時間、総輸送量70トン、「第２義勇号」は総

手前Ｋ-10、奥Ｋ-7Bによる大陸航路開拓飛行
（日本航空史「海と空」昭和10年）

飛行時間447時間、総輸送量は80トンであった。

⑥　K−10型旅客輸送機　2機製作

1926年（大正15）8月に完成。同年9月に西方海外航路開拓飛行実施。

⑦　ドルニエ・ワール飛行艇（なにわ号）

1927年（昭和2）当時北極探検、各種長距離飛行等で世界的に有名であったドルニエ社のワール型全金属製旅客飛行艇の優秀さに惚れ込んで、乗務員達が社長に駄々をこね、当時17万円で買ってもらい「なにわ号」と命名し、大阪—上海間の試験的飛行を行い、その後瀬戸内海航路に使用した。1機所有。

ドルニエ・ワール「なにわ号」（海江田アルバム）

西方海外航路開拓

1926年（大正15）9月から、日本航空株式会社により大阪−京城−大連間の試験的郵便飛行が開始され、川西K−7B型（J−CODE、乾将顕・南部信鑑両操縦士）と川西K−10型（J−COCE、宮登一・平松午郎両操縦士）で、11月16日まで6往復を達成した

1926年（大正15）10月4日、川西K−7型水上機3機（J−CODE、J−COBC、J−COCD）による大阪−福岡−上海間の試験的飛行が決行され、大阪・福岡・木浦・上海間、1700kmの日支連絡飛行を行い、うち1機は、発動機の故障で、木浦から引き返したが、2機が東シナ海を横断し、3時間40分で、上海に安着し、外国人に大好評を博した。

10月10日上海発の帰還飛行で、藤本・金子乗組機が荒天に遭遇し、2時間余りの難航の後、九州五島列島沖で発動機が故障して、荒海上に不時着水し、両人は折れた浮舟にすがって6時間も漂流し、通りかかった漁船に救助され

たという劇的な場面もあった。

阿部機は無事大阪に帰着した。

藤本機遭難について設計者の関口英二のメモには、「操縦士藤本照男君は、落ち着いた人で、エバーシャープ（ナイフ）でフロート（浮舟）のペンキを剥がして、次のように書き残した。『大正15年10月11日、午前9時30分、発動機故障のため不時着水、転覆大破す　宇宙は広し宇宙の大霊に帰せんとす、民間航空界の発展を祈る　藤本照男、金子治衛』……」とある。

経理的には採算が取れず、さらに政府の援助も期待薄という条件下で、上海や大連まで、翼をのばし民間航空界の能力を示したことは、真に「技術の川西」の功績であったと言えよう。当時の計画によれば、西はハノイ、北はクーロン（九龍）に至る航空路開設を目論んでいた。

5　強制合併による解散

昭和に入って政府は、1928年（昭和3）航空局提議により日本の各航空輸送事業社の統合化を図り、資本金1千万円、向こう10年間に政府補助金2千万円を支出する構想で、半官半民の国策的航空会社「日本航空輸送株式会社」を設立した。

これを受けて日本航空は、今後の方針を検討したが、補助金の出る会社とは到底競争出来ないという結論になり、国策に沿って、翌1929年（昭和4）3月の航空輸送を最後に潔く営業路線を新会社に譲り、1931年（昭和6）6月に解散した。

創業以来6年間の実績は総飛行距離61万7249キロ、総飛行時間4919時間である。

現在の民間航空事業の飛躍的発展には瞠目すべきものがあるが、草創期の人々のあくなき努力と大きな犠牲の上に、今日の隆盛があると言っても過言ではない。

現在では航空界の人々でさえ、川西の日本航空という名を知っている人は皆無に近いであろうが、航空輸送事業の商業性に着目して日本航空を興した川西清兵衛の先見の明は特筆に値しよう。

日本航空操縦士の顔ぶれ

当時、日本航空に在籍した操縦士と機関士の概略を述べると、操縦士には、後藤勇吉を別格として、亀井五郎、平松午郎（伊藤飛行機研究所）、乾将顕（陸軍）、藤本照男（陸軍）、宮登一（水田飛行学校）、南部信鑑（御国飛行学校）、さらに湯谷新、諏訪宇一、海江田信武といった新進の操縦士が居た。

6　日本航空の成果と評価

川西日本航空の運営成果とも言えるが、以下、7件は取り上げて良かろう。

①　関東大震災支援
②　K-6型「春風号」の日本一周
③　K-7A型機の上海航路開拓
④　K-8B型2機の日本一周
⑤　K-7B／K-10型機の大連航路開拓
⑥　K-11型試作戦闘機の優秀さ
⑦　K-12型長距離機の可能性

海軍がまずこの実績に着眼した。

10年の時が流れて、軍部の中で誤解していた人も減少し、独力で採算を度外視して、国家的事業に注力している現実に理解を示す軍人たちも現れ、川西が資本の力で技術を圧迫したというような悪評は、真相でないことが実績によって立証されたのである。

第4章　川西航空機株式会社設立

第1節　誕生秘話　鳴尾へ移転

1　川西と海軍との強固なつながり

　川西と海軍の関係がハッキリと出来たのは1922年（大正11）の５月頃であった。

　当時、飛行機が海軍の如何なる兵力になるか未知数とされていた頃である。

　桑原虎雄（元海軍中将、戦後新明和の顧問）は1922年（大正11）の５月頃、海軍艦政本部６部（航空関係）で、制式機の決定、実験研究等を担当していた。当時の第６部の陣容は貧弱で、部長の外に３、４人いた程度であった。

　その頃に清兵衛と龍三が、６部長の山内少将を訪問し、桑原も同席した。

　山内部長の話は『わが国の航空事業を急速に発展させる必要があり自分は微力ではあるが飛行機製作および民間航空輸送事業の育成と、その目的達成に一生を捧げる決意でありますから、御鞭撻援助をして貰いたい』と述べ、事業の内容と拡充計画を説明した。清兵衛は『この子に航空をやらせたいから……』と熱意をもって答え、『自分の所で飛行機を作っています、将来はぜひ軍用飛行機をやらせてもらいたい』と正式に述べた。

　山内部長は、航空の将来性に対する不安と多大の経費を要するため、事業家は手を出し渋っている今日、川西親子の様な積極的な考えを持つ人のいることを知って喜び是非邁進して頂きたい、実力が出来さえすれば御心配はないと、大いに激励した。

　同席した桑原の感想は、龍三はまだ30歳を越したばかりの貴公子然たる青年で、多難な航空事業の開拓に耐えていく不屈不撓の闘志を持っているか否か、失礼ながら一抹の不安を感じたが、しかしそれは全くの杞憂で、着々と人材を養い、設備を近代化し、幾多の試作機を完成し特徴のある飛行機会社として、識者の間にその存在を認めさせるに至ったと語っている。

2　川西航空機株式会社の設立

　川西と海軍との繋がりが急速に深まり、飛行機製作の実績が認められ正式に注文を受けたのは、1928年（昭和3）始めである。

　13式水上練習機2機、同型機用プロペラ5個、14式2号水上偵察機用プロペラ3個の試作を命じられ、同年7月にプロペラを、9月に13式水上練習機を完成している。

　1929年（昭和4）には13式水上練習機10機、15式水上偵察機20機、プロペラ100個の製作を受注した。飛行機の販路を失った川西にとって、海軍からの発注はまさに干天に慈雨以上であった。

　海軍の好意と期待に沿うためにも、名実共に航空機メーカーとして一本立ちが必要になり、1928年（昭和3）11月5日、川西機械製作所から飛行機部を分離し、資本金500万円で、川西航空機株式会社を設立した。

川西龍三	専務取締役社長
川西清司	取締役
事務部長	坂東舜一
相談役	川西清兵衛

　世界的不景気の重圧を受けて各種の工業が不振の際、航空機製造工業は、海軍補充計画に伴う大拡張により非常な活気を呈した時期であった。

昭和18年9月　社章改定

川西鳴尾工場　昭和10年秋

兵庫県武庫郡鳴尾村の武庫川尻海岸に約24万㎡の土地を購入し、建設に着手、1930年（昭和5）12月、完成すると同時に、神戸（兵庫区和田山通）から移転した。

　当時の官報第1320号昭和6年5月27日逓信省告示第113号によれば、逓信大臣小泉又次郎名で水上飛行場設置の許可が出ている。埋立て後の滑走区域は7.7km²、恒風方位—夏季南西、冬季西北、設備概要—格納庫間口120m、奥行31m、滑走台—長58m、幅20m、傾斜14分の1と記載がある。

　緑のゴルフ場と紺碧の大阪湾に挟まれて建った銀色の工場が高くそびえる様は、美しく、世間では〝工場の殿堂〟と呼び、その従業員が世の羨望の的となったのは無理もない。

3　龍三の「仕事の本気度」

　川西航空機（株）が設立間もない1928年（昭和3）12月に海軍の指定工場になった。

　川西倉庫で育った岩田親一は、経営の安定性に馴れていたので、赤字に突き当り、この事業の犠牲のいかに大なるかに吃驚し、その前途にいささか不安の念を抱いたという。

　ある時、銀行へ持ち込む担保株券の相当量を川崎町の事務所で社長の手から受取ったとき、果たしてこれらの株券が会社の今の状態で満足に社長の手許まで返還出来るであろうかと危惧したが、そのとき社長は『どうしてもこれだけはやり遂げねばならない』と話したので、その一言のうちに飛行機工業に対する社長の決心の如何に強烈であるかを悟り、岩田も心中密かに奮起したという。

　後年、社長自ら商談のためにシベリア経由で英国に渡り、相当日数を滞在し、後に米国経由で帰国したことがあったが、この旅行の前後は、出発の当日も事務を執り、帰国の時も休養の暇もなくその翌日には早くも出社して事務を執っていた。

　いかに社長がこの事業に対し真剣に取り組んでいたか、思えば自ずから頭が下がる次第であったという。

4　川西航空機の技術業務の特色　異色のメーカー（独立自尊）

　川西の航空機製造は、日本の航空機メーカーとしては、異色の存在だった。

　1920年（大正 9 ）前後に飛行機の設計・製造を行っていた、三菱、中島、川崎などのメジャーは設計を外国のメーカーに依頼、又はその会社の設計者を招聘、あるいはライセンス生産を行ったのに対し、川西は、それらに頼らず独自の設計・製造を行っている。

　1926年（大正15）に、海軍が 3 社に新型艦上戦闘機を競争試作させた時にも、川西は指名されていないのに独自に開発費を負担して、機体（K－11型）を試作し完成させた。当時として極めて長大な航続飛行能力を持つK－12型も自主設計・製造であった。

　川西航空機会社誕生の 2 年後に入社した菊原静男は「日本航空機総集」のなかで、「川西の飛行機の略史」として次のように述べている。

「その偉業達成には並々ならぬ努力があった。航空力学や航空機設計の基礎的研究の必要に迫られていたので、1926年（大正15） 1 月、率先して民間最初の風洞と水槽を新設し、ドイツ・アーヘン工科大学教授テオドル・フォン・カルマン博士を招いて研究を重ねるなど、専心飛行機の研究に努めた。

　特に機体設計にあたっては、諸外国の力(ちから)を借りることなく行った点である」

　川西航空機はその創成期から終戦に至るまで、技術について伝統的な一貫した特徴を持っている。

　その第 1 は、「ショート社のKF飛行艇（後の90式 2 号飛行艇）を唯一の例外として外国製の飛行機を買っていないし、技術提携もしなかった」ということである。

　川西の設計陣の間では、外国機購入の話が起こると必ず、「買う金があるなら試作させてくれ。その方が技術の進歩にとって有効である」と主張した。「買ったそのものよりも、そのものが実現するまでの過程～研究開発の努力にこそ価値と意義があり、自分達もその努力を積み重ねなければ、よい飛行機は出来ない」という信念をもっていたのである。

　この川西の草創期の精神は、今日に至るまで脈々と受け継がれ、一つの社風となっている。付言するなら高給を払ってまで招聘した外国の設計者は皆

無という事実がある。

特徴の第2は、主任設計者制を採らなかったことである。常に縦割りグループと横割りグループを重ねたシステムが採られた。つまり、設計には空力、水力、構造、動力、電気、兵装、一般艤装などの横割りグループがあり、試作が始まると、その中から適当なメンバーで横割りグループが組まれた。

縦割りには課長、係長が存在しており、横割りには連絡係という特命者がいたが、主任設計者は存在しなかった。従って、どの機体の場合も、あえてこれに携わった人の名前を入れることを避けた。この体系は今日の、いわゆるシステム・マネジメントのプロジェクト組織に該当し、横割りはタスクフォース・チームと言えよう。

何でも新しいものに食らいつくエンジニアリング・スピリットの旺盛な菊原静男、小野正三（強度機能課）、馬場敏治、徳田晃一、大沼康二、井上博之技師らをリーダーとする設計陣は、新アイデアの投入により、新型機を画期的なものとすべく実行したのである。

5　航空機製造他社の動向

1920年代の日本航空工業界は、飛行機を自力で、設計・製作するに至らず、欧米各国からの飛行機の輸入と外国人技術者の招聘並びに社員の海外派遣を行い、設計・構造・操縦・運用などを学ぶことから始まった。

以下主要な航空機製造各社創設時の概要を述べる。

① 　三菱（陸・海軍機）

1921年（大正10）英人スミス技師招聘。

1925年（大正14）独人バウマン技師招聘。以後、多数の著名機と発動機を生産した。

② 　中島（陸・海軍機）

1918年（大正7）飛行機製作所を創設。

英国機の技術習得、仏人マリー、ロバン技師を招聘している。

以後、多数の著名機と発動機を生産した。

③ 　川崎（陸軍機）

1918年（大正7）仏国機の生産を始め、後に、独人フォークト博士を招聘。

多数の機体とエンジンを生産し、特に水冷式発動機とその装備機について定評があった。

④　愛知（海軍機）

1924年（大正13）独国ハンザ水上偵察機を製作。独人ハインケルの指導を得た。

⑤　立川（元石川島）（陸軍機）

1924年（大正13）から陸軍機生産。

独人ラハマン技師を招聘した。

6　鳴尾工場の風洞

航空機製造会社に不可欠な施設は、風洞実験室である。川西機械製作所飛行機部では、国内で初めて風洞施設を設置したことは既述の通りであるが、以下に、鳴尾工場の風洞について概説する。

川西第1風洞

鳴尾工場の新設と同時に研究施設も逐次増強され、工場内に川西航空機独自の設計になる川西第1風洞が1930年（昭和5）に新設された。神戸時代の竪型風洞の不利な点を除去した横型とし、胴と吹出口も八角型として、内接円の直径を2mにした点が大きな相違であり、計測用天秤と送風機用電動機、直流200HPを使用した。

川西第2風洞

社内報による、平櫛光男の回顧を要約する。第1風洞で行われた風洞実験作業量も、次々と試作設計される飛行機の数と共に増大し、特に3軸周りのモーメントに関する実験の必要性と、実験頻度が著しく増大してきたので、新型風洞の建設要求が出て、全く独特の風洞の設計が進められ、1937年（昭和12）に完成した。

第2風洞要目

吹出口（楕円型）長径　1.8m、短径　1.35m

電動機（三層整流子電動機）600HP

回転数（最高毎分）750

風　速（最高毎秒）35m

天秤　六分力、支柱式3点支持

　特徴はゲッチンゲン式測定法が細いピアノ線で模型を吊るす方式に対し、模型を3本の支柱の先端に簡単に取付けられるようにして、5、6分間で模型の装着が大幅に改善された点である。計測天秤が小さくまとめられて測定室に設置され、風速調節用の操作器も手近にあり、普通は2人で行う実験計測が1人で可能であった。

　2式飛行艇が試験飛行中に尾翼、舵の効きに多少難点があり、方向舵、昇降舵の改造を行うにあたり、風洞実験を系統的に約1年間行ったときにも、第2風洞独特の簡易模型取付法で大変助かったという。

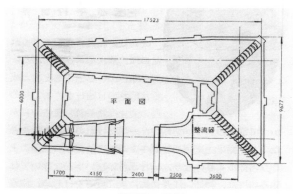

川西第2風洞

川西4m風洞計画

　2式飛行艇の多量生産が本格的になり甲南工場の建設も終わり、次期試作機の計画からより大型風洞の必要が予測され、その計画は4m風洞が考えられ、風洞の1/10模型を製作し、設計に必要な実験資料の収集が行なわれたが、敗戦により「川西4m風洞」はついに日の目を見なかった。

第2節　大型機メーカーへのスタート

　1930年（昭和5）ロンドン軍縮条約により、海軍は、主力艦船を対米英7

割に制限されたこともあって、兵器整備に改革を迫られ、航空戦力増強に邁進することとなった。

　大型長航続距離航空機の開発に拍車がかかったのである。

1　大型飛行艇をショート社に試作発注

　川西機械時代に設計製作した水上機の優秀性が背景だったと言えるが、海軍航空兵力増強の要となる大型機の製造会社として川西に白羽の矢を立てたのは当然であった。

　飛行艇の川西と言われるきっかけを作ったのが英国ショート社との連携である。

　龍三社長と有坂中佐は飛行機工場の視察と工作機械類の購入のため、1929年（昭和4）2月欧米に出かけ、飛行艇はイギリスのショート・ブラザース社に試作を発注し、同年11月に帰国した。

　大型飛行艇の経験がない川西が目をつけたのはショート社の「カルカッタ」3発機、15人乗り旅客飛行艇で、その製造権と技術移管の契約を結ぶと同時に「カルカッタ飛行艇」と「シンガポール飛行艇」をベースにした軍用飛行艇「KF型」機の設計を依頼し、小野正三、関口英二、中村正清の3技師を同社に派遣した。

　ショート社では、とくに川西の要望を入れて、極秘のうちに試作を進め、複葉3発式の全金属製飛行艇ショートKF型（設計番号S15）飛行艇の設計に立ち合い、設計や製造の新知識を得て関口ら3技師が帰国したのは、1930年（昭和5）12月、鳴尾の新工場完成と同時だった。

　1930年（昭和5）10月に試作機1機（製造番号S753）が完成し、翌1931年（昭和6）2月1日に神戸に到着。鳴尾工場で組立が

海軍90式2号飛行艇（人物と機体の大きさ比較参照）

開始され、4月初めに完成した。

4月8日にはショート社のテストパイロット、ジョン・パーカーの操縦で初飛行に成功した。

5月末、新工場の落成式が行われ、海軍及び航空関係者、各方面の名士約500人が招かれ工場の完成を祝った。組立工場の巨大さと共に、参列者の目を奪ったのが、複葉大型3発飛行艇である。

搬入「KF型飛行艇」について

菊原静男の述懐を以下に要約する。

① 英国人から貪欲に学んだこと

ショート社から来たイギリス人は仕事熱心で、いい先生であったが、彼らに様々な疑問をぶつけては自分たちの知識を貪欲に満たして行った。

『ショート・ブラザース社から10人近くやって来た。私が一番接触したのは、設計屋の2人で、1人は図面のエキスパート、1人は強度計算関係で、若い方のボアマン（私と同じ年）とは、仲良しになって〝艇体の強度計算は、一体どんなふうにしているのか〟また〝許容応力は……〟と聞いたところ、ボアマンが圧縮の許容応力は14kg／㎟という。〝なぜ14kg／㎟に決めたのか〟と聞き返したら〝経験で決めている〟という返事で、彼も理由を知りませんでした。太いものと細いのとで、許容応力は当然違うだろうし、外板とも違うと思うのに、全部込みで14kg／㎟というのは、少しひどいと思ったので、実験してみる必要があると考えたのです。

そのころ、カルマンがドライデンという人を指導して、有効幅の理論を確立するためにNACA（アメリカ航空諮問委員会）でやった最初の実験レポートが発表され、有効幅の理論ができてから、だんだん合理的に計算できるようになってきた』

（出典：新明和社内誌より）

② 試験飛行時でのこと

「KF」飛行艇のテストも、イギリス人の指導で順調に運んだ。

『海軍に引き渡す前の試験飛行で、私は一番後ろの銃座で、モンキーバンドで体を縛りつけ、頭だけを出して周囲を眺めていた。飛行艇の尾部というの

は、随分揺れるものだ、と思った。降りてからパイロットのパーカーが、今日は重心が間違っていたようだと言うから、実は自分が後ろにいた、と話したら、そんなことをしては操縦がしにくくなるから困る、と苦情を言われた。重心付近に居るべき体重60kgそこそこの私が、尾部に移動しただけで、そんなに影響するものかと、驚くと同時にパイロットのカンの鋭いのに感心させられました』

　イギリス人たちは1年半ほどの滞在の間に川西に大きな影響を与え、良い印象を残して去った。

　その後、海江田信武操縦士によってテストが続けられ、6月に領収された。

　1932年（昭和7）10月「90式2号」飛行艇として制式採用が決まり、1933年（昭和8）までにさらに4機が生産された。

記録的航続距離飛行実績

　本機は特に航続力に優れ、1932年（昭和7）夏の実用試験中に伊東祐満大尉指揮により館山～サイパン間、約2300kmの無着水長距離飛行に成功し、優秀性を立証した。

海軍90式2号飛行艇

　海軍の大型飛行艇は、ロンドン軍縮会議による艦艇保有制限を補う意味もある。

　本艇の構造上の特徴は、①当時最大の金属製飛行艇である、②水線下艇体をステンレス板張りのモノコック構造とした、③操舵力軽減のためサーボ・ラダーを装備した、④艇尾に初めて銃座を設けた等も、日本では珍しいことであった。冷却器及び発動機回りの洗練された整形も、従来の日本の飛行艇には見ることの出来ないものであった。

2　発動機製造を試行

　鳴尾村に本社と工場を建設・移転した後、機体だけでなく発動機の製造も計画し、1930年（昭和5）頃に、ゼネボア社の治具ボーラー、マーグ社の歯車研磨機、グリーン社のベベルギア研磨機、ブラウンシャープ社のミーリン

グなど、欧米の最新工作機械類を金に糸目をつけず買い揃えて、1932年（昭和7）に、90式水冷Ｗ型600馬力を試作し、1934年（昭和9）8月には、本格的な発動機工場が完成し製造を開始した。

後に1940年（昭和15）航空本部示達により、補機関係第一次生産拡充を命じられたため発動機生産は取りやめることになった。

3 技術者とその交代期

1930年（昭和5）の前後は、我が国の航空機設計・製造技術も、外国技術者たちの指導が必要ないほど進歩して、航空力学・流体力学の発達、ジュラルミン材の多用等、高性能機体の生産に対応し得る時期に入った。

ここでは、航空機設計を主導した人物と、その指導下で実務を担当した人たちの新旧交替関係を概説しておく。

主導技術者
① 橋口義男

橋口は海軍時代に飛行艇の設計や改良に関係し、90式2号飛行艇原型の「KF」試作のときは、監督官としてヨーロッパに駐在し、ショート社だけでなく広く海外の飛行艇事情に詳しかった。海軍が橋口を川西に送り込んだのは、彼の経験を以て飛行艇を開発させようという意図からだった。

元幹部従業員から見た一面を紹介する。「一口で言うならば、口も八丁、手も八丁」という人、軍人上がり（海軍技術少佐）とは思えない、英国駐在で身につけた紳士振りだった。大阪市内で航空機の講座があった時、講師となって『飛行機の原理』を説明した時に、百人一首の「瀬を早み岩にせかるる滝川の、われても末に逢わんとぞ思う」を引用して、揚力の原理を解説したのは、なかなか上手なものだと感心した。

② 小野正三

東京大学航空研究所から川西に転出してきた小野は学者肌の一面、特殊なグライダーを飛ばしたり、イギリスのラージのオートバイを乗り回したりする行動家でもあり、当時空力学の第一人者であった。新しい考えの持ち主で、

ドイツからカルマン教授を呼んで社員に勉強をすすめ、鳴尾に風洞と水槽実験場をつくり、川西の新技術の基礎を作った。

　元来小野は余り丈夫な方ではなく、97式大艇がものになった頃から、健康状態が思わしくなく病状が悪化し、元気な者が小野の自宅に駆付け輸血をしたが、小野の命を繋ぎ留めることは出来なかった。

『不意に前途の道しるべを見失った気持ち』と、小野のもとで強度試験をやっていた清水三郎は嘆き、『新しい設計にかかるとき、いつも小野さんのことを思い出した』という菊原にとって13試大艇はいわば亡き師の弔い合戦であり、会社としても宿縁の中島飛行機に対する雪辱のチャンスでもあった。

③　関口英二

　川西機械飛行機部以来、陸上・水上機で、優秀なK－1～K－12までのK型機の設計は彼一人の力量が発揮されたと言える。

　旧制第一高等学校に学んだ秀才で、飛行機が好きでその方に進みたかったが、まだ大学で飛行機を教えてくれるところがなかった。1918年（大正7）東京帝国大学工学部の航空学科発足以前であり、独学で飛行機の勉強を始めた。「やりたいことを教えてくれる大学がない」とは、明治人の気骨でもあったが、彼の気の強い一面をよく表している。

　太平洋横断機「K－12型　桜号」のとき、頑強に技術屋の意気地を見せたことは前述した。

④　足立英三郎

　大阪大学工学部の前身である大阪高等工業学校卒。徴兵で軍隊に行くまでには1年あり、その間、勉強しようと考え、飛行機の方に将来があると見て、飛行機なら東大ということで、1年間を聴講生として通った。

　航空学科には、3年に菊原、2年には佐貫亦男、久保富夫、1年に高山捷一、永盛義夫らがいた。兵隊から帰って川西に入り、入社は菊原より1年後の1931年（昭和6）で、宮原勲と一緒だった。

　川西では、武装、重量・重心見積および艤装配置の係を務めたことから、仕事柄全体を見渡せる立場にいた。

13試大艇（「2式飛行艇」原型機）の基礎設計がかなり進んで実大模型にかかった頃、海軍から、『中島でやっている大攻の動力銃座を指導してやってくれ』と言われ、群馬県にある中島の海軍機工場におもむくと、13試大攻（「深山」原型機）の実大模型が、いかにも巨人機といった感じで横たわっていた。

　設計主任の松村健一技師は足立が東大航空学科聴講生当時の知り合いで、種々意見交換をしたが、足立の感じでは〝13試大艇より一回り大きく、これで重量が予定通り納まるかどうかが心配〟した。

　海軍からダグラスDC-4（4発大型機）というサンプルを押付けられたばっかりに、設計の自由度を奪われている松村に同情した。当該機は、重量が予定よりかなりオーバーとなり、失敗作となったが、初めて4発大型機を手がける松村技師に比べると、先に8試計画、97式大艇の経験があり川西はよかったと足立は思った。

⑤　菊原静男

1906年（明治39）4月、生誕。姫路中学校、第3高等学校卒業

1930年（昭和5）東京帝国大学工学部航空学科卒業

　川西航空機が神戸から鳴尾へ移転時入社。

1943年（昭和18）技師

1944年（昭和19）設計部長

1945年（昭和20）7月9日から終戦まで、「第2軍需工廠」に移籍させられた。

1991年（平成3）8月6日、心不全のため死去。85歳。

　菊原の入社面接時に、龍三社長がかけた言葉は『この仕事は、将来どうなるかわからん仕事や、君は生死を共にする覚悟はあるか』入社希望者に一々念を押す言葉で、龍三が常用する言葉でもあった。

　戦後初の国産機YS-11の開発時には、菊原も参画し、零戦の堀越二郎、飛燕の土井武夫、隼の太田實、航研機の木村秀政を当時のマスコミは「七人の侍」になぞらえ〝五人のサムライ〟と呼んだ。

実務技術者

1920年代の川西機械製作所時代からの技術者関口英二達と、川西航空機となってから採用された橋口義男、小野正三、菊原静男らの下で、新型機設計の実務に当たった人物には、羽原修二、清水三郎、徳田晃一、井上博之、宇野唯男、大沼康二、馬場敏治、田中賀之等が居るが詳細は、「余話2－5 戦中主要人物」参照。

4　事業の発展と人的軋轢（坂東舜一らの退社とその後）

川西航空機も海軍指定工場になり、目覚ましい発展を遂げたが、社内の上層部に、少佐以上の人物が20余名入社してくるに及び、川西機械製作所以来の技術者・作業員たちとは何となく違和感が生じてきた。

そのような背景から、坂東は、それらの人物を以て、他の事業をやりたい旨社長に願い出たが、社長も悩んだのか、なかなかお許しが出なかった。

折しも1936年（昭和11）6月17日、機械製作所創立以来辛苦を共にしてきた名パイロット海江田信武が、試作水上中間練習機の飛行試験中に殉職した事もあって、坂東の心中はいかばかりであったであろうか。ある意味、この事で心中のモヤモヤが吹っ切れた感も高まり退社の決意が固まったとも思われ、関口、戸川、その他川西機械製作所以来の有志と共に円満退社の形で、足かけ20年間親しんだ川西に別れを告げた。

1937年（昭和12）坂東たちは大阪の大紡績会社社長寺田甚吉氏の資本で「日本航空工業株式会社」設立に参画し、神奈川県平塚の工場で、陸軍用ラチエ式電動プロペラの生産、木製輸送滑空機、4式基本練習機等の生産を差配した。

戦後早々と丸ビルの中に事務所を設け、1946年（昭和21）10月2日に、日本工芸工業株式会社を設立し、赤外線乾燥装置を作って色々な工場に納めた。次いで静電塗装の特許の他、多くの外国特許を取り、塗装と乾燥両方の設備メーカーとなった。

1972年（昭和47）FAI（国際航空連盟）から、ポール・テイッサンデイエ賞を受ける

1977年（昭和52）坂東舜一逝去　85歳

5　社内教育制度の確立

特に高度な技能を要する航空機製造において各会社は、必須的に教育機関を設けていた。川西航空機の教育制度を概説する。

工員教育制度の進展
①　見習工員教育制度

1931年（昭和6）見習工員教育実施

第1期〜第4期　各30名

1933年（昭和8）見習工員教育

年1回　30名採用

「川西航空機見習職工教習所」設置

1934年（昭和9）私立川西航空機青年訓練所設置。上記見習工員を吸収

1935年（昭和10）新法令に基づき、私立川西青年学校設置。上記訓練所工員を吸収

②　川西航空工学校

1936年（昭和11）私立航空工学校設置。第1期から最後の第13期生（1941年入校）まで養成した。

6　生産力拡充への対応

国内航空機の生産拡充に大きく影響したのは、1931年（昭和6）の満州事変以降であり、更に前年にロンドン海軍軍縮会議（補助艦）調印があり、1921年（大正10）のワシントン軍縮会議結果と合わせ、海軍は大艦巨砲主義から航空戦力への変換と増強に邁進せざるを得なくなった背景もあった。

7　生産力拡充の方策

川西航空機生産力増強の詳細については、「余話2−4　生産力増強の方策」参照。

1938年（昭和13）8月　機体第1次増強。

1942年（昭和17）12月までの間に、3次にわたって機体、銃架、補機関係

等の、生産拡充命令を受けた。

① 　鳴尾製作所

1939年（昭和14）拡張完成。

拡充命令に対応し、北側の隣接ゴルフ場を買上げ、工場敷地を大幅に拡張。

1945年（昭和20）従業員数≒28700人。

② 　甲南製作所

1941年（昭和16）5月　埋立て完成。

1942年（昭和17）操業開始。

2式飛行艇生産のため兵庫県武庫郡本庄村（現神戸市東灘区）の海岸を埋立て建設した。

1945年（昭和20）1月　従業員数≒8700人。

③ 　宝塚製作所

1941年（昭和16）5月　完成。

鳴尾の補機・兵器等の機械加工品専門工場として兵庫県武庫郡良元村（現宝塚市）に用地買収して設置。

1945年（昭和20）1月　従業員数≒27000人。

④ 　姫路製作所

1942年（昭和17）7月　完成。

陸上機の生産向けに、遊休化していた日本毛織姫路工場を転用。

1945年（昭和20）1月　従業員数≒9500人。

第5章　川西航空機－太平洋戦争中

第1節　戦争中の生産力増強

1　太平洋戦争中の生産状況

　1942年（昭和17）6月のミッドウェー海戦に続くガ島攻防戦以降、日本軍の航空機消耗はますます激しく「1機でも早く、1機でも多く」と生産機数は日増しに大きくなった。

　1944年（昭和19）に入ると、水上戦闘機と飛行艇の製造中止命令が出て、陸上戦闘機の多量生産命令が出され、計画の大幅変更により作業手順は大混乱した。

　現場では、5年、10年の熟練従業員が次々と軍隊に召集され、生産能力が低下し、計画通りに製造が出来ない。官側の追及に、「人手不足」が答えの一つとなり、これに対し、国民徴用令、学徒動員令、国民勤労報国協力令等によって数万に上る素人集団が続々と工場に入ってきた。

　協力工場は、大阪、兵庫、京都、徳島、香川、福井、石川などの府県に及び、その数は340にも達し、機体板金部品の40％、機械加工部品の50％が社外協力工場で作られた。

2　各工場の生産状況
①　甲南製作所

　2式大艇を、合計131機作った。

　工場は3列の組立てラインがあり、各ラインで、3日に1台、月産30機の生産計画で、段々能率が上り、あと1年たてば、月産30機に達するところで生産中止になった。

②宝塚製作所

　補機（発動機用燃料ポンプなど）、兵器（航空機用動力銃架）等、機械加工部品の生産力拡充実施を命ぜられ、1941年（昭和16）10月から兵庫県武庫

郡良元村に工場建設して、着工 2 か月後の12月に早くも一部で操業を開始した。通勤用に阪急電車の小林駅と仁川駅の中間に「鹿塩」臨時駅が作られ、多数の工具が徒歩で入った。徴用工、学徒動員や宝塚歌劇、芸妓等女子挺身隊も働いた。

　新明和商事を定年退職した吉岡久壽の回想では、1944年（昭和19）4 月に、勤労動員で徴用され　ボルト、ナット等の基本部品の収納払出し倉庫業務で、材質「い003」鋼材のボルトなどを覚えるのに苦労して、1945年（昭和20）に宝塚工場補機部に転勤した。

　吉岡が担当したのは、空冷星形14気筒エンジンに取付ける燃料噴射ポンプのベンチテストであった。

補機工場の製品

　補機工場について資料も少なく、詳細不明なので、岡山県出身の補機設計課の下境輝行が戦後まとめた証言をもとに紹介する。

☆補機部は、エンジンの作動を円滑にする機器及び機体各系統の補助機器について設計、鋳造、高精度研磨、組立、試運転、検査等を担当した。

☆噴射ポンプ

　1942年（昭和17）頃から、特に戦闘機の高高度飛行と高速化が要求された。従来の浮子式気化器に代わるものとして空気とガソリンを別々にして、ガソリンを直接エンジンの各気筒に噴射ノズルで噴出させるポンプの開発が必要となり、補機部設計係と実験係の必死な研究の結果、国産初のガソリン噴射ポンプを完成させた。

③姫路製作所

　戦闘機生産のため、1941年（昭和16）12月、原毛不足で遊休化していた日本毛織の姫路工場を転用した。

　翌1942年（昭和17）7 月 1 日に姫路製作所が発足し、1943年 4 月から製造を開始し、同年 5 月第 1 号機の水上戦闘機「強風」が完成し、その後は局地戦闘機「紫電」「紫電改」を製造、月産50機を生産した。

3　生産疎開　工場・分工場（社史—1）

　1944年（昭和19）7月サイパン島を手中に収めた米軍は、長駆日本本土の重要施設を爆撃し始めた。軍需省は9月に工場、倉庫などの急速疎開を指令した。

　疎開先は、学徒動員で授業のない校舎、企業整備で休止中の工場や倉庫を利用し、その数は学校で80校、建物、倉庫で100か所を超えた。

　1945年（昭和20）春以降、本土各地に対する空襲は、激しくなり、航空機工場・発動機工場が第一の目標になった。

　甲南、鳴尾、姫路と主力工場を爆撃で破壊され生産はガタ落ちになり、1945年（昭和20）6月には、姫路が「紫電」6機と「紫電改」13機であり、鳴尾製作所は、たった7機になってしまった。

　以下に、主な疎開工場と分工場の様子を示す。

福知山工場

　京都府の福知山に、昔からあった逓信省の滑走路を海軍に移管し、飛行場の拡張と、掩体壕をつくった。

　鳴尾製作所の疎開工場として、木造バラック40棟2200坪と鉄骨格納庫1棟300坪の建物に、疎開機械を設置し、周辺の山間に、覆土式と横穴式の防護工場を造った。

　川西でも一番大掛かりな疎開であった。

福知山覆土式工事の内部（「新明和工業社史」）

　シャリング・プレスなどを10数名がかりで〝ワッショ、ワッショ〟と運動会の綱引き宜しく工場内へ運び込んだ。作った紫電改の部品を、飛行場の格納庫に運び込み、ノックダウン方式で終戦までに6機を完成させた。運命の8月15日を迎え、真夏の校庭で現図板を焼却した光景が今も忘れられないと鳥本はいう。

四国工場 （小松島及び松茂）

1944年（昭和19）１月、大型全木製飛行艇「蒼空」の試作指示を受けて鳴尾疎開工場として、四国工場（小松島・松茂工場）を開設した。

設計部の一部が移転したが、1945年（昭和20）５月甲南、６月鳴尾の爆撃もあり、人も機械も材料も来ない状態となった。

鶉野工場

姫路製作所の疎開工場として、姫路市北東約15kmの鶉野飛行場に隣接して鶉野工場（姫路第４製造廠の付設飛行場所在地）を造った。

近くの山間を利用し１棟に２機ずつ入るカマボコ型の大きな建物で、山裾を削って建て、屋根を残土で覆って偽装した。

1944年（昭和19）８月、鶉野組立工場の落成式が行われ、12月頃から操業を開始した。

1945年（昭和20）３月10日、紫電改１号機が完成し、生産が本格的に開始したのは４月23日であった。

馬車で機体を鶉野へ

姫路製作所で作った「紫電」「紫電改」は、一度機体を３分割し、３頭立の馬車で約20キロ離れた鶉野工場まで、夜間に５時間かけて運ばれ、組立て試験飛行を行い海軍に引渡した。飛行試験は、第101海軍航空隊（茨城県）姫路派遣隊のパイロットが担った。

1945年（昭和20）６月、姫路製作所はＢ－29の爆撃により、壊滅的な打撃を受けたが、鶉野では終戦まで生産を続けて紫電を466機、紫電改を44機生産した。

姫路海軍航空隊鶉野飛行場
（加西市歴史街道ボランティアガイド）

鶉野飛行場（現状）

正式名を「姫路海軍航空隊鶉野飛行場」と言った。1942年（昭和17）から操縦士の大量養成のため、全国に練習飛行場を造り四方に山の少ないことや、内陸で発見し難いことなどから選ばれた。滑走路の長さ1200m、幅60mで、現在も全容が見える程度に残っている。

現在の鶉野飛行場跡
（加西市歴史街道ボランティアガイド）

分工場の一例

宝塚製作所は、篠山、三田、小林、生瀬、甲東園に分工場を造って、生産設備や人員を分散させた。代表的なものを下記に示す。

【小林・甲東園】

甲南で部品製作を担当していた鳥本泰次郎は、学校工場の指導員として阪急沿線の小林にある聖心女学院へ日参した。男子禁制の〝女の城〟も部品工場に変わった。

甲東園の関西学院にも図に示すような分工場があった。

【北条】

鶉野飛行場の組立工場とは別に、現在加西市に編入されている北条町の山麓に、大きな地下工場が建設中だった。工作機械類は鳴尾および宝塚両製作所から運ば

関西学院疎開分工場 宝塚工場の一部がここに疎開した
（関西学院の御好意による）

れたが、工場の完成を見ないうちに終戦になった。

4　徴用工による戦時体制の強化とその実態

　政府は世界の軍事的緊張からみて、

　1938年（昭和13）4月　国家総動員法成立（5月5日施行）

　1939年（昭和14）国民徴用令発布等の法律施行を決定して、徴用工による人的資源の確保に備えていたので、戦時に入れば、より強化されることは明白であった。

　ついに国民徴用令が発動された、1941年（昭和16）関西では航空機がトップを切った。

　徴用回数が増えて一家の主人までが入ってきたり、徴用工や学徒勤労動員で、作業者数がむやみに増えた。徴用工は、まったくの寄せ集めで、〝懲用工（懲らしめ用工具）〟と、あだ名される人物もいたが、日時を経て彼らも工場に溶け込んだ。（川西航空機社史草稿）

宝塚製作所の様子

（「宝塚蜻蛉工場　私記　川西航空は　わが青春」）

　1943年（昭和18）12月11日、宝塚製作所補機工場に100名が編入された。『アー、アァまたか、配給されよるのは、人間だけや』受け入れ側の嘆息の声である。入社した人たちには年配者が多い。

『旋盤かぁ、これ、見ただけで頭痛がしよるがな』経験者であろうか、その男と視線が合う。同感ですと、話しかけたくなる。

宝塚歌劇団

　従業員の1944年（昭和19）5月5日の日記には、こんな話が記録されている。

　宝塚歌劇挺身隊員の作業現場から、『作業中、男子工員がジロジロ見よるの嫌でかなわんわ、目隠し板で仕切ってもらえへん』と総務課へ注文が来た。応急の処置としてベニヤ板で衝立を設置した。採光上の支障とならないかが心配。そのくせ男性の職場にベニヤ板上から女の手になる腰折れ（和歌らし

鋲打ち作業をする女子挺身隊員
（「新明和工業社史」より）

い）を認めた紙切れが、人知れず投げ込まれていたという。

「花やかな舞台を夢みて入った宝塚も大劇場閉鎖、生徒は予科（1年）、本科（2年）の全員が紺のボレロとグレーの〝もんぺ〟で川西に動員され、事務（人事部）や、工場で旋盤、ミーリング、焼き入れ、写真などの作業に従事していた」在籍者は100人ぐらいで、川西へは20人くらい通勤していた。

（宝塚歌劇団資料提供）

鳴尾製作所

「大相撲の力士も、力道山など30余人が来て、重量物運搬に従事した」「プロ野球選手たちは、朝トレーニング代わりに、武庫川堤を駈足で工場へやってくる」とは城山三郎の『零からの栄光』の一節である。

『野球しかやってなかったから、リベット打ちなど楽しくて仕方がなかった。監督官や憲兵など軍人がいっぱいいて、よく巡回してきた。面白くなかったが、鳴尾飛行場から爆音が聞こえてくる度に、また一つ飛んで行ったな、という感慨があった』と、かつての強打者・呉昌征も思い出している。

1944年（昭和19）11月、川西で召集令状を受け、入隊した今泉清一は、回顧録『わが青春と航空機』で当時の様子を語っている。

『1943年（昭和18）には前原副社長（元海軍中将）が、工場内すべて「駆け足」の命令を出して違反者には「海軍精神注入棒」で尻を叩かせた。一部には神戸のヤクザとか女のヤクザも入っていた。神戸のヤクザは、会社では、マァおとなしく働いていた。終戦後三宮を仕切っていた』

米屋も床屋もコックも僧侶も、無差別に一個の労働力として送られてきたのである。

第 2 節　太平洋戦争中の空襲被爆

1　本土爆撃

　戦勢我に利あらず、1944年（昭和19）夏、サイパン、テニアン島を奪取され、同基地からの日本本土爆撃は、11月下旬から始まり、第 1 段階は、航空機工場を狙った高高度（高度約4700〜7600ｍ）からの精密爆撃であった。並行して夜間市街地爆撃も行われ、翌1945年 3 月中旬から、東京・大阪・名古屋・神戸等の大都市市街地への焼夷弾攻撃が始まり、第 2 段階では、

① 　中小都市市街地への焼夷弾攻撃
② 　軍需工場への通常爆撃攻撃
③ 　石油精製施設への爆撃
④ 　原爆投下作戦等が実施された。

　関西方面軍需工場への爆撃は、

川崎航空機　 1 月19日、 6 月 9 日、 6 月22日、 8 月26日の計 4 回
川西航空機　甲南製作所： 5 月11日
　　　　　　鳴尾製作所： 6 月 9 日
　　　　　　姫路製作所： 6 月22日
　　　　　　宝塚製作所： 7 月24日

であった。

神戸空襲の位置付け

　米軍から見た戦略上の神戸の位置付けは、川崎・三菱造船所及び川崎航空発動機工場・川西航空機工場（鳴尾・甲南）が比較的近接していること、大規模な港湾施設が存在していることが大きな意味を持っていた。

2　甲南工場の戦災

　戦闘機生産工場の一つで、新式双発夜間戦闘機米国名 Frances（極光）を生産した。

　1945年（昭和20） 5 月11日、 9 時53分から10時03分の間に82機のＢ－29型機が 2 波に分かれて爆弾459.5トンを投下したので、多大の被害が出て死者

138名、行方不明9名、重傷125名を数えた。

3　鳴尾工場の戦災

1945年（昭和20）6月9日、甲南工場と同規模のB−29の集中爆撃を受けた。

この爆撃は10数日前に偵察にきて、対空砲火で撃墜されたB−29の機内で発見された写真から予知されていた。

死者23人、行方不明6人、重傷者231人の犠牲者を出し、工場は壊滅した。

工場跡（写真上が鳴尾浜、左が武庫川）

4　姫路工場の戦災

1945年（昭和20）6月22日空襲被災。

爆撃を受けた範囲は、北神屋町から天神町、播但線京口駅付近まで、川西姫路製作所と山陽皮革株式会社（現・山陽）が執拗な波状攻撃を受けた。この日の被害で、建物29カ所が全壊、死者69人、行方不明者16人、重傷者101人を出した。

5　宝塚製作所の戦災

1945年（昭和20）7月24日、78機が午前9時30分から、1000ポンドの一般用爆弾902個、2000ポンド7個合計458トン投下。

死者108人、負傷者51人である。

第６章　軍需工廠への移管

1　航空機工場国営論の台頭

　小磯内閣が「一億総武装」を決定した1944年（昭和19）秋頃、軍需省内から「航空機会社の国営移管」議論が台頭したが、実地に生産場面を牽引してきた人々は「イデオロギーで生産はできぬ、実情を知らない論議」と一笑に付していた。

2　国営論に対する反対とその背景

　国営移管に対して、川西社長は徹頭徹尾反対で、三菱等他社も同様であったと聞く。

「各方面から数万に上る転職者を受け入れ、急激に膨張した現状にあって、命令や精神論だけでは人は動かない。人情の機微をつかんだ管理が必要である。官業の非能率には定評があるではないか。従業員が意欲を持って働くようにするのには、民間企業に任せるのが一番良い」と言うのが根本的な理由であった。

3　国営移管の申渡し

　翌年６月25日、川西社長は、軍需省において縷々国営化による混乱等問題点を述べたが、酒巻局長は『戦局の要請により、７月７日付けで第２軍需工廠を設置し、川西航空機を移管し、工廠長官は前原謙治氏を任命する』と申し渡し、社長の反論を受付けなかった。

4　第二軍需工廠の設立と移管

　工廠の設立・移管は、軍需大臣から供用令書と使用令書が手渡され、川西航空機は、全ての事業を第二軍需工廠に引き渡し、従業員は国営工廠の従業員に様変わりした。

5　第二軍需工廠と終戦

　8月15日、我が国の敗北として終結した。

　8月23日、第二軍需工廠は、「閉庁式」と「川西航空機使用解除式」を挙行し、残務整理委員を任命し48日間の短い歴史を閉じた。

第7章　生産機体の概要

第1節　第1グループ

大型機

①「97式飛行艇」

　長距離哨戒を最大目的とし、全金属製単葉片持主翼に空冷星形エンジンを主翼前縁に装着し、翼面荷重と馬力荷重を比較的低目に抑え、長航続距離を得るために主翼縦横比の大きな、極めて軽い主翼が完成した。

　1935年（昭和10）7月に初飛行を行い、試験結果が予想以上に良好であった。

　輸送機型のものは、海軍用の他に、民間用機は大日本航空が横浜－日本統治領南洋諸島間の定期航空路に就航させた。

　本艇は、日本人の設計に成る最初の4発大型機として注目され、当時、画期的な大型飛行艇と言われたアメリカのシコルスキーS－42「クリッパー」、イギリスのショート「エンパイヤ」と並び称された機体である。

　輸送機型を含め217機生産。

②「2式飛行艇」

　1938年（昭和13）8月、「97式飛行艇に代わる高性能4発飛行艇」の試作指示を受領。

　最高速度240ノット（440km/h）以上、巡航速度180ノット（330km/h）、航続距離4000カイリ（7400km）以上という、前代未聞の苛酷な要求で、英海軍がショート社に、米海軍がシコルスキー社とマーチン社に発注している新飛行艇の要

97式飛行艇（帆足考治 画）

2式飛行艇

求水準を、はるかに上回るものであった。

　片持型肩翼の近代型式とし、発動機は当時最も高馬力で信頼性の高かった火星11型、プロペラは静止推力向上を狙って川西で設計し、住友金属製4翅恒速型とし、高揚力を得るため開発した親子フラップを更に改良して強力にした。

　1940年（昭和15）12月30日初飛行実施。過荷重の離水試験で、艇首から発生する飛沫がプロペラを曲げる事態が発生し、水槽試験の結果、艇底に通称「カツオブシ」と俗称するチャインを増設し、後の機体は艇底を500mm下方に伸ばすという大改修を行った。

　2式飛行艇を、輸送用（最大乗客64名）に改装した機体（「晴空」と命名）もある。

　輸送機型を含め167機生産。

　「余話2－10　2式大艇セイロン島軍港レーダー偵察」に示す。

③試製　「蒼空」飛行艇

　1944年（昭和19）1月、兵員と物資を輸送し直接接岸揚陸可能な4発全木製飛行艇の試製を受けた。全備重量45トン、全幅48mは、2式飛行艇より一回り大きい巨人機である。1/2縮尺のモックアップを製作して検討し全木製構造で技術的に完成可能との結論を得たが、1945年（昭和20）に入ると、生産上の隘路や戦況の悪化により準備段階で中止された。「蒼空」が完成していれば、戦後アメリカで短時間飛行したヒューズ社の8発大型全木製飛行艇に先立つものであった。

④夜間戦闘機　「極光」

　本機は、空技廠陸上爆撃機「銀河」を、夜間戦闘機「極光」に改造したものである。

①　搭載発動機〝誉〟を〝火星〟に換装した。

②　武装を20mm斜銃×2、20mm旋回銃

③　夜間用レーダーを装備したものがある。

　川西では、1944年（昭和19）から1945年にかけて、甲南製作所で量産した

が、空襲と資材不足で生産は捗らず完成機は少なく、多くは性能不調であった。96機生産。

第2節　第2グループ

小型機

① 94式水上偵察機

1932年（昭和7）の3月、7試水上偵察機の設計・試作指示があった。

関口英二技師を主務者とし、航空研究所から転出した空力学の第一人者と言われた小野正三技師のもとに若者が風洞と水槽を受持った。

海軍から提示された要求書は、

(1)　航続力大なること

(2)　安定良好なること

(3)　速度は130ノット（241km/h）

(4)　射出機（カタパルト発射）用なること

等とあった。このうち、(3)が一番の問題で当時の水上機から見ると一段と進んだ要求であった。

試験の結果、極めて安定性が良く1934年（昭和9）5月制式機に採用された。ドイツからライセンス生産要求があったが、海軍は断ったと言われている。

本機は、9年間に合計530機生産し、川西航空機を代表する傑作機の一つである。

なお全自動無線操縦機の試験に使われ見事に成功したが、その実績については「余話2－11　94式水上偵察機の無線操縦」に譲る。

② 8試水上偵察機

1933年（昭和8）8試水上偵察機の競争試作があり、斬新な低翼単葉単浮舟式の水偵を提示したが、水上安定性が良くなく不採用とな

海軍94式2号水上偵察機（空冷発動機）

11試水上中間練習機

った。

本機は「米海軍ヴォート・キングフィッシャー単葉機に5年先行していた」といわれたほど独創的なものであった。1機生産。

③　試作11試水上中間練習機

1936年末（昭和11）海軍は、500馬力級中間練習機の試作指示を、川西と他1社に出した。川西では、1937年（昭和12）2月設計開始、翌年4月に初飛行した。

他社機とともに長い間実験と改造を行ったが水上性能不良で両社ともに不採用となった。3機生産。パイロット「海江田信武」氏が、1936年（昭和11）6月17日に殉職した機体は、上記の発注を受ける前に、零号機として社内研究に用いていた機体であった。

④　高速水上偵察機　「紫雲」

1939年（昭和14）、敵戦闘機制空権下で、強行偵察も可能な高速水上偵察機を1社特命で、試作命令を受けた。

要求の「250ノット（460km/h）以上」を実現するため、発動機は当時最強の火星1500馬力を搭載し、日本で初めて2重反転プロペラを採用した。翼端浮舟は空気抵抗減少のため半硬式とし、全容積の約2/3を縮小して、翼下面に引上げる形式であった。

主浮舟は緊急時には投下し、超高速280ノット（520km/h）で退避し胴体着水し搭乗員だけを揚収するというものである。

低速と巡航の速度範囲が大きいので、舵の効きを改善するため、「腕比変更装置」を開発・採用したのもこの機体が最初で、後に設計した戦中の機体及び戦後設計した飛行艇に受け継がれている。15機生産。

⑤　水上戦闘機　「強風」

1940年（昭和15）9月、15試水上戦闘機として単独試作を受けた。最前線

の島々に陸上飛行場を建設するに
先立ち、付近の島影に急速整備の
水上基地を仮設し、本機を進駐さ
せて制空権を確保する構想である。

　雷電戦闘機クラスの武装と高速
と上昇力と零戦並みの空戦性能が
要求された。

「強風」11型初期型

　1942年（昭和17）5月に初飛行
した。

　主翼は東大の谷一郎教授の研究になるLB翼（層流翼型）を本機に初めて
採用し、軽戦闘機並みの空戦性能を与えるため「空戦フラップ」を開発装備
した。本装置は紫電、紫電改に引き継がれ改良された。

　既に南方戦線は敵の制空権下にあり、水上基地が確保できぬ状況だったた
め予想の生産機数に達しないで終わった。97機生産。

⑥　局地戦闘機　「紫電」

　真珠湾攻撃のニュースを聞き、今後生産すべき機種は何かと議論が行われ、
すでに完成している15試水上戦闘機「強風」に新鋭の小型強力発動機〝誉〟
（ホマレ）を装備し、陸上機化すれば、高性能の戦闘機が得られるという結
論に達し、独自の立場（自発的）で設計図面を携え、海軍に製作を申し出た。

　計画から1年に満たない1942年（昭和17）12月、伊丹飛行場で初飛行した。

　鳴尾から、伊丹飛行場まで夜間に搬送した苦労は、「余話2−12　「紫電」
深夜の陸送　野村順三の回顧」参
照。

　発動機の不調、VDM恒速プロ
ペラの破損、テレスコピック式主
脚の故障等が相次ぎ、首なし機体
が列をなすこともあった。

　最高速度は予定した350ノット
（650km/h）を下回る310ノット

海軍局地戦闘機「紫電」

（570km/h）しか出ず、不足と言われつつも、重火器装備がものを言って、第一線機として重きをなした。

　欠点を根本的に改良することを海軍に進言し、1943年（昭和18）3月に採択されて、「紫電改」への道が開けた。1007機生産。

⑦　局地戦闘機　「紫電改」

　1943年（昭和18）3月、採択決定と同時に作業開始、同年12月末、鳴尾飛行場において初飛行という超人的なスピードで「紫電改」が誕生した。

　主翼以外の全面的な設計変更、防弾タンク装備、視界改善、脚故障解決、空戦フラップ改善、機銃もベルト給弾とした。

　〝誉〟発動機も改善され、321ノット（595km/h）の最高速を出し、久しぶりに、高性能戦闘機を前線に投入可能となった。

海軍局地戦闘機「紫電改」試作機

　機種を紫電改1本に決定し、8カ所で重点生産することになったが、時既に遅く、空襲、資材、発動機不足等で計画機数に達しないまま終戦。1945年（昭和20）3月19日、第343海軍航空隊の紫電改戦闘機隊が本土空襲に飛来する米軍機動部隊艦載機を迎撃し、一挙に60数機を撃墜し「新鋭機が登場した」と米海軍を驚愕させた。400機生産。

愛媛県愛南町久良湾　1979年（昭和54）
（南レク御荘町公園パンフ）

第2部 余 話

この第2部「余話」では、第2部「本文」に述べきれなかった、川西龍三氏の生い立ち、学生時代を経て社長業に打ち込まれたころのエピソードと、戦中の「川西航空機」の発展状況を概説することにいたします。

余話2−1　龍三の成長と環境

1　入江小学校時代

龍三は、1892年（明治25）辰年、2月20日に、神戸の兵庫川崎町で、「座古清」を継いだ6代目清兵衛（旧名音松）と〝ふさ〟の次男として誕生した。

1900年（明治33）創立の神戸市入江尋常小学校に通った。

入江小学校創立当時のころ

1900年（明治33）9月に入江小学校が創立された。

入江小学校の校地は文字通り入江で、潮水の出入り口は、竹尾稲荷神社の東側で、海岸の砂地では海水浴、魚釣りが盛んであった。現在の神戸ドックの辺りに、木造船の船大工場があるという長閑さもあった。

1903年（明治36）4月、明治天皇行幸の大演習観艦式の時、入江小の健児は、山上近くで錨の形に並び、小旗を振って天にも轟けと万歳を絶叫した。これが、海の強者達や来賓の目にとまり、その山を錨山と呼ぶようになった。

現在、神戸市章と錨形の電飾が有名であるが、この観艦式を記念して松を錨型に植栽したことに始まったのである。

錨山（筆者写す）

市章山（筆者写す）

龍三の腕白な一面

　小学校時代は元気一杯溌剌な相当の腕白少年で、従弟の筑紫六郎によると、須磨の海岸で漁夫と共に真っ黒になって泳ぎ、「ぶらんこ」に乗れば小屋根と水平以上になる位、揺らして、所謂<ruby>負<rt>いわゆる</rt></ruby>け<ruby></ruby>ん気の強い少年であった。

　龍三の場合は身体が強健で相撲などもなかなか強く、今日でいうスポーツマンで覇気もあり、頭脳すこぶる明晰で男前もよく、クラスの中でも光った存在であった。

入江小学校当時（「川西龍三追懐録」）

2　京都府立第二中学校時代

京二中入学の頃

　川西清兵衛の妻〝ふさ〟の弟である榎並直三郎が、1904年（明治37）の春、突然少年（清司）を連れて、京二中時代の同窓で、教諭をやっていた奥源氏宅を訪問し、「これは僕の甥だ、入学試験を受けさせてくれ、頼むぞ」と言って預けて行った。

　首尾よく合格し、次いで翌春龍三が入学。

　1907年（明治40）1月、恒例の武道寒稽古で、武道部長の井上治郎（後の新明和興業相談役、大和製衡社長）が、部員の世話で毎朝6時に登校させるため寄宿舎に入ったところ、偶然にも龍三と同室になった。

永観堂に寄宿

　龍三は川西家と昵懇な永観堂の学徳高い76代近藤亮厳管長に預けられた。

　筆者は龍三が永観堂に預けられた理由は、清兵衛の思いから出たものと推測している。

　近藤亮厳は川西家とも近い兵庫阿弥陀寺から、1908年（明治41）に永観堂へ入山（晋山：しんざん）したので、その御縁で京二中寄宿舎から引っ越してきたことになる。

　恵まれた家庭に育ちながら、座禅や板の間掃除等で修業を積んだ龍三は、

京都府立二中入学当時（満12
歳）（「川西龍三追懐録」）

何事にも動じない信念を持ち、実業界では稀
に見る人格の持ち主へと成長した。

　筆者は「座禅や板の間掃除で鍛錬した」あ
たりが気になり、永観堂へ当時の様子を問い
合わせると、『いかなる修行をされたかは不
明ですが、恐らく、朝4時に起床し、諸堂を
開け、掃除されていたのだと思います。学生
さんとのことで、それが済み次第、学校へ通
われていたのだと思います。

　夕刻には、諸堂を閉めたり、もしかしたら、
住職のお給仕もしていたかもしれません。現
在の生活よりその時代は不便な状況であったと思います。恐らく、井戸で水
を汲んでいたでしょうし、燈火も蝋燭であったかもしれません。暖をとるの
も火鉢を使用していたと思います』と教えていただいた。

3　慶應義塾大学理財科時代

　1911年（明治44）4月から1916年（大正5）3月までの5か年間慶應義塾
大学理財科（現：経済学部）に在籍した。

　当時龍三は兄の清司と麻布鳥居坂町で神戸
から来た婆やと3人で仮住まいをしていた。

4　龍三の人物と周辺

　以下やや長文になるが「川西龍三追懐録」
奥津慶一郎の回顧録から戦前の様子を抜粋し
てみた。

4—1　社会に出てから　「銭」「銭」

　父親清兵衛の躾もあったであろうが、やか
ましく無駄づかいを戒めてきた龍三は、企業
家として採算・存立を考えねばならぬ立場に

慶應義塾大学予科在学中（満19
歳、「川西龍三追懐録」）

ある。大阪商人はカネについては、ずば抜けてシビアだし、感覚もシャープなのである。「貯めるのはカネ、使うのはゼニ」同じ銀1枚でも貯めるときは〝カネ〞と言い聞かせ、使うときは〝ゼニ〞だと思い思い切りよく使いなさい、ということである。

城山三郎著の「零からの栄光」には川西龍三が、〝「わしら商人(あきんど)は」とか、「商人というものは」などと口にし、二言目には、「銭」「銭」とつぶやいた。それも、「ゼニ」ではなく「ジェニ」という発音で〞と強調されているが、城山氏が取材中一部の役員から聞いた言葉が入っているのだろう。

4-2 物を大切に 後始末

大阪商家の血を引く龍三にとっては、父親清兵衛からどのような訓育をうけたかわからないが、「始末」についての〝DNA〞が身体に刷り込まれている。

「始末」という言葉の意味は倹約・節約と重なる部分もあるが、ケチルことではない。

「始末」とは、始めと終わりのことで、商いの一貫した計画性のことで、カネの出入りを正しく行い、無駄な出費しないこと、必要とあれば惜しみなく金を使うことも「始末」である。

龍三はよく「あきんど」と自称していたが、人間社会、経済社会は道義的公正を基盤とするとの信念が強かった。「あきんど」という文字の響きは必ずしも良くないが、龍三にとっては「堂々たる公正なる経済人」の思いであっただろう。社長としてもつまらぬ意味の政治、虚しい売名、顔出しを非常に嫌っていた。この点では世間でやや交際嫌いという風に評価されていたかもしれない。

金の支出については極めて厳重である。寄付金等の場合交渉の限度まで値切ってから社長の所に話に行くと、必ずさらに減額の交渉をせよと云うのが習慣である。

奥津慶一郎は川西倉庫に入社以来社長のこの行き方に苦労し、この性格を見抜き、時には独断専行もやむを得なかったという。

川西倉庫横浜出張所のころ、佐々木武四郎の述懐では、1929年（昭和4）

に英国ロールスロイス800馬力の飛行機用エンジン1台が、輸入され横浜に陸揚げされた。輸入手続と運送とが横浜出張所に命じられたので、社長を東京事務所に訪ね、指示を受けた。その時社長は『このエンジンは非常に大切なものであるから〇月〇日通関せよ。〇日〇時にトラックで横浜港を出発し、〇時横須賀の海軍工廠に到着するようにせよ。従ってトラックのスピードは毎時〇km以上出すな。運送保険は〇円とせよ』と言った。『では私がトラックに乗って横須賀まで行きます』と返事すると、当然であるという顔付をした。

4－3　節約第一

　一般の人々の言う「ケチ」ではない。龍三は事務屋出身であっても技術方面には大変興味を持ち、購入する機械にしても設備にしても最も大切な物は、世界の一流品を値段が高くても必ず買う、あまり重要でないものには金を掛けない方針を徹底して常に実行していた。物を大変大切にし、どんなつまらぬ物でも利用できる物は出来るだけ利用するという良い習慣を持っていた。この精神が特に終戦後新しい事業に種々雑多の物の利用に有益であったと感銘する者も多くいる。

　関西の商人らしく無駄な支出を嫌っていただけであり、本業の倉庫業の儲けを全て飛行機の方につぎ込んでいたように、これと思うところには惜しげもなく金銭を投入した。

　社内の設備等（風洞、水槽、強度試験設備）も他社に先がけて作り、計測用の器具類も一流の品物を買えという方針で、金は惜しまなかった。

　必要なところへは惜しみなく、不要な所には徹底的に節約する。

　設計者の菊原静男が、若いころの体験を語っている。『川西の水槽実験設備は、長さ50mのもので、装置類は当時の最上級のものが揃っていた。建物は細長く屋根も低く、壁も屋根も厚い丈夫な波形の鉄板が張ってあった。実験中は風が入るといけないので窓は締め切ってある。夏になると朝の間はまだいいが、太陽がジリジリと照り付けて鉄板が焼けてくると、締め切った室内は非常に暑くなった。何時間も続けて実験していると頭がボーッとしてくる。研究部長の小野正三さんが、『せめて天井板を張れればしのぎよくなり

ます』とお願いしたが『暑いくらいのことは我慢せい！』と言って取り上げ
て戴けなかった。翌日小野さんから『今日から裸で実験するから君も裸にな
れ』と言われ2人とも猿股一つになり、実験の合間には番傘をさして屋根か
らの輻射を防ぐと、いくらかましになる。装置を運転するものは一段高い台
の上に居るので頭が屋根の鉄板に近く最も苦しい。丁度頭の辺りに寒暖計を
ぶら下げた。40度を指していた。社長が巡回して水槽に来られた。裸で傘を
さしている二人を見て妙な顔をしておられた。小野さんが『寒暖計を見てく
ださい』と言われた。その日の朝から寒暖計の読みを1時間毎に取ったグラ
フをお目にかけた。きちんとした服装の社長は『フーム』と言って汗を拭い
ておられたが、天井板を張るお許しがはじめておりた』

5　人物としての龍三社長

　龍三社長が最も深く責任を感じていたのは、事業を任せられた父君への責
任感でもあったのだろう。一任された航空工業の大事業を完成するために精
神を打ち込み、私事を顧みず趣味に生きる暇がなかったのはこのためであろ
うと察する。

5−1　商売上の教え

『ある地方の商人は余り過去に捉われず、良いもので安くさえあれば誰とで
も取引する、関東の人はそうは行かぬ。取引開始も軽々しくは行かぬが、一
度取引関係が付けば容易に変えない。関東商人を相手にする時には捨て金が
必要である』と。

5−2　厳父のごとく慈父のごとく

　1939年（昭和14）に入社した井上昌五郎は、3年後の12月に応召を受け、
中支戦線に赴き、戦地から季節毎に社長あてに便りを出し、無事元気なこと
を報告していたが、社長は必ず一々丁寧な返信をしていた。
　一従業員の前線からの便りに一々直筆で返信を書くという事は余程の慈父
心がなければ実行できない事である。井上は社長からの便りを、2度も3度
も繰り返して読み、戦友にも見せたという。

5-3　奥津慶一郎の思い出

清兵衛には支配人として、龍三には取締役として寄り添った奥津の言葉である。

……（前略）……翁と私の交渉は、川西商店を株式会社に変更した時に始まり、1926年（大正15）名港倉庫株式会社が創立され、翁は社長であり、私は支配人であった関係上、色々な面で相談する機会が多く、又昭和毛糸が設立されて、翁の名古屋出張が益々多くなったことも、翁と相語る機会に恵まれた。

龍三社長を語ろうとすると、翁との比較をして見たくなるものである。

実業家としての龍三社長は、これ悪戦苦闘の一生であり、また失敗の歴史であった。

何故に、その畢生（終生）の努力が実らず、失敗に終わったか。人によっていろいろと見方はあろうが、私は社長が置かれていた支配人たる立場と独裁的性格にあると判断する。

川西機械や川西航空機の如く大きくなると組織の力か、人物の力を利用して運営する他に途が無い。

しかるに、急に膨張した会社であるから、組織を確立する時間がなかった。しかも社員も少なかったのであるから、失敗するのは当然である。もしも戦争さえ起らなかったら、川西航空機は順調に発展し、社長は成功者として世の称賛を受けたであろう。戦争という不可抗力の出来事により、会社は官の支配下に置かれて社内の統制を失い、ついに四分五裂、かくしてその能力低下の責任を社長が負わなければならなかったのである。

戦時下にあっても、組織が確立しており、要所々々に人物を配置していたなら、あのような悲惨な混乱状態には陥らなかったのではあるまいか。

独裁者には、自分の力を過信する欠陥がある。自分の力を信ずるが故に、組織によって仕事をしようとしない。形の上では組織があるように見えても、責任者を差し置いてその部下の意見を直接聞くようでは組織が無いのと同じである。独裁者は平気で、この組織破りをやるのが常である。川西社長もこの欠点を多分に持っていた様である。

　独裁者の掛かる行動は人物の育成を妨げる。知能勝れた独裁者は人を養わずしてただ周囲の人の能のみを用いる傾向ある事は織田信長においても明らかである。即ち本能寺の煙と消えるや、あれだけ沢山の一族を持ちながら、後を守るに足る人物がいなかったのである。

　龍三社長は、算盤を取っては関西の第一人者、しかも知識に至っては技術上のことに至るまで凡人の及ばぬ蘊蓄（知識）を持っていたので、人物の育成を怠ったのも無理はない。……中略……川西社長が日本の航空界に残した足跡は大きく大東亜戦争史と共に長く正史に残らん。終戦後世界の情勢は変転し、再び航空工業が我が国に隆盛を極めんとする時、一陽来復の春待たで（待たずして）会社の将来を案じながら、梅と共に散りし事は誠に遺憾の極みである。謹んで一句を捧げる。

　　『月まだし　匂い残して　梅散りぬ』

5 - 4　側近者の龍三評

（1）坂東舜一の言葉

　坂東舜一は川西龍三と慶應義塾で５ヶ年机を並べて下宿も共にした。卒業してから約20年間、川西家の航空事業に参画した。その後の20年も学友として或いは親友として交友を続けてきた仲である。

　一番身近で、長期に付合った坂東だからこそ忌憚なく、簡単に淡々と述べている。

『日本の航空界が、本当に幼稚な1918年（大正７）から、率先して航空事業に着目、投資し、自らその経営に当たられたのは、御尊父川西清兵衛氏その人である。

　その意思を厳重に継承されて、一生涯航空事業と取組み、しかも単独資本で、この難事業を完成させられた努力と事実は、日本の航空を語る時必ず俎上に上がるものであり、燦然とその功績は輝き永久にその光を失うことはないであろう。

　時には、航空路開拓のため輸送事業を経営したこともあった。最後に日本海軍の協力を得て川西航空機株式会社を創立するに至ったのである。以て如何に困難なる事業であったかを物語るに十分であろう。

以上は終戦までにおける経緯であるが、終戦後その事業の再起のため努力された川西龍三氏の意思の強靭さについては、密かに敬意を表するものである。

　　　要するに　川西龍三氏は
① 大資本家の令息でありながら実によく働く人であった。
② 無駄な費用は絶対に使わない人であった。
③ 毛並みの良い生まれ性の人の常であるが腹を割って、偉方に話が出来なかった為に多分に損をした人であった』

（2）人情味あふれた人柄

　加藤一雄（元アキツ自動車販売株式会社社長）の回想録から紹介する。
「1944年（昭和19）の夏でしたが当時私は食糧に関係し、鳴尾工場の地下で毎日1万4、5千食の昼食を補給しておりました。昼食時4、50分の間多数の人を地下に集めておくことの危険を感じ、昼食を握り飯に改め、各職場に配給することを上申し、別に意見もなくよかろうという事になりましたので、食糧がだんだん乏しくなる時でもあり、人の手で握ることの非衛生も深く考えたのですが、目をつむって決行したものの各職場から非常な非難を受けました。数日後突然社長から呼び出しがあり、直接社長室へ呼び出されたことは一度もなかったので、「握り飯のことだな」と直感しました。考えに考えた末、多少の非難は覚悟で決行した事でしたので、叱られるのは承知で伺いました。

　社長から開口一番、『君は従業員の昼給食を握り飯にしたそうだが、栄養不足になったら如何する』と言われた時、返す言葉もなく、しばらく首垂れて威圧を感じましたが、『1万数千人の人員を約30分から1時間地下の食堂へ集合させて、万が一、突然爆撃等があった時、混乱のため多くの人を傷死させる訳にはいきませんし、そのような事態が起こった時の責任者は誰になるのかお考えください』と言葉を返しました。社長は体を窓の方へ斜めに向けて、考えておられましたが、非常に不気味な沈黙が怖いと感じました。

　私は言葉を返しすぎたのではないかと思い非常な不安に襲はれました。向きなおられて優しい言葉で、『良くわかった、なるべく副食物に栄養のあるものを付けてやってくれ』と言われました。私はほっと胸を撫で下ろしまし

た。自分としてあれほど考え自信を持って行ったのに、偉大な社長の前に出ると誠に他愛もなくびくびくしたものでしたが、優しい言葉を掛けられてみると、一度に気が楽になりました。その後当時の食糧事情について種々質問があり、知っている限りの説明をしました。社長の顔が段々和らぎました」

6　家庭の美しさ

　龍三に対する多くの人々が異口同音に言うのは川西家の家庭の美しさである。

　医師の友国明和病院長は川西家を訪れる度に家庭の美しさに感銘し、誰かに話すと皆が同様に感じていて、人の心は皆一つであることを知った。ご夫人は、しみじみと言われたという、『若い時から本当に仕事々々で苦労して、趣味なんかに没頭されませんでしたね』と、この話を聞いた友国は、目頭がジーンとしたという。

7　親孝行の一端

　1940年（昭和15）の夏のことで、元川西倉庫の監査役であった生駒興三郎の話である。

　ことに母親（ふさ）刀自の日常については非常に心を配り、刀自は何時も『あれは本当によくしてくれました』と述懐されている。

　1953年（昭和28）3月慈母〝ふさ〟が急病になった際、多くの医師が総力を挙げて数か月奮闘し、ついに危機を回避出来た。

　常に病床への細かい配慮は御孝心の程を事細かに感じられ、家族の温かい看護が担当医師まで沁み透るようである。こんな薬はとても日本では急に手に入らないと思えるような薬を、スイッツル（スイス）に打電して航空便で取り寄せる以外方策なしと社長に進言し

左より、甫、龍三、敬子、美栄子
（川西龍三追懐録）

御自慢の獲物（川西龍三追懐録）

た所、躊躇することなく航空便で取り寄せ、またドイツからも取り寄せて以後、難しい治療を悔いのないように続行することが出来たのである。

8　趣味、龍三は〝釣り〟

龍三の好きなことと言えば上京の際、暇を見付けては歌舞伎座をのぞくという程度で、唯一の趣味は魚釣りくらい、漁師をよくかわいがっていた。

日本毛織の太田威彦社長も龍三社長と釣行している。双方共なかなかの天狗で、事実腕前は本職の漁師より少し上手かなと思われるほどであった。2人の獲物は何時もほとんど同じで、向こうがサワラを5枚あげるとこちらも5枚というところである。

9　龍三と〝酒〟

酒はなかなか強く、全く酒豪中の酒豪とも言えるだろう。太田威彦によると、8時を過ぎても宵から飲み始めた酒が中々身体に回らなく、別室に落ち着き、対酌である。女中に銚子を10本ばかり一度に持って来いと命じ、差し向かいで肴なしでよく飲み、3時間も4時間も粘って一夜に4、50本もあけたこともある。

当時の酒豪連は胃潰瘍とか肝臓をやられて、早く世を去ったが、龍三は最も惜しい人であった。龍三の寿命を縮めたのは酒の罪ばかりとは言えず、事業に対する龍三の執心も災いしたというべきであろう。

余話2－2　関東大震災の支援　後藤勇吉

航空輸送会社が最も花々しい活動を見せたのは、1923年（大正12）9月の関東大震災時の支援活動であろう。

東京の17新聞社のうち、焼失を免れたのは東京日日（毎日新聞社の前身）、

報知、都の3社だけだった。通信は途絶え、東海道線など鉄道も各地で寸断され、東京から情報は入らない。黒煙天に沖すという惨状を見た人たちからの情報により、帝都全滅という号外が飛んだ程であった。流言飛語のなかで、実情を知ることは極めて重要である。

　この任務を果たせるのは関西の航空輸送会社だけであった。

　新聞各社は鉄道を乗り継ぎ、船便などで多数の記者を東京、横浜方面に派遣したが、東京日日の奥村編集主事（後の社長）は飛行機の利用を指示した。

　日本航空の横廠式水上機2機を使い、後藤機に朝日新聞の木村亮次郎記者、阿部機に毎日新聞の前田三喜男記者を乗せ木津川飛行場から午後零時50分に飛び立った。

　朝日の乗った水上機は、静岡県の江尻上空でエンジンが故障して袖師松原の海水浴場に不時着した。阿部機は同時に着水して後藤機に乗っていた木村記者を移乗させた。

　午後6時半、三浦半島を望み横須賀市は海軍重油タンクが爆発して、黒煙高く横浜の空に及んでいた。　市内は数十か所に火の手が上がり横浜市も、灰塵に帰したようであった。遠く東京を望めば空は薄紅色に輝いて炎は天を焦がしていた。飛行機はその惨憺たる光景を眼前にしながら極力着水点を求め、午後8時頃品川第6台場付近に着水し、通りかかりの避難民の船に記者は同乗して10時品川の海岸に上陸した。すっかり夜であった。

　飛行機にとって、まさしく活躍の場であったが、陸上機格納庫は、焼け落ち、唯一活躍出来るのは水上機のみであった。

余話2-3　快男児　海江田信武

1　操縦士　海江田信武の碑について

　1905年（明治38）1月、鹿児島県で生誕。1936年（昭和11）6月、航空事故で殉職するまで、川西機械製作所から川西航空機を通じて優秀な操縦者として勤務した。

　海江田の慰霊碑は、西宮市満池谷墓地（2区34号）に、ほぼ南面して殉職した大阪湾今津沖を眺めるかの如く建っている。

2　海江田のエピソードなど

　海江田信武の一生について纏まった文献等は無いようだが、「航空開拓秘話」等から要約してみた。

①90式3号水上偵察機の第1号機が1931年（昭和6）10月に完成し、同月16日に試験飛行を行ったときに発生した空中火災事故のエピソードである。

　当日、テスト・パイロットの海江田操縦士が操縦、設計部技師の長島喜三郎君と海軍技手の田中潤二君とが同乗し午後3時半ごろ当社前の水面から離水し大阪方面に飛んでいたが、高度3000mに達したのち高度を、1000mくらいに下げたところ、突然発動機から発火し、操縦席付近が燃えはじめた。

　海江田操縦士は二人の同乗者をパラシュートで脱出させた。長島君のパラシュートはいったん開きながらフックの箇所が外れて、長島君は石のように西淀川区西島町の神崎川支流堤防下に墜落、無残な即死をとげた。田中技手は無事着陸した。

　一方、機上の海江田操縦士は、このまま飛行機を放棄して脱出すると大阪市上に墜落して人家に危険を及ぼすと判断し、燃える操縦席から乗り出して立ち、片足を操縦席に入れて操縦桿を前後左右に蹴りながら空中滑走して当社前面の海上に着水した。

　その間に火は消えたが、いつ燃料タンクが爆発するかわからない危険の中を、勇敢にも操縦して着水したわけである。

海江田信武
（海江田アルバム）

海江田信武之碑
（平成22年4月3日、筆者写す）

　上陸してきた海江田君は左手と左足は皮ズボンもろとも火傷して、すさまじい姿だったが、そのまま私（坂東舜一）の前に来て状況を報告した。その沈着な処置は航空界一般から称賛され、事故発生原因もつきとめられて、本機が昭和7年まで20機生産され、海軍に納入されている（以下略）

②　（前略）海江田氏は御飯の炊き方がうまいと評判であり、途中で蓋をとってはならんとか、なかなか面白い。近くの仏湯に行き、女湯が見えると指を向ける。これだから仏湯が忘れられないと、相当な紳士である。

　爵位のある海江田侍従の息子とか、若さが何もかも面白くしている。（中略）11試中間練習機も出来上がり、海江田氏によって試験飛行があった。

　試飛行が何日かあって、（中略）風洞の屋上から見て写真も撮った。

　日常と少しも変わらない作業と思われ、金属プロペラの良い音であったが、突然パーンとエンジンの止まる音がした。数人が海岸の方へ走って行く。（以下略）

（前略）川西日本航空は、昭和4年に一切の運航業務を日本航空輸送に譲渡し、数多かった操縦士、機関士、整備員は他に転じ、海江田さんだけがテスト・パィロットとして川西航空機に残留していた。（中略）小柄で色浅黒く引き締まった顔、大きく丸い眼、江戸っ子らしいスマートさ等が印象に残る。

　当時のある新聞の記事は「豪胆なる紳士」という大きな見出しをつけた。

　優れた腕を持つ一面、茶目っ気も多かった。（中略）鳴尾競馬場から電話で「スタート直前に近くを飛ばれると、馬が昂奮するから遠慮して欲しい」と苦情を持ち込まれたとか、市街地で急降下をやり、後は低空飛行で急に姿をかくし、「そら、飛行機が墜落したぞ」と市民を騒がせたとか（中略）。

　西宮市満池谷墓地に「海江田信武之碑」と横書きの衝立式の碑がある（中略）上下翼に大きな蝶をあしらった碑面の図柄は、信田五平次さんの弟の信田洋氏作と聞いている。飛行家の運命として、「華やかなれど、命短し」を寓したのだと誰からか聞いた。（以下略）

（出所：航空開拓秘話　古河滋）

　以下、大阪朝日兵庫版6月18日新聞記事から抜粋した。（漢字以外旧仮名遣いで表記）

当たった霊感　坂東専務暗然と語る

遭難した海江田飛行士を弟のように愛していた川西会社坂東専務と遭難の
因縁話

（中略）さて出勤しようと着かへ中それまで晴れた空に心地よく轟いていた
爆音がパタリと止まった、こんなことは高等飛行の際はエンヂンをスローに
したりするので珍しいことではないのは百も承知のところではあるが、妙に
この時ばかりは『しまった』と海上を見るとダイヴする飛行機一機、銀翼が
それこそ流星の如く一本の銀線を引いたように海に向って引かれたのを瞬間
に見たような気がした（中略）電話にかじりつき事故の有無より『海江田は
無事か』とどなったという。坂東氏には海江田、太田両テストパイロットの
うち飛んでいたのは海江田飛行士となんの理由もなくピンと来たという。坂
東氏は霊感というのでしょうかと暗然としていた。

宝塚ホテルの談

海江田飛行士がながく滞在していた宝塚ホテル支配人は（中略）『海江田
さんはこのホテルにもう二年半もお滞在でしょう、ほんとにお仕事に御熱心
で、たまのお暇の時は大変御好きな蓄音機をかけて静かに聴入ったり　お天
気のときは写真機いぢりなどしておられました、物静かな紳士でサーヴィス
係などにも大きいお声をお使いにならぬくらいでした』

時々、散歩中を歌劇の生徒が見て騒いだという話もあったようだ。

余話2－4　　生産力増強の方策

1　生産の背景と戦況・消耗

無謀と言える大戦争に突入したが政府、陸海軍部の対処計画は如何？

開戦11ヶ月前の、第五次軍備充実計画会議において、井上成美海軍航空本
部長が、航空に主力を置くべきだと爆弾発言をしたが、無視された。井上が
纏めた資料では、1941年（昭和16）年度の国内生産能力は、戦時1ヶ年に必
要な約7000機に対し、約30％しか生産能力がなく、生産追加項目として、工
員＝55100人、技術員＝2350人、工作機械＝4210台の増加が必要であると推
算している。

　この資料によると川西航空機では、工具＝1800人、技術員＝800人、工作機械＝1520台が必要と出ている。このように不足だらけで戦争に突入したのであった。

戦況と消耗（海軍機のみを示す）

1942年（昭和17）年度
　　消耗＝2908機（珊瑚海・ミッドウエー戦線）
1943年（昭和18）年度
　　消耗＝6300機（ガ島・マーシャル戦線）
1944年（昭和19）年度
　　消耗＝10330機（マリアナ沖・比島沖海戦）
1945年（昭和20）年度
　　消耗＝5962機（沖縄特攻戦）
（注）消耗には、作戦消耗と自然消耗があり、自然消耗は、空輸中事故、訓練、離着陸時事故を含む（搭乗員練度低下も大きい）
　　　作戦消耗＝1に対し自然消耗＝1.7

生産増強の掛け声と実態

　前線の消耗に対し補充生産に必要な、原資が十分に有るかが問題である。
　アルミ地金生産量は、1943年（昭和18）時点で、アメリカ83万トン、日本＝15万トン。石油は、1941年時点で527.9倍の開きである。日本の占領南方地域からの原材料・石油の輸入も、輸送船の被撃沈量が急増し、1944年に入ると、月間喪失44隻19万トンと急増した。更に悪いのは、中央で陸・海軍部間の資材争奪会議を激しく続けている始末である。やっと1943年（昭和18）11月半ばに、海上護衛総司令部が出来たが、名称ばかりで参謀も3、4名という粗末な司令部が生まれた。やることが遅すぎるのである。
　これ等によって、増産拡充の掛け声だけでは、目標達成は無理であった。
（出典：「自伝的日本海軍始末記　高木惣吉著」「海軍戦争検討会議記録　新名丈夫　編」「大東亜補給戦」中原茂敏著他）

余話 2 - 5　戦中主要人物

1　清水三郎

京都大学卒

1944年（昭和19）鳴尾第一工作部工場

1951年（昭和26）甲南第 2 製造部長

1957年（昭和32）航空機製作所所長

2008年（平成20）死去　享年97

強度試験場係長の時に、清水が空戦時にフラップを 2 段階に出せる装置を考え、設計の仲清吾、田中賀之の 2 人と、空戦フラップ装置を開発した。

2　羽原修二

広島県福山市郊外で生誕。

小学校のころブレリオ機を見て、将来飛行機に関連する仕事がしたいとおもっていた。

（1）川崎造船飛行機部時代

1925年（大正14）学校を卒業。兵庫神戸の川崎造船所飛行機部に入社。ドイツ人のリヒアルト・フォークト博士の指導を受けエンジン艤装以外の設計について勉強した。

川崎ではドイツ・ドルニエ系統の金属機を手がけていたので、川西に入社後も金属製機体を設計するのに苦労が少なかったという。

（2）川西時代

川崎が岐阜県各務原に移転したので、1930年（昭和 5 ）11月川西航空機に入社。

（3）渡洋爆撃機（T.B.）

戦争がたけなわの1942年（昭和17）に陸軍で、日本を出発してニューヨークを爆撃し、偏西気流を利用しドイツに飛び燃料補給後、日本に再び帰ってくる T.B. が計画され、菊原の指導で羽原の第 4 設計課に命じられた。胴体は与圧構造を取り、エンジンも3000馬力を 4 基搭載、総重量70トンの予定で始めたが、官の都合で取りやめた。

（4）終戦後

明和自動車で三輪車を設計し、焼け跡の機械を取り出し修理して使用した。試作車を1946（昭和21）8月15日に完成し、販売第1、2号車を1947年（昭和22）3月28日に出荷した。これは生涯の感激であった。

航空機製作所に移り、技術部長、伊丹工場建設委員長、伊丹工場長、計画部長、企画部長等の要職を勤め航空機製造の基盤を固めた。

1970年（昭和45）4月退社。

3　徳田晃一

日本陸軍航空黎明期のパイロットで、我が国最初の航空事故犠牲者である木村・徳田中尉の名を知らぬものはないだろう。その徳田金一中尉の息子が晃一である。

東京の7年制の武蔵高等学校を経て1938（昭和13）東大工学部航空学科を卒業し、川西航空機に入社した。

1942（昭和17）、水力係で2式飛行艇のポーポイジング対策を振り出しに、木製大型飛行艇「蒼空」の設計途中で終戦を迎えた。

4　井上博之

横浜高等工業学校（現横浜国立大学）造船科卒業。

1937年（昭和12）4月、川西航空機入社

1945年（昭和20）9月、明和印刷所

1954年（昭和29）10月、航空機製作所技術部／開発部／設計部

1965年（昭和40）2月、航空機製作所企画部／企画室／所長室

1973年（昭和48）6月、技養所

（1）「紫雲」試飛行同乗転覆事故

「紫雲」は、1社特命により、試作命令を受けた最初の機体である。

1941年（昭和16）12月6日、試験飛行実施社内テストパイロット太田飛行士操縦、引込式補助フロートの考案者井上博之技師同乗で試験飛行を行った際、着水滑走中にフラップ（下げ翼）が故障して着水に失敗し、翼端フロー

トをもぎ取られて転覆し、機体が大破した。1943年（昭和18）に制式になったものの、全部で15機製作されたにとどまった。

（2）過労による眼底出血

1942年（昭和17）12月も押し詰まった頃、仮称１号局地戦闘機（紫電）が完成。設計を始めて１年足らずの驚異的なレコードだった。

菊原課長、井上技師、飛行課のテストパイロット乙訓操縦士が眼底出血で倒れた。

右目は比較的軽い症状であったが、よくなる見込み無しとの判断で治療は打ち切られ、1943年（昭和18）５月に職場復帰した。

（3）川西時代の正月

井上の日記から正月の思い出を取出した。

① 1938年（昭和13）

E13K１（12試３座水上偵察機）の 「一般負荷の算定」を３月末まで完了の必要あり。最終風水槽試験を促進中。一方で「強度試験方案」立案中。

② 1939年（昭和14）

目下空技廠飛行実験部で実験中のE13K１連絡のため平田技師と交替、追浜へ長期出張。予定よりやや遅れてE13A１（愛知製）到着。いよいよ比較試験に入る。

③ 1940年（昭和15）

新年早々E15K１（海軍高速水上偵察「紫雲」）搭載エンジン検討のため菊原主任と空技廠へ出張。〝ト号〟エンジンが幾分〝ヘ号〟よりも優位のごとし。

④ 1941年（昭和16）

E15の補助翼形式決定。

H8（二式）の実機水上性能改善で菊原主任心痛の趣なり。

⑤ 1942年（昭和17）

４日菊原主任のお宅を訪問、K−90（試作17試陸上戦闘機）につき論ず。N1K1（水上戦闘機「強風」）を陸戦に改装。５日より「計画説明書」作成。９日橋口部長、菊原主任は、これを携え航本へ説明に上京。

⑥　1943年（昭和18）

昨年秋以来過労のため、眼底出血にて長欠。Ｊが試飛行を初め、Ｊ改の設計で人手の少ないとき、全く休んでいる気持にもなれない。

⑦　1944年（昭和19）

Ｊ改試飛行はじまる。

⑧　1945年（昭和20）

元日、鳴尾分室拝賀式をすませ急ぎ仁川分室へ。全く戦争中らしい多忙の元日。不寝番当直。

5　宇野唯男

甲陽中学、桐生高工、1939年（昭和14）東京工大機械工学科を卒業。4月川西航空機入社、10月から海軍2年現役技術士官、即日中尉で航空技術廠に勤務、大尉を3日やって予備役となり、川西に帰社した。

（1）「紫電改」艤装設計

1941年（昭和16）帰社、動力主任を拝命、菊原部長の下で仕事をする。「紫電改」試作1号機が完成目前の、1943年（昭和18）暮れは、『3ヶ月くらい会社に寝泊まりした。設計室の机や並べた椅子の上に寝て、目が覚めたら図面を描くという日が続き、週に1回くらい帰宅し、下着などを取りに帰った程度ですぐに会社に戻った。「紫電」も「紫電改」も日程が極度に短く、設計から試作機完成まで1年足らずという短期間はきつかった』と語る。オイル冷却器、発動機架、オイルタンク、同配管、燃料系統、燃料タンクなど、動力艤装の設計を担当した。

（2）終戦直前のこと

川西が1945年（昭和20）7月、第2海軍工廠となり、宇野は甲東園の疎開工場で宝塚工場から持ってきた機械200台、2000人で飛行機部品を造っていた。

終戦の8月15日、建設中の工具宿舎を下見に行った。敗戦を知ったのは、夕方事務所に戻った時で、日本人は誰もおらず、海軍設営隊の朝鮮人徴用工が日本は負けたという。日本の敗戦を境に第三国の人となった彼らは、酒や食糧を持ち寄って戦勝祝賀会を開いて騒いでいた。

その晩、事務所に泊まって不安な一夜を過ごし、残された沢山の機械が心配になった。その夜海軍設営隊が襲われるという情報もあったが、朝鮮人のまとめ役の長老に管理を頼んで引上げた。朝鮮の人たちが年寄りを尊敬しているのを知っていたからだ。

　後日、進駐軍が機械を回収に来たところ、意外にもモーター一つなくなっていなかった。日頃、宇野が配給品を回してやったり、いろいろと親切にしたせいだと思っている。どんな時でも、どんな国籍でも親切にし合わなければいけないと彼は言う。

6　大沼康二

　福島県桑折町出身。中学は福島市で、横浜高工の造船科を出て、1936年（昭和11）川西航空機入社し、設計課に勤務した。

　97式飛行艇以降の殆どの川西製機体の設計に関与した。

　戦争末期に陸海軍協同開発のB－29迎撃用無線誘導ロケット「奮竜」の設計に参画し、富士山麓で第1弾の試射を行うはずであったが完成を前に終戦を迎えた。

7　馬場敏治

　川西時代は二式飛行艇などの設計をし、菊原の片腕と言われた逸材だが、戦中の詳細は分からない。

　戦後は1951年（昭和26）ごろ、立川の米軍基地で技術顧問をしていた時、立川に来たC－124グローブマスター輸送機に、フィプログラスという新しい材料が貼付されている。燃焼性の面では飛行機に最適とは言えないが、強度、防音性、軽量性の面では優れていることが分かった。

　1956年（昭和31）に日本飛行機に入社。

　新明和に関わったのは、1961年（昭和36）4月に、飛行艇開発本部の設計主任の第11班長兼任として参加した。

　日本飛行機は、PS－1飛行艇の基準翼、フラップ、エルロンの協力生産を行っている。

　馬場は『菊原さんはアイデアの多い人だった。1日たつと新しいことを考

えてきた。そういうクセをつけさせられ、バスや電車の中で考え込んでいる
うちに、乗過ごしてしまうことがよくあった』と語る。

　彼の逸話として、菊原が馬場、徳田を前に説明し出すと、馬場はよく居眠
りをしていたらしい。菊原が説明内容を聞くと、的確に答えたようで、徳田
は馬場の頭はどうなっているんだと驚いたとか。

8　田中賀之

　1940年（昭和15）神戸高等工業学校（現神戸大学）卒業、同年川西航空機
入社。

　1946年（昭和21）明和自動車。

　1953年（昭和28）明和自動車から新明和工業へ転籍、航空機製作所設計・
品質管理部などに在籍した。

（1）自動空戦フラップを考案

　自動空戦フラップについて、柳田邦男著書「零戦燃ゆ」の文中から、考案
者田中自身の証言を紹介する。

「空戦フラップとは、主翼後縁のフラップ（下げ翼）を、空戦時に速度（動
圧）と旋回の仕方（荷重倍数）に応じて、最も効率の良い角度に、自動的に
出し入れできるようにして、空戦性能を最高にするものである。

　戦争末期に戦闘機〝紫電〟及び〝紫電改〟に装備されて威力を発揮し、日
本航空技術の世界に誇り得る発明になった」

（2）不良機の解消

　1943年（昭和18）秋、田中は飛行場にたまった「紫電」を領収に持ち込む
役目を仰せつかった。真新しい「紫電」が100機近くも並んでいたがすべて
が問題を抱えていた。

　整備課技術係に配属された田中は、自動空戦フラップ装置を点検した結果、
原因は、指令装置の水銀槽内の、水銀が上部にあるフェルト外周の隙間を通
ってq（動圧）チャンバーに侵入し、揚げ電極を取り付けているハンダを溶
かしてアマルガム（水銀化合物）という合金のかたまりとなり、その一部が
水銀槽内に落ちたためであった。

　フェルト外周にゴムのりをつけて筐体との隙間をなくし、水銀が絶対に侵

入しないようにすると共に、ハンダ部にもゴムのりを塗って水銀に直接触れないような対策を行った結果、水銀の汚れが全くなくなり、自動空戦フラップのトラブルは消えた。

余話2－6　川西のテストパイロット達

　川西には、海軍技術廠飛行実験部に負けず劣らずの名パイロットが居たことを述べる。

（1）乙訓輪助

　1926年（大正15）志願・第14期飛行練習生、1928年（昭和3）、パイロットを志望して海軍霞ケ浦航空隊5分隊（戦闘機）で訓練に励み、1936年（昭和11）11月に川西航空機にテストパイロットとして入社。以後終戦まで強風、紫電、紫電改などの初飛行時の操縦桿を握り、新鋭戦闘機開発に貢献した。

　最古参での乙訓は勉強家で、よく設計室にやって来ては設計者たちと議論をした。豊富な体験からくる勘からか、例えば風洞試験の段階で乙訓が、『この飛行機はこうなるよ』といえば必ずそうなったと、設計者たちの信頼があった。

（2）森川　勲

　1924年（大正13）志願・8期飛行練習生。

　彼の教え子には、綺羅星の面々がいる。

　空技廠飛行実験部の益山光哉少佐、大村湾のポーポイズ実験を行った金子英郎少尉、2式大艇でハワイ空襲を行った橋爪寿男大尉、終戦時2式大艇を詫間から横浜まで空輸した日辻常雄少佐、飛行艇パイロットとしてはじめて海軍航空表彰徽章を授与された岡崎八郎善久飛曹長、同じくブーゲンビル島ブインへ医薬品を空輸した堤四郎少尉と河野清一郎飛曹長、24機の双発爆撃機「銀河」梓特攻隊をウルシー環礁へ誘導した小宮森正憲少尉、北出大太少尉、川西の同僚パイロット太田与助と岡本大作らは21期練習において、森川が受け持っていた練習生である。

　空技廠では伊東祐満少佐（後大佐）と肩を並べる名飛行艇乗りと呼ばれて、川西ではテストパイロットの要であった。

　1944年（昭和19）に入ると、早朝に水上戦闘機「強風」の飛行試験を済ま

せ、自動車で伊丹飛行場に駆けつけて局地戦闘機「紫電」の飛行試験、休む間もなく鳴尾飛行場まで帰り双発夜間戦闘機「極光」の飛行試験、最後に甲南工場沖に於いて２式大艇の飛行試験を行うように、目の回る多忙を極めた。

　森川の20年間にわたるパイロット人生は、「紫電改」で終わり、生まれ故郷で妻子の待つ香川県小豆島四海村に帰った。

（3）岡本大作

　日本大学・第４期海軍航空予備学生、1937年（昭和12）霞ケ浦海軍航空隊に入隊。就職契約先の川西航空機の要請により水上班に入る。

　佐世保航空隊では94式１号水偵分隊に配属され、呉鎮守府で召集解除になる。『お前は川西航空機に籍があり、会社の要望で召集を解いた。会社では人員が不足している、すぐ帰社して、航空機メーカーで大いに励んでもらいたい』と伝えられ、３年余りの軍隊生活であった。

左より太田与助、森川勲、川西龍三、宮原勲、一人おいて岡本大作
（昭和20年５月表彰式）

（4）岡安宗吉

　横浜高等工業学校、日本学生航空連盟から霞ケ浦航空隊に入隊、第３期海軍航空予備学生から森川と同様海軍空技廠飛行実験部から来たパイロットである。川西入社後、戦闘機に変わり、乙訓、岡本と共に「紫電」「紫電改」のテスト担当となった。

「物事を論理的に考える人で、飛行中のスコーク（squawk）や計測値の分

析に興味を持っていたようだ。「少し理屈っぽい感じがないでもなかったが、研究熱心な人だったと思う」と、田中賀之技師の岡安評である。岡安は終戦とともにキッパリ飛行機と縁を絶ち、郷里の栃木県鹿沼に帰って養鶏業を始めた。〝羽根があっても飛ばない〟という点で、岡安は鶏に共通点を見出したのであろうか。

余話2-7　異色の社員

　過重な労働に耐えて各社員は、日夜努力したが、その中の特異な人物を取出してみる。

（1）来栖 良
<ruby>来<rt>くる</rt>栖<rt>す</rt> 良<rt>りょう</rt></ruby>

　1919年（大正8）1月8日生誕。

　外交官である父・三郎と、米国人の母・アリスの3兄弟の長男としてシカゴに生まれ育つ。

　1927年（昭和2）に日本に帰国し、暁星中学校を経て、1937年（昭和12）に横浜高等工業学校機械科を1940年（昭和15）3月に繰上げ卒業し、翌4月に川西航空機に入社し設計部翼係に配属となる。

　1941年（昭和16）1月、陸軍第8航空教育隊に入隊し、航空工学を専攻していたので、予て志望のパイロットを目指し、熊谷の陸軍飛行学校に入学。1944年（昭和19）1月に卒業し、飛行分科「戦闘」のエンジニア・パイロットとなる。

　川西時代は1年弱の短い期間であったが、テストパイロットの岡本大作とは気の合った友達であった。その頃、岡本は、本業のテストパイロットのほかに、勉強のため設計部研究科に籍を置き、〝強風〟水上戦闘機の性能検査などを手伝っていたので、隣りのセクションの来栖とは仲良くなった。ともに独身で、同じアパートということから三宮のスタンドバーへよく飲みに行った。勿論費用は岡本の航空手当てが2人の酒代である。

　ある日、バーで飲んでいたとき、来栖が「今しがた、ニュース映画で親父に会ってきた」と言った。「それは良かった」と岡本が返事をした。このやりとりを、そばで飲んでいた地元新聞の記者と称する男が聞いていたらしい。「特派大使の息子だと大ぼらを吹いている男がいる。外人のようだ」と駐在

所に告げ口をした。来栖は連行され詳しく取り調べを受けた。事情が分かって釈放され、バーに戻るとその男がいた。頭に来た来栖は、殴る、蹴るなどの大暴れ。岡本は来栖の心情を思い、「大いにやっつけろ」とけしかけた。彼は殴りながら目に一杯の涙をためていたという。

　美人薄命というように美男子の来栖も短い生涯を閉じることになる。陸軍航空審査部飛行実験部戦闘隊において、超ベテランパイロットと肩を並べ、各種実験の職務に当たりアメリカ生まれの語学力を生かし、B－29の英語マニュアルの翻訳も行っていた。

　1945年（昭和20）2月17日、航空審査部は関東地方攻撃に16日から初襲来したアメリカ海軍の艦載機を迎撃するため、当時技術大尉の来栖は四式戦「疾風」に搭乗して交戦し、1機を撃墜したことを報告した。

　2度目の迎撃時、乗機「疾風」の駐機場所まで誘導路上を歩いていたところ、同じく迎撃のために急発進した僚機のプロペラに接触して事故死した。

　来栖は外交官を父に持ち、航空審査部という先端組織に勤務する技術将校として戦死したため大々的に報道された。来栖の家族には陸軍の配慮もあり「迎撃戦闘時に被弾負傷、帰還後に死亡」と公式発表された。

　死後、陸軍技術少佐に特進し、部隊葬が来栖の家族と航空審査部の一同が列席して行われた。墓碑には父の三郎によって〝平和な時は、息子が父を葬り、戦争の時は、父が息子を葬る〟という古代ギリシャの歴史家ヘロドトスの言葉が刻まれた。

　戦後のエピソードとしては、進駐軍が長野県軽井沢町にある来栖家の別荘を訪問し、将校が軍服姿の来栖の写真を見て、母・アリスに「戦死したのは気の毒だが、これも日本軍の犠牲だね」と話すと、アリスは「息子が祖国のために戦い戦死したことを誇りに思います」と答えた。将校は写真を再度見て「いい男だ」とだけ述べて立ち去ったという。

（2）宮原勲

　宮原は、戦後「川西モーターサービス部」を立ち上げた経営者のうちに入るが、そこに至る経緯が特異なので紹介する。

　1906年（明治39）に海軍機関中将・男爵宮原二郎の二男として生まれる。

宮原二郎は、宮原式水管缶（ボイラー）の発明者で日本海海戦の連合艦隊主力艦に宮原式ボイラーが搭載され勝利に貢献したのはよく知られている。

宮原勲は飛行機の勉強のためイギリス・グラスゴー大学に留学し、機械科で飛行機を学んだ。その折に太平洋横断機「さくら号」のことが新聞に出て川西を知った。

折から川西は海軍指定工場となり90式飛行艇を自社製作するためイギリスの飛行艇メーカー、ショート・ブラザーズ社と技術提携したところなので、日給1円50銭の工具兼通訳として雇ってもらい、大学教授の令嬢と結婚して夙川の大邸宅に住み、工具として通勤した。戦闘機「紫電」の頃は、複雑な引き込み脚の整備には苦しんだ。飛行機場内に泊まりこみ、夜は12時、1時まで、若い従業員たちと共に油にまみれた。整備課を20の班に分け、特配の酒・砂糖などを賞品にして、競争で仕事を急がせた。

戦後川西龍三社長死去の後、専務の古河滋、常務の河野博、の3人によるトップ会談により、社長は置かず取締役2名を加えた5名の合議制で行くことになった。

白洲次郎、宮原勲、横河金三郎の3人は友人関係で、3人が米軍（横須賀）のスクラップヤードに行き、宮原が米軍用ダンプ（シリンダーを含む30台分）の部品を購入し、いすゞのシャーシーに装着し、川西式ダンプとして売り出し、川西ダンプの始まりとなった。

（3）南都雄二（2式大艇設計係）

夫婦漫才で有名なミヤコ蝶々と南都雄二が司会する「夫婦善哉」は視聴者参加型のトーク番組の草分けで、ラジオからテレビに引き継がれ、1975年（昭和50）まで続いた。南都雄二は1973年（昭和48）に49歳の若さで死亡した。

芸能人として、夜の豪遊が語り草になっている「キタの雄二（南都雄二）か、ミナミのまこと（藤田まこと）、東西南北（藤山寛美）」で、有名な愛称「雄さん」こと南都雄二の回顧録を紹介する。

本名　吉村朝治。1924年（大正13）大阪市に生まれ。1941年（昭和16）に大阪電機学校（現在の清風学園の前身）を卒業し、川西航空機へ入社した。戦後、ミヤコ蝶々と結婚し、上方漫才師として活躍した。

　1959年（昭和34）のある日、南都雄二、ミヤコ蝶々が菊原静男を訪ねて来た。

　一寸縁のなさそうな話だが、南都雄二は戦時中、設計の井上博之の下で働いていた。

　大変懐かしがって当時の思い出を菊原らに語ってくれたとのこと。

　南都雄二が学校を出て始めての勤めが川西航空であり『どうも方面違いへ行ってしまって』との述懐に、菊原曰く『君も一流芸能人の一人になったんだから、結構じゃないですか元気でやって下さい』と激励した。

　彼が、文芸春秋1970年（昭和45）12月臨時増刊『太平洋戦争　日本航空戦記』に当時を述懐した下記の文を投稿している。

　『私が川西航空機へ入社したのは、太平洋戦争（昭和16年12月8日）の始まる1年前でした　……中略……私が配属されたのは、設計係でした。航空機の設計といえば、胴体係、翼係、装備、それに研究係等に分かれております。私はその研究係でしたから、直近の飛行機を設計するのではなく、3年〜5年後の機種をつくる仕事なので大変のんびりしておりました。まず、実物の50分の1〜20分の1の模型の木型を作る三面図を書く仕事で、風洞実験、水槽実験用のものでした。その資料は、すべてアメリカの航空雑誌によるものでした。

　私の隣の部屋が装備係で、トイレへ行くといつも装備係のA君が、大便所から出て来るのに会います。あるときは、鉛筆と定規を持って出て来るA君に会いました。不思議におもって、そのA君の仕事机をのぞくと、機内の便所の改造の設計で、便器、トイレットペーパーの設計をしていたのです。

　戦争がはじまり、私は二式大艇の製作の一部分を受け持っていました。5時の退社時間が、2時間残業する程度でした。月給は80円ぐらいだったのが、戦争が始まってから、残業手当等で110円ほどになりました。

　独身の私たちの小遣いは十分ありました。そのころ、私の同室に2人の友人ができました。一人は7歳のときに渡米して、ニューヨーク大学を金メダルで卒業し、入社した松永弘で、殆ど日本語は忘れておりました。

　今一人は当時のドイツ大使・来栖三郎氏の子息の来栖良君で、彼は横浜育ち、お母さんが米国人のため良君の顔は、ゲイリー・クーパー、ロバート・

テイラーをミックスしたような美男子で、会社の女の子の人気のマトでした。

　私はそろそろ仕事をさぼることをおぼえ、町医者にたのんでニセの診断書（肺浸潤）を書いてもらって提出し、長期欠勤して遊び回っていました。悪いことはできないもので、憲兵隊指定の医師の診断書以外は通らなくなり、私の仮病がばれる日がきたのです。憲兵隊監視のもとに私は診察されました。私をはじめ、悪友どもはいよいよ嘘がばれるのでハラハラしていました。ところが私の病気は本当の肺病だったのです。一番驚いたのは私で、憲兵から、今後もっと静養してよろしいといわれたとき私は、ヘナヘナとその場に座り込んでしまいました。

　そのころ初めて、日本上空へグラマンの戦闘機が飛来し、これを見て松永君が「あっ、これで日本は負けた。なぜならアメリカの自動車会社がこれから飛行機のマスプロにすぐのりだせるから」といったので、非国民とののしられた思い出がありますが、彼には先見の明があったのです。

　来栖良君は戦死、松永弘君は戦後通訳として活躍していましたが病死、奥さんのやつれた顔が目に浮かびます。惜しい人を失ったものです』

　この投稿文に対して「南都雄二に物申す」と元同僚で後に新明和の部長を務めたOBが、新明和社内誌1971年（昭和46）2月号に一文を載せているので紹介する。

『あなたの筆になる「2式大艇の設計係」を拝見しました。確かに貴君（本名：吉村朝治）はその頃川西航空の設計課研究係に属していました。しかしその時分の研究係は、貴君のいうように「大変のんびり」もしていませんでしたし「資料はアメリカの航空雑誌によるものばかり」でもありませんでした。

　現存の資料によっても、当時（乙種）工業学校卒業生の日給月給はせいぜい40円で、かりに100時間以上の残業（のんびり屋の貴君はおそらく、残業などしなかったと思うが）をしても合計75円くらいで、貴君のいう110円などとてももらってはいません。

　ニューヨーク大卒の松永君が「日本の空へグラマン戦闘機が飛来したとき、これで日本が負けた、といって非国民とののしられた」事実もありません。今は亡き松永君のためにも、今は有名なタレントさん南都雄二の無責任放言

に、いささか義憤をさえ感じます』

　話は私事になるが、入社直後のUF－XS実験飛行艇の主翼設計図面作成が終わり、PX－S対潜飛行艇開発が開始され、東京の開発部分室（国鉄本社横の交通公社ビル9階）で菊原設計主任や徳田部長から、指導を受けて、図面サイズが2m以上になるPX－S風洞試験模型の線図（三面図）を書いていた。その頃誰ともなく、『原田！　三面図ばかりを画いていると、南都雄二みたいになるぞ』とよく言われたことがよみがえる。

余話2－8　姫路空襲体験記　竹本忠雄

　……前略……　鳴尾工場に居たが、末久さんに、やや強引に姫路製作所に引張られた。

　鵜野の組立工場が次第に整備され、海軍の兵舎、防空壕も増え、北条線法華口から従業員が通った。

　深残業、徹夜が続き事務所の2階に寝泊まりして、3ヶ月間帰宅できないほど忙しかった。

　川西のテストパイロット（乙訓輪助）が常駐していた。ある時、パイロットが「どうも主翼の出来が悪いようだ、一緒に乗って見てくれ」と言った。単座の飛行機にもう一人分の余積は無いのでパイロット座席を前方一杯に持って行き、その後ろに無理やり座ったが、何かあったら即駄目だと思った。主翼外面の平滑度を確認するため毛糸を貼付けて「気流糸試験」を行った。後に座って隙間から翼上面を見ていると僅かの旋回で、毛糸が棒立ちになり、後方に流れず前方に流れ、翼外板も波打ちが大きく見えた。着陸後、外板を点検すると張りが弱いためかペコペコする。外板交換、リベット打ち直しなど大騒動した。昭和20年6月22日姫路製作所が空爆を受けた。当日朝早くから日本の偵察機が上空を旋回していた。5月11日には甲南製作所、6月9日には鳴尾製作所が空爆されていたので、会社幹部は、近いうちに空爆があることを予感して、工場東側の市川の川原に応急的に避難退避壕がいくつか作ってあった。6月22日の爆撃では、1トン爆弾が多数落ちて、逃げ惑ったが上空を見上げながら走るから足が進まない。爆風が来て2〜3回3m以上吹き飛ばされ転倒しながら川原まで逃げた。爆撃の後はグラマン戦闘機が機銃

掃射をして、動くものは何でも撃ってくる。惨憺な被害で、繊維工場の華奢
な作りのレンガ建ては爆風による崩壊が大きく、工場内四隅にあった監視壕
（１人しか入れない）に入った者は全員が死亡していた。72～73人死亡し、
この日は社長も会議で来ていたのである。

　６月22日～８月15日まで、疎開工場・下請け等が播但線、加古川線、福知
山線の沿線にあり、市場では胴体を、福知山では主翼を作っていたのでよく
通った。徴用工、女子挺身隊等の面倒、工事の進捗確認、部品の運送などに
走り回ったがよく身体が持ったものと今もって思っている。

　平成25年（2013）７月に、予てから念願していた愛媛県愛南町に展示して
ある海底から引き揚げられた「紫電改」を見に行ったが感無量であった。
……以下略……

余話２－９　チモール航路開拓（97式大艇）

（出典：航空朝日　昭和16年３月号）

　予てから、大日本航空会社海洋部は、既存の横浜～南洋委任統治領パラオ
航路の南方ポルトガル領チモール島デリーまでの航路開拓を計画し、1940年
（昭和15）10月、日・ポ両国の交渉が成立した。

　1940年（昭和15）10月22～23日、第一回往復試験飛行実施し、４発旅客飛
行艇「綾波号」（Ｊ－BFOY）を使用して、パラオ（発07：08）～デリー（着
16：35）全行程2500km、９時間27分、平均速度＝277km/h で成功した。

　12月18～21日、第二回往復試験を「綾波」（Ｊ－BFOZ）機で、翌1941年
（昭和16）１月23～26日、第三回試験飛行を「漣」（Ｊ－BFOY）機で実施、
以後、概ね月２回の飛行を行った。

　第三回目の飛行には、飛行連絡・中継用に、警戒船（「南栄丸」と「ぬし
丸」）を配備した。

　折から、カンタス航空もショート・エンパイア飛行艇を以て、シドニー～
ポートダーウイン～デリー～シンガポール線を開設したので、西太平洋・豪
州間は、日米英による旅客飛行艇運航競争になった。

　「大日本航空」の横浜－サイパン間2610km、サイパン－パラオ間1570km

と合わせて、約6700km の太平洋縦断航空路が形成されるはずだったが、その頃から、日米間は、戦時色濃厚であったが、1941年（昭和16）11月29日、デリーを出発して日本に向かったその10日後には、太平洋戦争に突入してしまった。

余話２−10　２式大艇セイロン島軍港レーダー偵察

　1942年（昭和17）９月19日、インド東方のセイロン島（現スリランカ共和国）のコロンボ港を２式大艇でレーダー偵察を行った。

　搭載レーダーはH−６型で、同年８月に完成したものである。

　スマトラ島ジボルカ基地から、コロンボまで2220km である。午後７時30分に離水。敵のレーダー網をくぐるため、高度を100〜200mに下げ、日の出午前９時30分までに、接近しなければ、確実な偵察は出来ない。夜間雲中のため天測が不能なため推測航法である。予定時刻になっても島が見えないので、電探員に電探測距を命じると、「セイロン島110km」と報告があった。

　電波反射が一番強い方向を探って機首を向け、距離60km まで近づき、一旦南西に偽航路を飛んで、北上する。ドンドラ岬灯台が視認されたので、間違いなく北西方向にコロンボ港がある。午前６時降下に移り高度700mで雲の下に出ると、港は灯の海である。12cm 双眼鏡で見ると、重巡１隻、軽巡２隻、その他駆逐艦で、戦艦・空母は見えなかった。

　港の上を一周して、帰途につく。

　後方の見張りをクルーに命じ、高度4000mでセイロン島を横断し、海岸線を離れたところで、錫箔テープを散布させて、高度を下げ一目散でジボルカに帰投した。

　これが日本海軍最初のレーダー索敵であった。２式大艇の艇内容積が大きいので、電探機器類の装備・整備もやり易く機材性能が高く維持できたのが本偵察行の成功だったともいえる。

２式輸送飛行艇「晴空」の活動

　1943年（昭和18）〜44年初めにかけて、孤立したラバウル基地に残された、飛行機搭乗員、整備員、電信員等を救出するため延べ15機が、敵制空圏下を

冒して、サイパン〜トラック中継〜ラバウル基地を夜間に往復し、１機あて
40名、計600余名を救出し、以後の海軍作戦に寄与させることができた。

余話２－11　94式水上偵察機の無線操縦

　今、流行のドローン機の先駆けとも言うべき、無人完全自動操縦機に、94
式２号水偵が使われたことを要約しておく。

　一般に伝聞されていない事柄である。

（出典：「航空技術の全貌　第６章　航空機用計器及び自動操縦装置の研究」）

　1937年（昭和12）秋ごろから無線操縦航空機の研究が盛んになり、海軍空
技廠においてドイツ・シーメンス社製電気式自動操縦装置を購入して研究・
実験することになった。

　本装置は方向舵、補助翼、昇降舵、及び発動機の制御装置から成り立って、
三舵は油圧式操舵器により制御されるものであり、これに無線信号授受機器
を付加し、94式２号水偵機を実験機として使用した。

　元来航空機の発進と降着は熟練操縦士でも相当に注意を要する操作である
ため、無人操縦の研究実験の大半は、自動発進及び自動降着装置の完成に多
大な努力を費やした。実験機は水上機であるため、発進はカタパルトによる
射出時の衝撃で働く衝撃スイッチを用い、この作動から関連機器の作動に繋
がるものとした。自動降着装置は、自動着水命令を出すと、空中アンテナが
75m自動的に垂下し、受信信号により機体の降下率が約２〜３m／sにな
って、緩徐に降下姿勢になる。垂下アンテナ下端の重錘が水面に接触し
て、その衝撃でスイッチが入り、機体速度を60ノットに調定し、着水警
報後約40秒でエンジンを自動停止することとした。

　これ等の装置・機器類が、いかに適正に作動するか、見極めるには操
縦士が何回も搭乗し生命を懸けて観

カタパルト発射直後（３座に人影がない）
全体が赤色に塗装してある
（「航空技術の全貌（下）」原書房より転載）

察する必要があった。

　1940年（昭和15）９月、青森県陸奥湾で無線操縦実験を行い、発進から着水までを完全に成し遂げた。軍艦「沖ノ島」（敷設艦4000トン、20kt）からの発進信号で射出し、艦上から実機が見えなくなると随伴親機に遠隔操縦権を委譲して行ったのである。

　ちなみに自動操縦装置（富士航空計器社製）は５台ほど試作して１台約５万円、無線装置７〜８万円、機体12〜13万円として合計約30万円であったという。多量生産すれば約半分になるものと予想されている。

　当時操縦者を一人前にするまでの教育訓練費用は、一人１万円程度であったこともあり、その後の実用化に向けての研究実験は停滞状態になってしまった。思えば、この種の研究も中断させず継続していれば、大戦末期に特攻機で将来のある若者を多数失うこともなく今後に貴重な技術継承が出来たものとも考えられる。

余話２−12　「紫電」深夜の陸送　野村順三の回顧

　1942年（昭和17）の秋、水上機のみしか作らなかった川西は飛行場がなく、海軍は鳴尾飛行場の新設を突貫工事で進めていたが、第１号機の試飛行には到底間に合わない。海軍は陸軍所属の伊丹飛行場の臨時使用を折衝し、「紫電」の試飛行は伊丹で行われることになった。

　12月のある日、橋口航空機部長室に呼ばれた野村順三（戦後新明和東京営業所長）たちは『戦局の緊迫は、「紫電」を一旦分解して組立てる時間も惜しいので、そのまま伊丹に運ぼう』との命令である。陸上を行くことは、道幅からいって無理と感じたが命令により、陸路をまず調査した。入社後２年足らずの野村順三と、新入社員國分俊夫（戦死）と八田律弥のヤングトリオ３人が、鳴尾からペダルを踏んで冬には珍しい小春日和の中を伊丹に向かった。

　野村は４ｍの長さに切った竹竿を持ち　尾翼の高さは４ｍなので、時々下車しては竹竿と、巻き尺で道幅や架線高さなどを測った。

　阪神電鉄の武庫川の踏切で幅が無理なこと、武庫川の国鉄のガードが低いことなどを確認しながら、地図を頼りに伊丹へ近づいた。

伊丹飛行場近くには沼や池が多い。小休止した道端で大きな亀を見つけて捕らえた。昼食後、食事を終わって店を出ると、荷台に縛って置いた大亀が見えない。縄を喰いちぎって逃げたらしい。後日報告を聞いた前原副社長は『亀を捕らえたとは縁起が良い』といって、ひどく喜んだという。

陸上輸送は無理という結論が認められ、改めて海上輸送を交えた調査が命じられた。機体を船で大阪へ運び、市電の通らない真夜中に伊丹へ運ぶ案を立てて再び調査に出た。今度は橋口部長専用のフォードを出してもらって、築港へ行き、陸揚げ場所、クレーン選定、警察の協力等も併せて、下見を終えた。鳴尾から築港までは船で海上輸送、築港⇒大阪駅⇒十三、産業道路を通って伊丹へ行ける確信を得た。

飛行機輸送の当日、鳴尾浜から築港まで川西倉庫の団平船（平底の荷船）を借りて、クレーンで極めて慎重に積み込んだ。

この辺一帯を仕切る上組の鳶の面々で、威勢の良い若い衆が猿のように飛行機を吊上げる高いクレーンの上にするすると駆け上り、なんなく団平船の木台に安置した。

世界最新鋭の帝国海軍の高速局地戦闘機が極めてスピードの遅い団平船に揺られて、厳重な極秘扱いの下に築港へと冬の大阪湾を渡った。飛行場を持たなかった三菱が「零戦」を陸路、牛車で岐阜県各務原飛行場まで運んだ話と、一脈通じるものがある。

築港に着いた団平船から住友倉庫クレーンを借りて機体が待機中のトレーラーに降ろされたのは、かれこれ黄昏の幕が下りるころだった。ここでは、アメリカやイギリスの捕虜たちが、トロッコ押しの作業を行っていて、疲れきった彼等の姿が痛ましかった。

一行は近くの宿で仮眠をとり　市電も絶えて、人の寝静まるころに起こされ、宿を出る。見上げる空には星が美しかった。

先頭の乗用車には、尼崎憲兵隊の軍曹、大阪築港警察交通主任の巡査部長、川西の工務にいた山本寛一らが乗った乗用車が先導した。続く機体を積載したトレーラーの両側前後を大切な最新鋭機をぶつけないよう、呼笛をくわえた八田、崎村、坪野、淡路、国分の自転車隊が囲んで並走する。

機体の上には竹竿を持って、電線がつかえた時にそれを高く持ち上げる役

が一人。総指揮官役の野村が、進行方向の上下左右に神経を尖らせてトレーラーの上に頑張った。

　真夜中の道路をヘッドライトが明々と照らしてしずしずと進む異様な行列が通っていく。車の少ない当時、まぶしい程のライトに照らされて、酔っ払いが高貴な方の行列と間違えたのか、立ち止まって最敬礼をする様子に野村指揮官も、思わずにやりとした。

　梅田の阪急横のガードをやっと潜り、中津から十三にかかる頃は、まさに丑三つ時、カンバスの上に降りた夜露がバリバリと凍り付く。寒さに備えて、野村は飛行課から借りてきた冬の飛行服に身を固めた。お陰で凍り付くような冬の徹夜に一度も風邪をひかなかった。

　蛍池から西向きに入る頃、六甲の山なみが青く暁の空に、くっきりと浮かび上がってきたころだった。

　伊丹の臨時格納庫はトタン板張り、事務所もバラック、使った後は陸軍さんに寄付するという約束だったそうである。

　伊丹の空港事務所はガランとして、民間航空機の発着はなかったが、それでも賄（まかない）を引き受けてくれて、一同世話になった。

　試験飛行は1942年（昭和17）の大晦日に行われた。鳴尾飛行場の出来上がるまで「紫電」の1号機から6号機までは、こうして真夜中の市中行進をして伊丹まで運ばれた。

第３部　多産と成長

第1章　日本毛織（ニッケ）

1　終戦直後の羊毛工業

連合国軍最高司令官総司令部（GHQ）は、日本が強大な軍事力を保有したのは、財閥の異常な経済・産業の占拠にあったと見做して、1945年（昭和20）11月、十五大財閥に対し資産凍結令を出した。

繊維産業関係にも、適用される運命にあって、日本毛織も、財閥として第2次指定を受けたが、それに対する反論と根拠を正確な内訳書に取纏めて折衝し、且つ民生に直結していることも力説して財閥指定から解除されている。

1946年（昭和21）10月、政府はGHQに羊毛工業の復興計画を提出し、羊毛輸入も許可され業界の再開となった。

2　持株会社指定とその対応

1946年（昭和21）4月19日　持株会社　整理委員会設立の公布

同年8月　委員会業務開始

1951年（昭和26）3月20日　日本毛織の持株会社　指定解除

3　川西清司社長の退任

1936年（昭和11）清兵衛氏が会長に就任

7年間の社長空位があった。

1943年（昭和18）12月　川西清司社長就任

1943年（昭和18）～1946年（昭和21）は終戦を挟んだ激動の、実に多難な時期に就任されたのである。

1946年（昭和21）3月末頃、川西龍三邸に川西清司社長、太田常務他6名が集められた。川西清兵衛は病臥のため出席はなかった。

清司社長から『この間、加印工場の労働組合から法外な賃上げ要求があり、事情上致し方なく承認したが、これは社長としては社運に影響する重大なミスを冒したことと思うので、責任をとって辞職することにした。あとは太田君が引受けてくれたので、今後は太田君を中心に盛り立てて貰いたい』と告

げて、日毛新内閣が誕生した。

　1946年（昭和21）４月３日　　社長川西清司は期末を待たず退任

　1946年（昭和21）６月25日　　川西清兵衛、公職追放の指定を受ける

　1947年（昭和22）７月４日

　清兵衛は、日毛の経営から手を引き、須磨区高倉町（龍三宅）で、ひっそりと暮らすことになった。清兵衛の健康はその頃から衰えをみせ、秋が深くなるにつれ病状が急速に進み、11月19日午前８時40分永眠した。享年83。

4　本社ビルの変遷

　1937年（昭和12）12月、神戸居留地の明石町47に新築したビルに本社を移転した。

　戦後進駐軍に接収されたため、急遽本社機能を兵庫区西出町の旧本社ビル、川崎町の川西倉庫事務所、須磨高倉町の川西邸、印南郡の加印西工場の４カ所に分散した。

　サンフランシスコ講和条約が発効した1952年（昭和27）12月15日、進駐軍の接収解除となり明石町47のニッケビルに戻った。

　1991年（平成３）４月、本社を大阪に移転。ここで創立100周年を迎えた。

　神戸の旧本社は神戸本店となった。

5　昭和天皇・皇后両陛下の行幸啓

　創立60周年に当たる1956年（昭和31）の秋、日本毛織発祥の加古川工場に

加古川工場に行幸啓の昭和天皇皇后両陛下
（「日本毛織百年史」より）

作業現場をご覧になる皇太子殿下
（「日本毛織百年史」より）

昭和天皇・皇后両陛下をお迎えしている。

日本毛織にとって創業以来の慶事であった。

その2年後には1958年（昭和33）10月30日、加古川工場は皇太子殿下（現上皇）をお迎えしている。

1954年（昭和29）3月25日の朝日新聞（夕刊）記事には、国税庁でまとめた1953年（昭和28）資本金1億円以上の全国の大会社880社の1年間の所得が掲載されている。

1番目立っているのが日本毛織で、前年には12億円で42位だったが繊維ブームの復活で48億稼いで日本銀行に次いで実質No.2の企業に挙げられている。

6　ウールマーク使用認可第1号企業

ウールマークは、1964年（昭和39）に制定された国際的なウール製品のシンボルマークで、日毛は国際羊毛事務局（IWS）から、ウールマーク使用の認可を受け、日本における認可企業第1号となった。

ウールマーク　　　　ウールブレンドマーク
（「日本毛織百年史」より）

7　羊毛工業会の苦難と対応

1972年（昭和47）秋に、第1次オイルショックが発生し、世界経済は大混乱に陥った。

日毛はオイルショックを受け、大幅な経営刷新を図り、1970年代から、生産体制の見直し、工場の縮小・閉鎖を始め、戦前の繊維産業の一翼を担って

いた広大な工場跡地（遊休地）の活用法を、自治体の要請に対応し1980年代、国内２カ所の大型SC（ショッピングセンター）運営に踏み切った。

　神戸大学大学院経営学部の平野恭平准教授によれば、繊維企業で遊休地の活用について、自らＳＣ運営を手掛ける例は少ないと、自活力に注目されている。

8　ニッケの本業「４つの事業」

　現在は1994年（平成６）から事業部制に移行し、「衣料繊維事業」「産業機材事業」「人とみらい開発事業」「生活流通事業」４つの事業を設定して運営している。

①「衣料繊維事業」

　これは祖業でもあり、ニッケ120年の技術を活かしウール由来の先端素材やハイブリッド素材・製品を開発・販売して取組んでいる。

②「産業機材事業」

　自動車関連や環境関連など既成概念に固執しない商品開発や技術開発を行い幅広く顧客価値提供を目指し、アンビック社はこの部門の主要なグループ会社である。

③「人とみらい開発事業」

　「街づくり＝暮らしづくり」を通じて人々の未来を豊かにする地域ニーズを捉え、その地域で「元気な」「豊かな」「幸せな」未来創出を目指している。

④「生活流通事業」

　生活者に近い所にあって豊かな生活を開発・提供し異業種への参入や事業分野にまたがる業態ビジネス実現を目指している。

9　商業施設（ショッピングセンター）運営事業に進出

　日毛は多くの余裕地を持っていた。羊毛工場の海外移転を実施し、その跡地活用として、1984年（昭和59）には加古川工場跡地（兵庫県加古川市）を活用し、「ニッケパークタウン」（市役所の住民窓口の入居等）を行っている。

　1987年（昭和62）には中山工場跡地（千葉県市川市）を活用し、「ニッケコルトンプラザ」を開設した。地域コミュニティーの活性化に向けた商業施

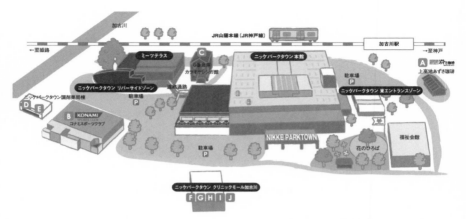

「ニッケパークタウン」全景図（ニッケグループ総合報告書より）

設を運営し、街と人との懸け橋にと力を入れている。

　2021年（令和3）には、全国ワースト2位の待機児童を抱える明石市に、ニッケ子会社が運営する認可保育園が誕生した。

　まさしく「人とみらい」の開発である。

10　創立120周年を迎える

　日本フェルト帽体が1917年（大正6）12月に創業され、日本フェルト工業と改称後も発展を続け、2002年（平成14）8月アンビック（株）と改称するとともに、株式交換により日本毛織のグループ企業となった。

　ニッケ及びニッケグループは2016年（平成28）12月3日に創立120周年を迎え、国内外で約50社に上るまで増加し、業務も多様化している。

　翌年ニッケグループ代表取締役社長富田一弥（現会長）は、2017年（平成29）トップメッセージ冒頭に「革新を続けることで、120年に及ぶ伝統を作り上げてきた。このチャレンジ精神の源泉は、創業者「川西清兵衛翁」の精神にある」と語る。更に、清兵衛氏の信念「一以貫之（いちもってこれをつらぬく）」について、ニッケ内部監察室藤原ひとみさんの補足によれば、『出典が論語ですので、一度決めたらこれを貫くというよりは、一つのものを、忠恕（ちゅうじょ）（真心を尽くすこと、他人を思いやること）で万事を貫くということであるのに社内でも誤解があ

り、ウール一筋と思われており、今はこれと違うという人が多い。思いやりの心に仁を貫くということが本来論語の登場している意味であります。私の中では今ニッケのスローガンになっているが、優しく温かいという言葉に繋がっていると思っています』と、力強く且つ熱っぽく語った。

　2022年（令和4）2月　社長に就任した長岡豊は、見据える未来のビジョンとして、「120年前の創業以来　試行錯誤の連続であった、しかしチャレンジしていくことで、今のニッケグループがある。未来の生活を創造して事業化し、15年、20年とニッケグループが成長していく歴史を刻んでいきたい」と語っている。

　最近の技術進歩の一例として、東大薬学部でiPS細胞から作られた細胞を培養している。これをニッケで作ったゼラチンシート（繊維状に加工）上に塗布すると活発に動くことが分かった。これによって、最先端医療開発を促そうという活動が始まっている。副作用の有無を迅速に確認できるメリットもあるようである。

　繊維業界も更なる進歩を歩んでいる。

第2章　川西倉庫

　倉庫業発祥の企業の内、現在主要倉庫業社として大手と言われるのが、三菱・三井・住友の3社、準大手は澁澤・ヤマタネ・安田の3社とされる。続いて、ケイヒン、東陽倉庫、中央倉庫、川西倉庫と続く。川西は設立年から見ると、三菱、三井に次ぎ第3位である。

1　戦前から終戦まで

　1942年（昭和17）に国家総動員法による会社統制令を受け、社長の重任が禁止され、川西龍三社長は川西航空機の社長に専念し、後任として井上治郎が社長の座についた。

　戦時中の1944年（昭和19）9月に倉庫業統制要綱により、川西、住友、三菱、三井の倉庫等の重要施設が接収され、強制的に54社共同出資による日本倉庫統制株式会社に統合された。

2　戦後

　主要なものを記す。

　1945年（昭和20）12月、日本倉庫統制の解散により、出張所を立ち上げ倉庫業、貨物運送業を開始した。

　1949年（昭和24）3月、戦時統制令によって設立された各地区港湾会社の解散により、港湾運送業は川西倉庫に復帰した。

　1951年（昭和26）7月1日施行の商法改正により、事業目的を普通倉庫業、冷蔵倉庫業、貨物運送業に変更した。

　1961年（昭和36）10月には倉庫業は、倉庫業法の改正により、免許、届け出制から許可制に移行した。

　1962年（昭和37）6月、業務拡張により事業目的を普通倉庫業、冷蔵倉庫業、港湾運送業、貨物運送業に変更し、本社内に冷蔵部（後の冷蔵支店）を設置した。

　1967年（昭和42）から約10年間の間に、効率的経営、港湾運送事業限定一

種免許取得等で、他社への業務譲
渡や出資を行い、各地に営業所を
設置し、業務拡大に注力して、そ
の成果として下記の物を得た。

現在の本社（平成 2 年 3 月移転）
（川西倉庫社内誌）

　1981年（昭和56）10月、自動車
運送取扱事業の登録を受け、自社
での運送取扱業務を開始し、翌年
10月には、荷役作業業務の効率化
を図るため、関係会社の大和運輸
作業と阪神港運が合併し、川西港
運を資本金1900万円で発足させた。

　1983年（昭和58） 1 月、神戸市兵庫区に、川西ファインサービスを川西倉
庫が100％出資し、資本金1000万円で設立した。

　1988年（昭和63） 5 月、中国と日本との複合一貫輸送業務のため香港に現
地法人川西倉儲運輸（香港）有限公司を設立した。

　1989年（平成元） 4 月には多数の日系企業の進出による総合物流拠点とし
てタイ国バンコクに「泰国川西」を設立した。

3　平成以降の発展

　1990年（平成 2 ） 8 月、ンガポールに現地法人川西ロジスティックス（シ
ンガポール）有限公司を設立した。

　1994年（平成 6 ）10月、大阪証券取引所場第二部（特別指定銘柄、新 2
部）に上場した。

　1996年（平成 8 ） 9 月、アメリカにサンフランシスコ事務所を設置した。

　2006年（平成18）中国天津に上海事務所天津分室を設置。

　2012年（平成24）神戸税関長より認定通関業者（AEO）制度に基づく「認
定通関業者」の認定を受けた。

　2013年（平成25） 7 月、東京証券取引所と大阪証券取引所の統合にともな
い、東京証券取引所市場第二部に上場した。

　2017年（平成29） 6 月、東京証券市場第一部に指定された。

4 「四社会」の発足の経緯

旧川西財閥（川西コンツェルン）内の強固な繋がりを裏付ける事柄が100年後の今日に存在することを知った。通称「四社会」である。ニッケ、川西倉庫、デンソーテン（旧神戸工業）、新明和工業4社を結ぶ社長会が発足し、企業間での交流が継続している。

その提案者が元川西倉庫社長佐藤武氏であることが分った。

佐藤元社長にお聞きすると『私は前社長の川西章二氏から引き継いで就任致しましたが、予てから川西関連会社での取引も余りなく、より以上に川西グループ、旧財閥で全体交流を互助精神のもと絆を深め、ともに繁栄を求めることが出来ないかと、4社会を2008年（平成20）6月に立ち上げました。私がお世話をすることにし、以降輪番制で年4回のベースで各社の賛同を得ることが出来ました。日本毛織（ニッケ）：佐藤社長、富士通テン（現デンソーテン）：勝丸社長、新明和：金木社長の4名での立ち上げでした』

佐藤氏は、古き良き川西グループの再集合、再集結を目標にお互いの業務を洗い直し、補完することで共栄を図ること、営業、非営業、人事、管理、法令等々の情報交換の学習会として実績をあげられた。

5 川西系列会社との連携業務

創業100年を迎えた現在、川西系列会社と如何ほどの取引があるかが興味を引く。

川西倉庫は、四社会に繋がる会社と、山陽（旧山陽皮革）、アンビック（旧日本フェルト工業）、バンドー化学（旧坂東調帯）等と現在も連携して、各会社をサポートしている。

6 川西倉庫にできること 川西倉庫の強みと特徴

大まかに括りすぎているが、総合的な物流サービスの基盤として下記3件を挙げておく。

①事業インフラ整備

定温・定湿、常温、燻蒸およびオートトラック庫・トランクルームの普通

倉庫、及び冷凍・チルドの冷蔵倉庫を完備したことで、 0 ℃から−50℃の超
低温貨物、これらの倉庫設備を備えることにより、万全の品質管理やきめの
細かい在庫管理システムにより、いかなる温度帯の貨物にも対応できている。
②主要な取扱貨物は、輸入食品で、小豆、落花生、アーモンドナッツなどの
農産品、特にコーヒー豆は、全国シェア30〜50％を取扱っている。カロリー
ベースで約60％を海外からの輸入食品に依存している我が国において、輸入
食品を無くしては食生活が成り立たないのが現実である。
③輸入食品に対する能力
　畜産・水産などの原材料を加工して製品としたものを、税関や検疫所に正
しい申告・届出ができると共に、輸入食品の安全検査・検疫関連業務のレベ
ルや知識の高さが重要である。その能力を保有している。
　AEO制度（注）による有料倉庫業務実績が認められて、AEO認定通関業
者・AEO特定保税承認者認定を取得した。
（注）AEO制度とは、貨物のセキュリティー管理とコンプライアンス（法
令遵守）の体制が整備された事業者として、財務省の認定を受けた企業が、
税関手続きの簡素化・迅速化等のメリットを得る制度。

7　佐藤社長社内改革決意

　2006年（平成18）会社設立以来の不祥事により会社の存続、顧客の継続確
保は想像を絶する苦難の道であった。
「社員を守る、家族を守る、関係企業を守る」ことが佐藤の社長としての使
命であり、何としても名門企業を復活させなければならない、一致団結し窮
状を乗り切ることである。そして優良企業の通関業者になる。どうしても特
定保税承認者（AEO）を取らねばならない、このマークの有無は大変なこ
とである。
　神戸税関、海外展開でAEOを取得している企業は現在でも少ない。
　全社一丸で努力の結果 3 年後晴れて、指定保税優良企業、指定の有料通関
事業免許の双方を取得した。双方の取得に加えAEOと合わせて川西倉庫は、
神戸、大阪、東京、横浜各税関の免許を取得した。
　上記、三つを合わせて持つ企業は全国でも50社位しかない。

通関、保税業を持っているところは、全国で1000〜1500社あるが、全国規模で持っているのは川西倉庫のほか限られている。

8　歴代社長の功績

川西倉庫は創立100年の企業で、現在までの社長は川西龍三、川西清、川西章二、佐藤武、若松康裕、川西二郎と続いている。

経営者としてのビジョンや理念について要点を記述しておきます。

川西清

1918年（大正7）神戸市生まれ（川西清司の長男）

1941年（昭和16）東京帝国大学法学部
　　　　　　　　　政治学科卒業。弁護士。

1946年（昭和21）衆議院議員（日本自由党）

1955年（昭和30）川西倉庫社長

1967年（昭和42）日本毛織　取締役

1979年（昭和54）日本毛織　相談役

川西清氏について資料を探すが、なかなか見つからない。東京朝日新聞政治部記者も務められた。

川西章二

1940年（昭和15）9月30日生誕

東京都出身。旧姓幣原（しではら）。祖父は元首相幣原喜重郎である。

学習院在学時代、第92代内閣総理大臣の麻生太郎とは同級生で、当時自動車で通学したのはこの二人だけだったとのこと。

1965年（昭和40）3月早稲田大学商学部を卒業後、米国カリフォルニア大学で経営学を学び、東レを経て、1969年（昭和44）川西倉庫に入社。御本人は、川西本家清司氏の孫娘を養女にした川西多美氏の婿養子に入った。

1971年（昭和46）日本青年会議所に入会。

1975年（昭和50）社長に就任。

2002年（平成14）12月退任。

震災復興

　兵庫県倉庫協会会長として震災の被害を「倉庫の損壊等の直接被害が約660億円、保管貨物への被害総額が約300億円とかつてない深刻な被害を受けた」と語っている。

　本格的な復興へ向けた課題は、「一つは、幹線道路の復旧。二つ目は、被災イメージの払拭。三つ目は、「国際競争の強化」をあげて、具体的に示すとともに行動に移し、ハード面では、コンテナ船の大型化に対応したコンテナバースをさらに整備し、国際的な競争力をつけることであった。

「国際的な総合物流企業をめざす」

　川西倉庫社長として「港の前で口を開けて待っていても荷物は入ってこない。物流の始点で情報をとらえることが必要」と、国際的な物流ネットワーク作りには特に積極的で、国際化、情報化、高付加価値化を経営課題に掲げ、モノの保管と輸送を合わせて手掛ける総合物流企業を目指された。

佐藤武
―「社員を守る、家族を守る、関係企業を守る」―
　　川西の家族的社風の醸成

1943年（昭和18）８月生まれ。

1962年（昭和37）川西倉庫入社

　　　　　　　　横浜支店（現京浜支店）勤務。

2005年（平成17）代表取締役営業本部長

同年11月　代表取締役社長に就任。

2013年（平成25）６月　取締役会長就任、2015年（平成27）６月　退任。

若松康裕
―「意欲的に社内改革」―

1954年（昭和29）８月６日生まれ、大阪府出身。

1977年（昭和52）三重大水産学部卒、川西倉庫入社。

2013年（平成25）6月　社長就任。

若松康裕社長は、経営方針として

①経営基盤の安定、強化を基本戦略とし、特に利益の増大を計画の主軸とする。

②お客様に対し、より質の高いサービス・高付加価値のあるサービスを提供する。

③常に地球環境に配慮し優しい環境経営を考え、CSR（企業の社会的責任）を果たす企業をめざす。

　その活動の一つ、「品質への取り組み」として、国際品質保証システム規格を取得し、とりわけ冷蔵貨物の取り扱いでは、日本で最初に品質ISOを取得して、より付加価値の高い物流サービスの提供を目指した。

「環境への取り組み」また「AEOへの取り組み」では、〝安心・安全な国際物流〟と〝スピーディな輸出入通関サービス〟をお客に提供するため、AEO制度における認定事業者を取得して、業務の活性化に努めた。

川西二郎

創業家で川西章二次男の社長が誕生した。

　入社後は営業や経営企画部門に携わり、東南アジア諸国連合（ASEAN）域内での物流強化やインドネシアでの新倉庫建設に関わった。

　兵庫県芦屋市出身。

　1972年（昭和47）5月生まれ

　1995年（平成7）4月　安田火災海上保険（現損害保険ジャパン）入社

　2007年（平成19）6月　大和製衡入社

　2010年（平成22）4月　川西倉庫入社

　2012年（平成24）6月　川西倉庫取締役

　2014年（平成26）7月　常務取締役

　2021年（令和3）4月　代表取締役社長

9　「おかげさまで創立100周年」記念行事

　会社が今日まで100周年を継続できた最大の功労者は従業員あってのこと

だと感謝の気持ちを込めて、グループ会社含め4箇所に分けて7月にパーティを行い、ロゴマークを印字したタンブラーと金一封を贈った。

　このあたりが、今の川西倉庫に伝統として引き継がれた〝家庭的な温もり〟を感じた次第である。

　会社を訪問して感じたことは、創業者川西清兵衛のきわめて堅実な経営精神を貫いていることが印象的であった。今後さらなるグローバル物流の拡充をめざし、発展を祈願してやまない。

100周年ロゴタイプとシンボルマーク
（川西倉庫社内誌）

第3章　山陽電気鉄道

1　終戦直後の混乱

　戦争における被災は、市街地だけにとどまらず、神戸・明石・姫路など海沿いを走る沿線にも及び、完膚なきまでに焦土と化した。

　終戦の年だけの被害状況を見ると、

①車両工場被爆

6月9日〜7月7日にかけて、西新町の明石車両工場被爆死者31名、車両破損、明石車庫直撃、明石車庫・運輸事務所焼失

②車両全焼　20両余全焼（7月7日）

　その後も度重なる空襲で被害は増大、修理資材の欠乏で車両の確保は出来ず、最悪の状態で8月15日の終戦を迎えた。

2　復興への道

　1945年（昭和20）9月18日の暴風雨と、10月9日の集中豪雨で送電施設断線、軌道土砂崩壊、線路冠水、明石川橋梁の流失など障害が続出し、復興への意欲を殺がれる悪条件が重なったが、占領政策が始まり、政治、経済、社会など改善が急速に進められ、光明が差し込んだ。

①終戦後、全国私鉄の客車不足を補うため、国鉄（運輸省）が量産して各私鉄に割り当て、全線に亘る施設改良を実施した。電圧（1500ボルト）統一も、1948年（昭和23）12月25日に終わり、戦後の混乱もようやく一段落した。

　筆者が幼少のころの山陽電鉄の利用とは、親戚縁者への訪問であり、高校通学の3年間姫路〜飾磨間が思い出される。戦後まだ日が浅く、木製客車で床板の隙間から枕木が見える車両に乗り合わせたことも度々であった。

　1962年（昭和37）5月に、復興の象徴として、我が国最初のアルミ軽量化車両を走行させたのは快挙と言える。

②1950年（昭和25）6月の朝鮮戦争勃発による特需などで、景気が上向き、人々がレジャーを楽しむようになった。映画館の経営を始め、明石公園内に明石人形館を新設したほか、播磨灘の家島本島に家島バンガローを建て直営

262

した。

③交通関係では、姫路～高松間の昭和汽船に参画し、陸上では大阪でタクシー、バス事業を始めた。

④1953年（昭和28）7月に姫路ではターミナル整備工事と同時にターミナル百貨店として山陽百貨店を建設・営業開始。

⑤1954年（昭和29）12月姫路駅高架化。

3　会社創立100周年

　清兵衛氏が兵庫電気軌道株式会社を1907年（明治40）7月に設立してから、2007年（平成19）7月2日創立100周年を迎えた。

　清兵衛氏は1917年（大正6）4月、兵庫電軌、兵庫・明石間全線完成式典で「沿線は風光明媚で名所旧跡に富み、四季遊客が絶えないであろう」と自賛したが、現在は、明石海峡大橋も加わり沿線の賑わいぶりに、『わしの言った通りだろう。どんなもんだい』と草葉の陰からきっと見ていることであろう。

第4章　山陽（旧・山陽皮革株式会社）

　川西清兵衛が、「国宝」姫路城を望む播州姫路の地で1911年（明治44）に「山陽皮革」という種を蒔いたものが、兵庫県地場産業の、皮革素材の生産では業界をリードする名門企業として今日に至っている。

1　戦後の歩み　（株）山陽として

　創業時から太平洋戦争中にかけて、馬具や兵隊靴専用の軍需で経営し、戦争末期には、近隣の川西航空機姫路工場空襲の巻添えを受け、激しい爆撃で70％が破壊された。

　戦後は靴やカバン、ベルトなどの需要に応えて、急成長を遂げていった。

　同社の技術革新の歩みは、そのまま近代日本の製革技術の歴史といえる。大正時代にわが国で初めて採用したクロム化合物による鞣し技術は、今でも業界の主流であり、永年にわたり蓄積した技術は際立っている。成果の第一は風合いがしなやかで温みのある皮革づくりを目指し、高級品として群を抜く強みを発揮している。一枚一枚が微妙に異なるだけに、製品の質をどのように均一化させるかが大きなポイントだが、ここでも独特のきめの細かい前処理や仕上げで難題をこなしている。

　1979年（昭和54）には20億円を投じて仕上げ工程を全面更新し、当時の世界最高の設備にしたのをはじめ、今も利益の半分を設備投資に回している。

　技術陣は伝統的なフォーマルと最新商品開発担当に分け、欧米へは毎年15人程度を技術・商品情報収集に派遣、開発商品は毎年20種類に上るという。「営業力も一番ならコスト競争力、商品開発力も一番。他社は競争できず手を引いていった」と元社長の黒坂栄一は語っている。

　皮革を表裏2層に分けた裏側を床皮というが、この床皮を表面処理して表皮同様の銀面タイプに加工した独自開発商品で、「1972年（昭和47）に開発したサンメルは、いまだに他のメーカーが開発できないでいる」物だという。

昭和末期ころ

1986年（昭和61）当時の売り上げ構成は紳士靴用が1/3を占め、他に婦人靴、かばん、ベルト、スポーツ用品、自動車用品、家具などである。自動車内装品は大手自動車メーカーと共同開発の話もあり、今後、力を入れていく方針である。皮革も国際化、環境問題に直面しているが「自由化は当然意識しているし、中間製品のウエットブルーの輸入増も大きな流れ」と既に経営戦略には織りこみ済みである。

社章（山陽社内誌）

「皮革は機械と手作りのコンビネーショが真骨頂で、靴メーカーなどと運命共同体との方針は貫くつもり」と言う。

平成時代

1990年代半ばからヨーロッパを中心に普及・発展し、世界的なトレンドにまでなっている「エコレザー」が注目を集めるようになり、日本では2006年（平成18）に、NPO法人日本皮革技術協会と一般社団法人日本タンナーズ協会の協力のもとに「日本エコレザー基準（JES）」が制定された。革には現在、安心・安全が求められ、既にヨーロッパでは大変厳しく規制されている。

JES適合には、主な6つの要件がある。

①天然皮革であること。

②発がん性染料を使用しない。

③有害化学物質の検査をしている。

　（ホルムアルデヒド、重金属、発がん性染料の使用制限……）

④臭気が基準値以下であること。

⑤適切に管理された工場で造られた革であること。（排水、廃棄物処理が適正に管理された工場で製造）

⑥染色摩擦堅ろう度が基準値以上であること。

「国際的に様々なエコレザーがあるので、それらを照合しながらジャパンエコレザー基準ができた初期段階から当社は取り組んできた」と川見社長（現会長）は語る。

エコレザーが安心・安全をアピールできる一例としては、子供のランドセルの表面に JES ラベルがついていれば、親御さんや祖父母にとって安心度がより高くなるわけである。

2　創立100周年を迎える

　2011年（平成23）創立100周年を迎えた。老舗タンナー（皮革製造業）として、靴やカバン等を作る企業や人に対しての革販売を主として行ってきた。日本の大手タンナーとしては、これまで東京のニッピ、長野のメルクス、姫路の山陽が挙げられてきた。しかし、現在、タンナーとして残っているのは山陽のみである。

　100余年にわたり長く技術ノウハウを継承できた山陽の3つの強みを背景に、皮革産業、山陽の未来が見えて来る。

①原皮から仕上げ、排水処理まで行える国内最大規模の自社工場

　圧倒的な存在感を発揮し、国内の最大手シューズメーカーとの取引をメインに、海外の展示会への出店等を行い、業界において多大なる影響力を誇っている。

②クライアント（依頼人）に選ばれる革を作るための、情報収集力と企画開発力、クライアントとなるメーカーのデザイナーや企画担当者が求めるのは、常に新しさを感じさせる革である。最高の商品を世に送り出すため、世界中の皮の見本市、タンナーの技術が集結する展示会に足繁く通い、情報収集に努め、特に近年は「防水革」「難燃革」商品の開発に努めている。

③工場見学や技術提供などを通して行う、皮革業界全体への貢献

　メーカーと共同でレザー商品開発プロジェクトを推進。他の生産地への技術提携。ファッション系の専門学生の見学を積極的に行っている。

3　若い社員に懸ける社長の思い

　川見 斉 社長（現会長）は、創業者の思いについて語る。

『創業者川西清兵衛から引き継いでいることは、一貫して人材を育成することに力を注ぎ、その結果は終身雇用を生み、退職金は他社に比較して高いことが特筆できる』。

　また『私たち自身が、作り手である大小メーカーたちの希望を叶える存在でありたい、革から生まれる物作りの可能性を応援し、世の中に届けるきっかけを生み出していこう』と意気込みを述べている。

　毎年若手社員をヨーロッパ・イタリア方面に、市場調査、研修等に派遣し特にデザイン面の見聞を広めさせていることから、社長の意気込みが見えて来る。

　新しいスピード感、新しい反応力、新しい時代への感性が必要であると強調する。『人と人の思いが交差する場所で、自分達には何ができるか。大切なのは、一歩を踏み出すこと、歩みを止めないこと、その時、一緒に歩み、励ましあえる仲間が欲しい』と自分自身へも語りかけていると思えた。

　戸田社長の言葉

（2022年12月5日付け、日経新聞記事を要約）

　タンニンなめしは、クロムなめしのように化学薬品を使わないことで、環境負荷が格段に少ない。将来的には全体の半数まで割合を上げていきたい。地域に持続可能性（サステナビリティー）を根付かせ生産体制を世界水準に近づけ認証制度LWG（レザーワーキンググループ）の取得を目指し、国際基準事業者への脱皮を促進中である。

　地元振興にも力を入れ、革小物の自社ブランドを立ち上げた。バッグや財布になった革小物を手に取って、伝統産業を知ってもらいたいとも語られた。

第5章　アンビック（旧・日本フェルト工業（株））

1　「アンビック株式会社」に社名変更

　1917年（大正6）12月に設立した「日本フェルト工業」は、2000年（平成12）4月にニッケグループのメンバーになり「アンビック株式会社」と社名変更した。

　現在、不織布（ふしょくふ）メーカーとしてフェルト・不織布製品の販売が堅調に推移し、業績向上等に貢献している。

　社名「アンビック」の由来は、21世紀における地球環境保護への貢献を期し、技術開発志向起業化の推進を表し、ラテン語〝ambitus（環境〈読み：アンビトウス〉）〟と英語〝technology（技術〈読み：テクノロジー〉）〟を合成したものである。

2　事業内容

　総勢約250名と大企業とは言えないが、子会社に加工専門の「日本フェルト工業（株）」ならびに中国現地生産工場、中国販社を擁し、国内に止まらず、海外市場にも進出している。将来は欧米やアジアでのグローバル営業拠点も拡充を視野に入れ、日夜努力を積み重ねている。

①音響関連分野

　ピアノ用ハンマーフェルトでは世界半数以上のシェアを占めるTOPメーカーである。

アンビック株式会社 社章
（ニッケグループ総合報告書）

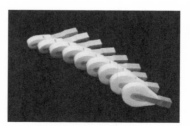

ピアノ用のハンマーフェルト
（ニッケグループ総合報告書）

　ピアノの弦を叩くハンマーヘッド部分のフェルトの最高級ブランド〝ROYAL　GEORGE〟は、イギリスで生産されていたが、現在はアンビックがその製法ノウハウを譲り受け、品質を守り続けている。

　世界有数のコンサートホールで使用されているピアノにも採用されており、この分野では世界シェア1位で、60%以上である。近年成長の著しいOA・IT等デジタル関連分野にも多くの材料を供給している。

②環境関連分野

　ごみ焼却炉用集塵フィルターやエアコン、空気清浄用のフィルターなど地球環境保護を前提とした製品開発・製造・販売を行い有害物質から人の環境を守っている。

③産業関連分野

　アンビック社ブランド品である「ヒメロン」は自動車を始め、家庭用・産業用電気電子機器、OA機器に至るまであらゆる分野で活躍している不織布である。

④生活関連分野

　手芸用品や衣料用襟芯、マーカーやスタンプ台や文具、ビリヤードクロス、掃除用シートまで多くの人々の身近な領域までアンビックの技術は広がっている。

3　社会活動にも貢献

　1985年（昭和60）頃の月産能力はプレスフェルトが140トン、ニードルフェルトが200トン、不織布が40トン。「0.1ミリの精度まで出せるようになり、電気機器、カセット、ビデオの駆動部分などの機能向上に貢献している」という。

　経営理念として新しく、「品質ナンバーワンによる価値の創造」と「環境にやさしいモノ作り」を掲げた。絶えず技術革新を進めると同時に資源などを有効利用するなど企業の社会活動も重視しようという姿勢だ。

4　会社創立100周年

　フェルト帽体の製造からスタートし、現在は楽器用フェルトから自動車な

ど資材向け不織布、フィルターなど幅広い分野で事業を拡大するなど、長い歴史を持つアンビックは、2017年（平成29）12月20日に100周年を迎え、企画の一つとして100周年記念ロゴマークを制定した。

　ロゴマークは、右肩上がりに大きくなる100の数字は未来に向けたアンビックの発展を表現し、五色の虹は〝環境〟と〝人〟をつなぐ架け橋をイメージしたデザインである。

筆者の想い

　川西清兵衛が創業したフェルト事業が85年後の2002年（平成14）に、清兵衛創業の日本毛織の子会社となった。両極が引き付けられるように結ばれたことに不思議な縁を感じるのである。これによりアンビックは伝統を守るだけでなく、新しい技術開発も進め、更に輝きを増していると思えるのである。

第6章　デンソーテン（旧・神戸工業株式会社）

1　前　文

　1920年（大正9）川西清兵衛氏が創業した川西機械製作所は、終戦ととも
に30年にわたって培ってきた技術と伝統、全てをリセットするという不休の
戦いが始まった。

　神戸工業は、企業再建整備法に
基づく決定整備計画により、1949
年（昭和24）8月5日、川西機械
製作所の第二会社として設立され
たが、過度経済力集中排除法の適
用を受け再建計画認可が2、3年
遅れ、赤字累積と不良資産発生で
発足当初から相当の実質欠損を抱
え苦しい経営となった。

現本館部分（大正時代の建築物）
（神戸工業社史）

　戦後真空管、ホームラジオ等の
民需生産に転換し、2、3流の販
売店に依存せざるをえぬ状態で、
販売に努力したが売上げの増伸も
計画通り進まず不況による貸し倒
れが続発し業績低迷が続く苦しい
時期が続いた。

商標「テン」1965年（昭和40）
の社章（神戸工業社史）

2　戦後の川西機械と神戸工業の歩み

　敗戦により、川西機械製作所は軍需から民需への転換を行った。

　1945年（昭和20）12月、明石工場を、大和製衡へ売却した。

　川西機械は真空管等の技術を生かして、民需への転換を図り、1947年（昭
和22）の真空管の数量シェアを見ると、川西機械は第3位の位置を占めて、
日本無線を上回った。

送信管では第1位、受信管では、東芝、日本電気（戦前は住友通信）に次いだが、送信管では高レベルの技術力を誇示した。

神戸工業株式会社の設立

1949年（昭和24）8月5日、神戸工業株式会社設立。

川西機械製作所の第二会社として、旧会社より、資本金1億円に相当する現物出資と新勘定債務61,711万円、その他新勘定利益金ならびに退職手当引当金を合わせて計61,900万円余りを継承するとともに、これに見合う新勘定資産の譲渡を受けて設立した。

役員は新たに次のごとく選任された。

取締役社長	高尾繁造
常務取締役	清水次朔、服部正臣
取締役	佐々木竹四郎、吉村武重
監査役	久米孝蔵、小松伝七郎

神戸工業初代社長の高尾繁造を紹介する。

父君は川西清兵衛と昵懇な関係にあった。1915年（大正4）京都帝大機械科卒業。

欧米の工場視察を行う際に、川西清兵衛より『是非無線通信機、飛行機の研究も頼む、帰国後川西の事業も手伝って欲しい』と依頼され、1920年（大正9）6月に川西機械の工場長として迎えられた。

神戸工業の弱電部門は、川西機械時代に陸海軍のバックアップで着手したため、民需品量産の経験なく販売の経験も乏しかったこと等による立ち遅れに加え、極度な物資不足の中で日本銀行券が増発されたため猛烈なインフレになり、産業界の前途は経営上容易ならざる事態となった。

1950年（昭和25）6月朝鮮動乱が勃発し、特需ブームが起こり産業界は息を吹返したが、依然として赤字が続き、特需ブームの恩恵を受けたのは僅かに電器部のみであった。

同年7月警察予備隊（自衛隊の前身）が創設され、同隊への納入無線機機器の生産が業績向上への足掛かりとなった。

翌年1951年（昭和26）の朝鮮動乱の休戦会談により反動景気が到来し、機

械部門の毛糸紡績機械の増設・修理などの受注が激減したが、真空管生産の設備資金だけは何とか確保できたため、生産計画が推進された。

技術提携

朝鮮動乱を契機とする特需ブームは大量生産、大量販売の時代を迎えた。

我が国の生産技術は戦前の水準に回復したものの、欧米先進国との間には相当の技術格差が大きく機械設備の老朽化も多かったため、生産力近代化の推進及び技術水準を高めるために、欧米先進国から技術導入と設備投資を必要とした。

1951年（昭和26）6月25日、他社に先んじて米国RCA（ラジオ・コーポレーション・アメリカ）社との間に技術提携し、受信管について製造技術の導入と特許の実施許諾を得た。

1954年（昭和29）、ウェスタン・エレクトリック社（トランジスタ、ダイオード関係）と技術提携。

1957年（昭和32）フィリップス社（テレビ受像機関係）と技術提携した。

新製品の開発

RCA他、外国技術の導入、設備の近代化とともにエレクトロニクスの急激な進歩に即応して、新分野への進出拡大を図った。

1949年　世界の注目を集めた進行波ブラウン管と、我が国最初の内部空洞マグネトロンを完成

1953年　TV用ブラウン管完成

1954年　半導体製品（トランジスタ、ダイオード）完成

1956年（昭和31）TV放送装置等の製造を開始した。特にオートラジオTAR−55は、1953年（昭和28）製造を開始し、トヨタが我が国初の本格的な「純国産乗用車」として名高い「トヨペット・クラウン」を発売し、国産車の歴史を切り開いた時に、カーラジオとして採用された。

振動やホコリ、マイナス20〜80℃の温度差といった過酷な条件に耐え、品質の高さを証明した。

神戸工業では半導体を電波機器の革命児として着目し、いち早く研究試作

に着手し、1954年（昭和29）Si ダイオード、Ge トランジスタを、我が国で最も早く製品化に成功し、市販を開始した。

南極観測船 「宗谷」搭載レーダー

1957年（昭和32）、南極観測船〝宗谷〟に搭載されたレーダーを開発し、南極へ向かう途中、故障無く稼動し技術力の高さを証明した。

〝宗谷〟の改装工事は1956年（昭和31）10月10日に完了し、搭載した観測用／航海用40マイル大型レーダーは米国レイセオン社製であった。

神戸工業では戦後制限されていた「国産レーダー」の開発が解禁され、1956年（昭和31）船舶用レーダーの開発を開始した。

1970年代には、研究分野を「船」から「自動車」に広げた。

その研究が実ったのが1997年（平成9）、ダンプトラック用障害物検知センサーとして「ミリ波レーダー」を実用化、その後、普通車用のレーダー量産にも成功し、後方用、前側方用など新商品を次々開発してきた。

3　商標「テン」は龍三が命名

終戦後の混迷状態からの立ち上りは大変であったが、1945年（昭和20）12月末通信機を主体とした平和産業への復帰を決定し、同時に新商標を設定した。1946年（昭和21）1月3日川西龍三会長は、開口一番『商標名はテンとしたい、テンは天だよ、誠は天の道であって企業の根本理念であるべきだ。

商標看板（筆者写す）

これから外国との貿易は盛んにせねばならぬが、支那（中国）との交易を考えたとき打ってつけの名称であろう』云々と。

中庸第20章に「誠者天之道也」とある。

商売は誠実に、商品は至高無上のものを作る。「最高・至上」を意味する言葉として図案化したのが TEN の商標である。

「社是『誠は天の道』として受け継がれ、いわば世のため人のための精神であり、現代の SDGs にも通じる当社の DNA です」

と加藤之啓社長は語る。

4　富士通株式会社との業務提携

　戦後、RCA から真空管の技術導入を行ったが、ドイツ・シーメンス社の優れた技術にも着目して技術導入を意図し、同社のライセンシー富士通との交渉が始まった。

　富士通信機においても、かねてより神戸工業の真空管製造技術を高く評価・注目しており、神戸工業との間に1957年（昭和32）7月、真空管購入および通信管共同研究に関する業務提携契約を締結する運びとなった。

　1957年（昭和32）7月の取締役会で増資決定。同年10月1日、資本金3億円。

5　再建期

　1958年（昭和33）11月　再建に向け新経営推進をスタートさせ、真空管、トランジスタ、ブラウン管の増産計画を発表した。

　1957年（昭和32）のナベ底景気を脱し、急速な回復をみせ始めた経済界は、岩戸景気の好況時代に入り、テレビ受像機の需要の急増化に伴い、電子機器産業界は、すこぶる好調な推移をたどり、輸出の増加、家庭電化による電化製品の普及などで需要は活発の度を加えつつあった。

　活況の下で、神戸工業では、真空管、トランジスタ、ブラウン管のベースロード製品の在庫は一掃され、通信機器、オートラジオなどの増産に努めたが、需要を消化しきれない事態に直面、生産力の増強の必要性が大きくクローズアップされた。

　1960年（昭和35）7月防衛庁その他官庁向け特殊無線機の修理ならびに部品製作を担当するため東京都南多摩郡日野町豊田に東京工場を設置し、急激に増加したトランジスタの需要にこたえるため富士通の協力を得て長野市に長野工場建設に着手した。

企業体質の改善

　業績貢献度の少ない部門、ないし製品の整理を図り合理化対策を決行し、

電器部門、化学部門をはじめとして、真空管、管球の製造品種の徹底的整理検討を始めた。

1963年（昭和38）頃より富士通との強力な連携のもとに電算機周辺機器ならびにデータ通信機器、勝馬投票券発売機等の生産に転換し体質改善を目指した。

短期間のうちに体質改善は功を奏し売上高、収益ともに急激に増加し、1960年（昭和35）上期決算で初配当を実施し得るまでの再建ぶりで、創立10周年にして初めて見る輝かしい結実であった。

6　技術力とその背景

日本の半導体産業の歴史を語る際、必ず登場する企業（東京通信工業〈現・ソニー〉、神戸工業、東芝、日立、日本電気）があるが、相互に競合する中で技術を磨いたのである。

ソニーと並び称された技術力の考察

神戸工業が高い技術力を持つに至った要因としては、以下を挙げることが出来る。

①技術志向の経営者

　川西機械の経営者が強い技術志向であったことは、技術力の高い企業が成立する前提条件であった。

②海外からの技術導入に依存しない経営戦略

　結果的に、川西機械は自主的な技術力の強化に成功したと言えよう。真空管についての東芝との特許係争も、自主技術重視に拍車をかけた可能性がある。

③短期的な利益にこだわらない経営環境

　川西機械は同族会社にありがちな、短期的利益にこだわらなかった点である。

④外部人材の登用・活用、助手・副手の採用、そのための人脈構築に注力した。

7　ノーベル賞受賞者とその述懐

　江崎玲於奈、赤崎勇のノーベル賞受賞者が、最初に入社した企業は神戸工業で、２人も受賞人物を輩出した企業は他にない。

　江崎玲於奈は、1947年（昭和22）入社し、真空管の陰極から熱電子放出の研究を行い後に東京通信工業（現在のソニー）で半導体のトンネル効果を発見、1973年（昭和48）ノーベル物理学賞を受賞した

　赤崎勇は、青色発光ダイオード（LED）の発明のキーとなる物質、窒化ガリウムの研究により、2014年（平成26）のノーベル物理学賞を受賞した。赤崎は1952年（昭和27）から1959年（昭和34）まで神戸工業に在籍し、後に松下の研究所に在籍した。

　ノーベル賞受賞者が社会人として最初に選んだ会社が神戸工業であり、「東のソニー、西の神戸工業」と称され、当時の通産省も重視し、関西圏の多くの英才が入社したという。

　その年のクリスマスに、アメリカで半導体が開発された。神戸工業はいち早く、米企業とライセンス契約を結び、研究を始めた。江崎も研究グループに加わり、高純度結晶の製造を担当し、東京通信工業（現ソニー）に移籍するまでここで研究の基礎を築いたのである。

　江崎は神戸工業を振り返り、『研究レベルは日本でトップ。当時、アメリカの専門誌に論文を寄稿できる水準にあったのはここだけ』と言っている。

　ソニーよりも早く日本で最初にトランジスタを製造・販売し、カーオーディオでも先鞭をつけ、1955年（昭和30）に初めてトヨペットクラウンに装備した。

　日立も東芝もノーベル賞社員を輩出していない、そんな優秀な人材を抱えた会社が発展しないのは経営の難しさなのか。

　江崎玲於奈氏の述懐は、研究者・技術者にかかわらず進歩を求める者ならば、噛みしめるべき金言である。

「余話3－1　江崎玲於奈ノーベル賞受賞の秘訣」参照。

8　富士通と一体化への道

　技術的競合が多くかつ進歩の激しい厳しい環境に対するため、神戸工業が

解決を必要とする問題はあまりにも多く、IC、LSI の開発、電算機時代への準備、さらには宇宙通信への進出、原子力技術の進歩など、膨大な技術陣と豊富な資金なくしては到底実行不可能な状況であった。

これらの諸施策を実施して成果を上げるには、神戸工業単独では自から限界があったので富士通との一体化を目指して1968年（昭和43）3月5日、合併契約書に調印した。

この合併は神戸工業の経営の失敗と見なされがちだが、これは誤解である。すなわち、合併直前の1966年（昭和41）、1967年度にはカーラジオの成長等から、経営は大幅に改善している。ほぼ同規模で同分野の製品を製造していた日本無線より、利益率も高い。合併の理由は、半導体が大規模な設備投資を要する時期になり、蓄積してきた半導体の技術を生かすためである。

神戸工業では、培った半導体技術は合併により富士通で生かされ、カーラジオも富士通テンとして高い成長をした。

（富士通研究所　村松洋）

同年8月1日、正式合併が行われた。

神戸工業は、〝技術の神戸工業〟として知られ、電子管・半導体・オートラジオ・無線装置・精密機械・放射線計器等いずれも優秀な製品をもって業界に異彩を放っていた。

この後、1972年（昭和47）富士通からラジオ部門が分離・独立し、資本金5億5千万円の富士通テンが設立されるのである。

9　研究者と成果の略記

敗戦から1958年（昭和33）までは、研究部も存在しなかった。「神戸工業大学」と呼び声も高く、1960年代前半の回想として職場で個人の学位論文の執筆に専念することが黙認されていた。

①有住徹弥、1913年（大正2）生

　　1936年（昭和11）京大理学部卒、川西機械入所。1950年（昭和25）日本で最初のシリコンダイオード試作着手。

　　1954年（昭和29）最初の5石トランジスタ・ラジオ試作成功。

　　1961年（昭和36）勲3等瑞宝章受章

②大脇健一（1910〜2001年）

　神戸工業／富士通／富士通研究所の各取締役、広島工業大学。

　1948年（昭和23）進行波オシロ管を発明。

　藍綬褒章受章。

③江崎玲於奈　1917年生まれ。

　1947年（昭和22）京大卒、神戸工業入社

　1956年（昭和31）東京通信工業（ソニー）へ移籍。後、IBM、筑波大学。

　1973年（昭和48）トンネルダイオードの発見によりノーベル物理学賞受賞。

　神戸工業で得た不純物の多いゲルマニウムの特性データが発端である。

④赤崎勇（1929〜2021年）

　1989年（平成元）青色発光ダイオードを実現。

　2014年（平成26）ノーベル物理学賞受賞。

⑤佐々木正（1915〜2018年）

　1938年（昭和13）京大卒。

　1964年（昭和39）早川電機（シャープ）に移籍、シャープ副社長。電卓の開発を指揮した。

10　富士通テンからデンソーテン

　1972年（昭和47）10月、ラジオ部門を富士通から分離・独立して富士通テンを資本金5億5000万円で設立した。

　1990年（平成2）4月に資本金を10億円に増資し、トヨタ自動車工業、日本電装の資本参加を受けた。

　2017年（平成29）11月1日、資本構成をデンソー51％、トヨタ自動車35％不変、富士通14％と変更し、併せて社名を富士通テンからデンソーテンに変更した。

　デンソーは、トヨタ自動車との資本関係が深い。

DENSO TEN

新しい商標（デンソーテン社内報）

11　CASE 時代の到来はチャンス

　1954年（昭和29）タクシー用 FM 無線機、1983年（昭和58）エンジン制御 ECU、1997年（平成 9）ナビ内蔵 AV 一体化の「AVN」を初めて市場に送り出すなど、技術開発を先導して自動車関連業界で存在感を発揮してきた。

　2019年（平成31）4 月、それまで機能ごとに分かれていた部門を事業ごとに再編成。

① 　コネクテッド事業
- ・安全運転管理テレマティクスサービス（通信型ドライブレコーダー）
- ・緊急通報システム
- ・AI を活用したタクシー需要予測サービス

② 　CI 事業
- ・ディスプレイオーディオ
- ・カーナビゲーション
- ・音響システムなど

③ 　AE 事業
- ・エンジン制御 ECU
- ・エアバッグ制御 ECU
- ・ハイブリッド制御 ECU など

　2019年（令和元）6 月、加藤之啓社長は『CASE（コネクテッド、自動運転、シエアリング、電動化）の時流に対応できる幅広い製品群を自社で備えている企業は稀有」とデンソーテンの優位性を語る。

12　製品の主な歩み
【車載カーラジオ】

　1955年（昭和30）トヨタ自動車の初代クラウン専用に採用され、日本でのカーラジオの草分けで、大口顧客を手中にしたことで神戸工業として戦後の混乱期を脱した。
【車載用 CD プレーヤ】

　1983年（昭和58）8 月　トヨタ自動車と共同開発。
【ＥＦＩ】

1985年（昭和60）電子制御燃料噴射装置（EFI）のコントロールユニットをトヨタ自動車に納入。

【車載用マルチメディアプレーヤー】

1994年（平成6）には世界初を発売し、車間距離警報装置も発売した。

音楽・映像機能を一体化したカーナビゲーションで、〝テン〟にとっての稼ぎ頭である。

【「マルチアングルビジョン」】

2010年（平成22）世界初、車両の周囲を様々な視点から立体的な俯瞰映像で確認できる「マルチアングルビジョン」をトヨタに納入。

【ECLIPSE】カーナビ

2014年（平成26）市販初、全国の地図が自動で更新される ECLIPSE カーナビ2014年秋モデルを発売した。

今後に向けて

今後、地球温暖化につながる温室効果ガスの排出をゼロにする「脱炭素社会」の実現に向けたデンソーテンは何ができるか、どの様な製品を世に出すのか、期待が膨らむばかりである。

第7章　大和製衡株式会社（旧・川西機械製作所）

社章は、大和の「大」とWeigher（はかり）の「W」、Testing　machine（試験機）の「T」、3つの頭文字を組合せ、円滑な発展をするように丸の中に収めたデザインである。

第1節　大和製衡の歴史

1　「大和製衡」設立の経緯

大和製衡の歴史は古く、1920年（大正9）に、川西機械製作所の衡器部にさかのぼる。

社章（大和製衡社内報）

本社工場は、「明石城址」西方の、南北に細長い敷地内にあり、元々、日本毛織明石工場であった。

現大和製衡の工場は、太平洋戦争末期の1943年（昭和18）当局の要請で川西機械製作所が日毛明石工場を引継ぎ、航空機銃架等の製造を開始し、戦後平和産業に転換時に、大和製衡設立の基盤としたのである。

当初、大衆向規格衡器の製作を先にする方針から改め、標準原器、各種天秤、台秤、貨車等の秤量機から、風洞天秤、材料試験機にまで及び、風洞天秤は日本の航空機技術向上に寄与し、自動秤量機は独自の研究開発が実り、「はかり」の専門メーカーとして名声をほしいままにしている。

2020年（令和2）には川西機械製作所から創業100周年を迎えた。

ある人物　白洲次郎

余談だが、財閥解体に関連して、三菱、住友などが解体され川西も危ないということになった。川西勝三社長が川西清司氏から聞いたところでは「白洲次郎氏がとても骨折りしてくれ『川西を潰してはならない』と言っていた」と筆者に語った。

　戦後、1949年（昭和24）12月、白洲は貿易庁長官就任。通産産業省を設立した。1951年（昭和26）9月、サンフランシスコ講和会議に全権団顧問として随行した。

　吉田茂側近であったことから公社民営化を推進しており1951年（昭和26）5月、日本発送電の9分割によって誕生した東北電力会長に就任した。新明和はオートバイ「ポインター」製造・販売及び「モーターサービス」立ち上げなどで便宜を図るなど数多くの支援を頂いたと聞いている。「余話3－2　白洲次郎の逸話」参照。

2　大和製衡設立時の操業

　1945年（昭和20）12月に大和製衡として設立し、戦災を復旧しつつ、糊口を凌ぐのに難渋したが、幸いにして、川西機械製作所時代に培った「衡器部」の技術と製品が、民生復旧に即応し得ることから比較的早くGHQの掣肘（せい）（他からの干渉）から離れることが出来た。

　創立した当時のスローガンは「いつの時代でも必要とされるものを手がけよう」と一過性のビジネスではなく、社会性ある企業像を目指した。また、川西清兵衛の創業者精神を受け継ぎ、目先の業績の波に一喜一憂せずに将来を見据える姿勢を貫くために、長期的に考えて堅実なオーナー経営を貫いている。

　戦後、明和興業（前川西航空機）「雑貨部」では、大和製衡から、バネ秤（はかり）、上皿秤等を下請けしたが、このことは、現大和製衡川西社長を始め社員は初耳と驚かれていた。

　今泉清一氏（故人）から引き継いだバネ秤は今も完全な形で手許に残っていたので、それを、大和歴史展示室

工場内の両陛下と御案内する井上次郎社長
（大和製衡社内報）

（資料室）で保管頂くよう贈呈し、現在展示中である。

　1946年（昭和21）ごろ、兵士の健康管理を重視した駐日米軍から、バスルームスケールを受注している。当時は材料不足だったので飛行機用残材を活用し、品質の良さを盛り込んで製作したのであろう。１台の価格が、当時大卒公務員初任給の３倍ほどの高級品で、何千台も納入したと言われている。

　この現物は川西清司氏の蔵から２個出てきて、１個を展示室で見ることができる。

3　昭和天皇・皇后両陛下の行幸啓（大和で一番大事な日）

　戦後天皇陛下は「戦災復興状況御視察」として46都道府県を御巡幸された。

　1954年（昭和29）４月６日に天皇・皇后両陛下が大和製衡に来社され、大変な栄誉なことであった。

　平和産業で大和がよくやっているとの思いが、一般企業にお越し頂けたのである。

　戦後、前後して皇室の御訪問を頂いた。略記すると下記のようになる。

　1949年（昭和24）秩父宮妃殿下お成り。

　1950年（昭和25）高松宮殿下お成り。

　当時天皇・皇后両陛下がお休みになられたお部屋は現在も敷地内に「貴賓室」として保存されている。歴史を通じて過去を重んじ、多くの従業員は思いを繋いで行くべきだとする川西勝三社長の思いが伝わってくる。

　創業者川西清兵衛に対しても創業精神と感謝の気持ちを忘却させずに残しておく心が、胸像となって従業員はじめ多くの目が届く表玄関内の右手に静座してあり、台座には清兵衛氏の座有銘「一以貫之」がある。

　思いの強さを岡村剛敏取締役から、次のように聞いた。『１月24日は川西龍三さんの命日、11月19日は川西清兵衛さんの命日、会社では主任以上の社員一同が部屋に集まって、写真を飾って追悼式を行っている』

製秤技術に内外の評価
技術力　川西気質

　特許を活用した経営戦略等を展開する点に特徴があると思われ、500人に

も満たない企業だが、経営方針に沿った知的戦略の実施部門「情報特許課」に社内弁理士がいて、特許情報を収集、分析し、各事業部へ情報提供を行うのは勿論、社内勉強会を通じて質の高い出願スキルの向上に取組み、「稼ぐ特許」を実現する体制を整えている。

それら成果の一部として、平成29年度の　「知財功労賞」経済産業大臣表彰を受賞した。この賞は知的財産権制度を有効活用している優良企業に授与されるもので、経営層の知財意識の高さ、製造各種計量機材に盛り込まれた多くの特許取得・活用が評価されたものである。

もう一つは、『大和へ行けば何でもやってくれる、と評価されていることに誇りがあると』と太田孝雄顧問は語る。「多品種少量生産」に立ち向かうには煩雑さや効率面の悪さから社内では敬遠傾向にあるが、果敢に挑戦する凄さが大和にはある。

二つ目は優れた機械屋さんの力強さを感じたのである。近年「メカトロニクスが世間では囃されて、ややメカ屋が疎んじられている」ように感じるが、メカ屋が居るから、かなり高度な機器が作られるので、メカ屋は絶対必要で、重要視されなければならない。

「川西気質」なるものについて考えてみると、戦後の神戸工業、大和製衡、新明和工業とも共通点を感じたことは、目新しい発見につながるとか、新製品の開発に目を向けてものにしていく進取の気持ちが旺盛である事を挙げたい。

4　創業100年を振り返る

1920年（大正9）清兵衛の発案により衡器製造を企画し、メートル法の採用・普及により将来有望且つ、一定して変わらない商品として着目して、衡器製造を開始した。

戦後、直ちに民需転換を行い、川西機械製作所の技術を継承して、一貫して「はかり」の計量器専門メーカーとして歩み、1945年（昭和20）に大和製衡として独立し、「計量」にこだわり続けて、

100周年記念ロゴ
（大和製衡社内報）

2020年（令和2）には創業100年を迎えた。

昭和から平成にかけて

1962年（昭和37）7月、普通はかり新工場完成。

1974年（昭和49）12月、明石市に子会社、ヤマトハカリ計装を新設。

1976年（昭和51）には川西龍三の次男、川西龍彌が社長に就任した。

1985年（昭和60）8月、西ドイツ・デュッセルドルフに駐在事務所を新設。

1990年（平成2）8月、上海東昌大和製衡有限公司（現上海大和製衡）新設。

この時代の「技術のヤマト」の代表製品は、コンピュータを駆使した自動計量装置である。

各種計測センサー（ストレインゲージ・ロードセル（荷重—歪検出器））が発達し、コンピュータと組合わせることで、画期的に自動化と高速化が進み、製品の種類が増加して、単に重錘を使うような「秤」ではなくなったのである。

以下、主要製品を概説するが、いずれも上記機能素子を組み込んで、顧客の希望に応えた製品を供給している。

5　現在の主力商品

データウェイ

計量システム機器の製造・販売及び修理を行う大和製衡の稼ぎ頭は1980年（昭和55）に発売した「データウェイ」である。

10数個の計量器とコンピュータの演算・選択機能を一体化した自動定量の連続計数装置で、設定された重量に最も近い組合せを算出する「定量計量」に威力を発揮して、重さや形が不ぞろいなものを袋に入れ、一定量を計量し、食品、流通業界などの合理化に役立っている。

「きっちり量る」ことが省資源・省エネに貢献していると大和は考えて、多く入れすぎると資源の無駄遣い、少なすぎると消費者からクレームが出る。また、利益を出すためにも「目標重量値」に近づけている。

その後の技術改良により計量スピード毎分200回の高速・高精度運転で、

包装機へ確実に定量供給を行う装置は、海外でも評価が高く、現在では国内より米国を中心とした世界134カ国と取引実績を持ち、世界14カ国に15拠点を持ち、会社利益の6～8割以上を占めている。

6　200年企業に向かって

『生き残っていくためには国際化に力を入れる』『製品品質世界一の計量機メーカー

データウェイΩTM（はかり10個を内蔵）（大和製衡社内報）

を目指し、省エネ・省資源、CO$_2$削減を徹底させ、地球と世界中の人々を守る』『これからの100年を従業員と共に一層の努力をする』川西勝三社長は200年企業を目指すと力強く語る。

第2節　主要製品の歩み

製品群は、大きく3部門に分かれている。

1　産業事業部

①工業用大型はかり

1947年（昭和22）にベルトコンベヤスケールの戦後1号機を完成、次いで貨車スケール・クレーンスケール等を完成させていった。

②電子式クレーンスケール

1953年（昭和28）電子式の重量検出センサーであるストレインゲージ式ロードセルを開発し国内で初めて実用化した。

③航空機用風洞天秤

三鷹市、JR中央線三鷹駅南、調布市との市境に、遷音速風洞設備がある。通称：航技研（現在は、略称：JAXA（ジャクサ）とよばれる宇宙航空研究開発機構）の所有である。

風洞は航空機・宇宙機が空気中に飛行する際に受ける空気力学的性質（空力特性）や機体周囲の気流の流れ方を調べるために模型を設置し、それに空気流を当てて、得られた測定データを解析して、実機に与える影響を把握するものである。

JAXAから『大和の風洞天秤がなかったら、日本の航空技術は発展していなかった』の殺し文句に発奮したと関係者は言う。

④自動車用天秤

風洞天秤は、自動車、船舶等が、高速移動時に受ける空気力等を計測して得たデータを基に、設計対象物の安全性、安定性、燃費、性能予測にも用いられる。

1961年（昭和36）日産自動車横浜を皮切りに、1996年（平成8）までにトヨタ自動車、日本自動車研究所、三菱自動車、マツダ、本田技術研究所などへ複数回納入している。

2　自動機器事業部

魚類の鮮度判別

計量の新たなコンセプトを創出するため、体脂肪率測定技術を転用して、魚のおいしさの指標の1つである脂質の含量を非破壊で測定する〝魚用品質状態判別装置〟「フィッシュアナライザ」を開発し、特許を出願して商品化した。本製品で魚の旨みや鮮度を客観的に測定することが可能となった。

震災復興支援機材

『大和としては色々な面でお困りになった方々に手を差し伸べているが、大きなものは東北の漁港支援です』と岡村取締役は語る。

2011年（平成23）3月の「東日本大震災」被害に対し、災害復興支援している。

大和製衡のロータリー方式は、1回転の間に自動供給・計量・選別を高速で、サンマなら毎分350匹の処理ができ、円形に配置した高精度ロードセルとコンピュータ制御で高速度計量を実現し、高速選別で鮮度の低下を防止することができる。

他社メーカー製品は直線的に処理する長大製品なので場所を取る。被災漁港から「大和さん作ってくれ！」と双方の思いが一致した。簡単に選別作業ができ、作業者負担が最小限で、省力化し得たことが好評で、被災地の困窮に即応して開発〜製品完成〜納品まで短期間で完遂したことに対して、兵庫

県は「水産物の高速多段階選別を小スペースで実現」を評価し、「兵庫県の名を上げた」と大和に表彰状を授与した。

3　一般機器事業部
デザインが高く評価されたキッチンスケール
「キッチンスケール」という言葉は大和製衡で商標登録された。1959年（昭和34）第3回神戸市工業デザイン展にて「キッチンスケール」と「ヘルスメーター」が表彰された。

1962年（昭和37）にキッチンスケールはグッドデザイン賞を受賞した。

世界初の音声付はかりを発売し〝話す料金はかり〟として話題になった。

第3節　川西家の社長

川西龍彌
1925年（大正14）3月8日に川西龍三の次男として生まれる。

1950年（昭和25）3月、慶応義塾大学経済学部卒業。

1953年（昭和28）大和製衡に入社。

1976年（昭和51）社長就任。

在任中は「海外拠点づくり」に尽力し「もはや国内市場は飽和状態」と語り、一段の発展を目指し海外展開を積極的に進めた。

1984年（昭和59）韓国に生産拠点を設置。

1990年（平成2）中国上海市に合弁会社を設立、商業はかりの生産に着手。

社外における各種団体等の要職を務め、各方面への貢献度も高い。主なものは、
①日本計量機器工業連合会の常任理事　副会長
②兵庫県計量協会長、明石商工会議所副会頭、神戸経済同友会役員等々を歴任

川西勝三
1943年（昭和18）神戸に生まれる。

甲南大学経済学部卒業後、

1967年（昭和42）大和製衡入社

1999年（平成11）取締役社長就任

　川西社長は、入社当初から川西家家訓を叩き込まれ、その一つは「余計な事をするな。創業時の事業のみを、時代に応じた世界で類の無い革新技術で進化させろ！」これを忠実に守り事業を成長させるのが川西社長の「流儀」である。

「現在の国際企業として急激な成長は、家訓を叩き込んでくれた二代目当主川西清司のおかげです」（川西社長談）

後列左から龍三（満57歳）、次男龍彌、長男甫
前列左から美栄子夫人、長女美子
1948年（昭和23）9月12日
（出典：「川西龍三追懐録」）

第8章　新明和工業株式会社（元・川西航空機）

第1節　川西航空機の戦後（新しい戦い）

1　前史

　1945年（昭和20）8月15日に無残な敗戦となって、同時に国内全体が復興という新しい戦争に入った。川西航空機が新明和興業として発足するのは、終戦4年後の1949年（昭和24）11月のことである。

　川西航空機は、甚大な被害を受け、更に、連合軍総司令部（GHQ）の命令で軍需関係産業が禁止された。

　会社は、1945年（昭和20）8月27日に「原会社残務整理委員会」を作り、残存資材の保守・整理を行い復興に備えた。あらゆる物資が不足していた当時、金よりも資材が貴重で、今後何をするにしても、最重要事項であった。（社史−1より）

2　戦後の苦労話
終戦直後混乱時代

　終戦の報を聞き、資材等の原会社返還、工廠の帰属化処理等、極めて混乱状態であった。大きくは下記のものがあり、

①戦時補償特別措置法（第2軍需工廠関連、不当課税取消関連等）

②経済集中排除指定の解除

③企業再建整備法

　各官庁との折衝・解決に非常な困難があったが、詳細は割愛する。

3　終戦後の川西航空機

　敗戦ショックと虚脱の何日かが過ぎ、原会社に復帰した従業員も、新しい活路を求めて退社し1000人ほどが残った。

　近畿、四国、北陸方面123か所の疎開先にある残存機械、工具、資材等の、棚卸後計数整理が終わって商工省に、航空機の納入代金、官設民営工場建設

工事の立替金、工廠移管の補償料、その他の受取勘定を合計した4億5800万円の請求書を提出したのは、1946年（昭和21）4月であった。

　同省は、5月27日付けで同額の政府特殊借入金証書を会社に交付し、支払いを完結した。早速、この特殊借入金証書を融資銀行の三和銀行と日本勧業銀行に持参し、借入金の返済に充て、社長は両銀行に出向き、戦中の援助を感謝すると共に、今後の民需転換の計画を説明し助力を要請した。

　社長は『金融機関への責任を果たすことができたから、今後は株主や従業員のために、事業転換に専念することができる』と言って喜んだ。

4　終戦復興時の川西社長の行動

　川西社長が復興に当たられた激務の一端は前述したが、側近として仕えた、元専務取締役古河滋の思い出から摘要を記述する。

　終戦後の困難は次々起こった。航空機製造事業はポツダム宣言により禁止され、殆どの機械類は賠償指定品となり連合国から十分な維持・保守を命じられ、一台の機械も自由に動かすことが出来なかった。

　印刷部門の仕事を第一歩として、宝塚、福知山、布施その他賠償機械の管理を兼ねつつ分散的に思い思いの生産らしきものが始まったが、ことごとく転換事業であった。

　その陰には十指ではきかぬ過渡期的雑事業の死屍累々たる姿があった。「高い授業料」である。この間社長の着眼は先ず「従業員に食べさせること」次いで「技術の温存」とであって、企画部門を直卒し週一回必ず各事業場と傍系事業の責任者を集めて細かに業績を聞き、批評し、指示を与え、かつ全体の統制を計られた。

　社長から見れば「経営者」的訓練を受けたものはほとんどいない。危なくて見ておれないと思われたのも無理はない。

　一方国際情勢は追々に米国の日本占領政策の転換を来たすと共に、昭和25年甲南工場の再開により板金機械、電気溶接器、調質設備等を準備して特需生産を漸次大規模に行い、これが米極東空軍との接触の足場となった。

　1953年（昭和28）英国デ・ハヴィランド社との技術提携による航空発動機のオーバーホールに着手、社長にとっては幾分張り合いのある日が続くよう

になり、1954年（昭和29）春伊丹飛行場隣接地に土地を求め、格納庫の建設
を決定された。某日社長は『こんなに早く航空機工業の再開が許されるとは
思っていなかった』と会心の笑いを洩らされた。

　1954年（昭和29）8月社長の東京における航空機事業展開を計っての活動
はもの凄い御努力で、国内諸官庁、米国空軍・海軍、軍事顧問団、大使館
等々を連日にわたり訪問し、陳情や意見交換に当たられた。

　同年11月5日創立記念日行事が甲南工場で行われ、しっかりと式辞を述べ
られ、そのあと社長は、ピンポン、相撲、バレーボール、野球等のゲームや
生花、絵画、写真等の展覧場を見回られた。見てやらなくてはという責任感
からであったと思われ、足取りも軽くはなかったが、社内に対しても「よく
務められた」社長であった。

　ただ当日変わったことは、ありふれた閉会の挨拶でなく、一段と身体を乗
り出され『諸君、人間はとかく病気に負け勝ちである。たとえ具合が悪くっ
ても俺は病気でないぞという信念をもつ事が必要である』と非常に熱を帯び
た調子で従業員一同に対し呼びかけられたことであった。

　痛ましいかな、社長はこの時、人に言い聞かすより、自らに対する戦を誓
ったのである。

　社長の健康状態は、「余話3－3　川西龍三社長の健康状態」参照。

5　自活の繋ぎ仕事（けれん仕事）

　従業員の1／3程度は働く場所を得たが、まだ700人ほどの従業員が工場
や倉庫の保守をしていた。どうやって食わせていくかが問題であった。

　幸い資材があった。軍需工廠の残務整理委員から引き継いだ資材が民有で
あることの商工省証明を受け、軍政部から民需生産に使う許可を得て、まず
生活用品を作るには、賠償指定工場内で作業ができないため、構外の食堂、
倉庫、寮等を使用した。

「けれん仕事」の一例を次に示す。

①鳴尾：アルミ板を利用して米櫃や衣裳箱、風防用の有機ガラスで櫛、ブロ
　　ーチ、ペンダントが作られた。

②甲南：アルミ管で煙管を、アルミ・パイプを磨いて、シロホンを作った。

ピアノ線を活用してネズミ捕りも作った。

　焼け残った建物の鉄骨も売った。

③宝塚：パン焼き器、氷かき器、ローラースケートなどを作った。

④福知山：鉄板でフライパン、ストーブ、天火（オーブン）、十能、バケツ類。

　地下工場建設用の松材杭木の下駄。その他、工場給食用の小麦粉の残りに芋の粉や脱脂大豆を混ぜ、ズルチンで甘味をつけ蒸して短冊型に固め、「鬼あられ」と銘打って、国鉄福知山駅で立ち売りした。

⑤姫路：付属農場を経営する傍ら、ミシン加工をやり、自動車の修理や金属製玩具の製造の外に、戦中に厚生施設として、買い取った浴場、理髪店、豆腐製造所、ホテルを復活して直営した。

　当時の飛行機会社はどこも同じようなことをしていたと言われている。

6　新規事業苦難の足跡

　1946年（昭和21）三輪自動車の試作第1号が完成し、翌月転換許可が下りたので、鳴尾工場旧機械本館と機械工場に移転し量産を開始した。

　同時に班名を改め「明和自動車製作所」と、商標名を、戦時中の秘匿名称「神武秋津社」から取り「アキツ」と決めた。三輪自動車は、複数の軍需会社が戦後の転換事業として参入したことと、戦前からのメーカーもあり、激しい競合製品であった。

　当初は公定価格があり、ことに「アキツ」は性能の良さで評判が高かったが、機能部品等の品不足による奪い合い、電力使用制限も影響し、インフレによる人件費の高騰もあり採算は良くなく、争議も発生した。

　1949年（昭和24）11月正式に第2会社化し、社名を「明和自動車工業（株）」とした。

　1956年（昭和31）8月に、事業をダイハツ工業の子会社、旭工業に譲渡して解散した。

　ダイハツについては、余話3－4　旭工業・ダイハツについて参照。

　1946年（昭和21）4月には、排気量56ccの小型発動機開発の目途がつき、「宝塚軽発動機製作所」と改め、商標名を「ポインター」として社外販売を

始め、売行きは良く、運転免許も不要で、自転車に簡単に取り付けられた。

　1953年（昭和28）バイクエンジンの転用でポータブル発電機。1957年（昭和32）自吸式ポンプ。1955年（昭和30）ワイヤー・ストリッパー完成等ヒット商品が続き、今日の「産機システム事業部」の主力製品になった。

　福知山では、1946年（昭和21）以降、製材業、動力脱穀機、精麦米機、農業用石油発動機を製造して、秋津島・蜻蛉と農業に関連した「アキツ」を商標名とした。製品はかなり売れ採算も取れた。

　1958年（昭和33）に別会社として独立した。

第2節　新明和興業（株）誕生経緯

1　川西航空機の戦後処理と社名変更
民需転換への苦悩（官庁との折衝）
　終戦で飛行機の製造が全面的に禁止され、戦争末期に第2軍需工廠として国営に移管されたため再建の労苦も尋常ではなかった。

　1946年（昭和21）10月に、戦争に関連して政府に対する債権と損害補償請求権が、戦時補償特別法の施行により打ち切られ、特別経理会社になり、この措置により、終戦に伴う膨大な損失（戦時補償の打ち切りによる損失）を「旧勘定」に入れて別経理で処理し、新規事業は「新勘定」経理として、事業の再建に全力を注ぐことができた。

　1947年（昭和22）7月、川西航空機は社名を「明和興業株式会社」と改めた。

2　新明和興業株式会社の設立
　政府は1946年（昭和21）10月、企業再建整備法を公布した。

　明和興業も特別経理会社に指定されたので、再建整備計画を主務官庁に提出することになった。要は「現存の会社を、そのまま存続させるか、あるいは解散して清算会社とし、別個に出資して第2会社を設立するか、どちらかを選択決定せよ」ということなので、明和興業を解散し第2会社を設立した。

　第2会社は、三輪自動車を製造する部門で1会社。その他の部門を総合して1会社、この2社を設立することにした。

昭和29年の広告

　三輪自動車部門の社名は、いち早く「明和自動車工業」と決まったが、他の一つは検討の末現在名の頭に「新」を冠して「新明和興業」に決定した。

　上の広告は、苦難の「転換事業」から「新規事業」に取組み、やっと軌道に乗り出したころの会社営業品目を表している。

第3節　特装部門の発足

1　川西モーターサービスの創設

発足までの経緯

　福知山市石原の鳴尾疎開工場には、宮原勲、桂芳雄、浅野隆平などがいた。9月に宮原は鳴尾に帰って企画室長になり新規転換事業の調査等を担当し、英会話力を発揮して米陸軍の神戸ベース甲子園デポ（兵器廠）の幹部将校らと親しくなり『現在、進駐軍で行っている自動車修理を日本の会社に請負わせる方針が出たが、川西で引き受けないか』と聞いた。事前にその情報を知った宮原は、川西社長に『この仕事をやってみては』と言うと、社長は、『まだ何をするという確たる計画がないから一応何でもやったらよい、そんな話なら君がやれ』と即座に許可した。社長も親父の清兵衛と同じ『やってみなはれ』である。

　宮原は自動車経験者の西澤儀一以下3名を甲子園に送り、軍用車の修理を

実習させ、翌1946年（昭和21）6月頃、川西
が引き受けることが確定した。

川西モーターサービスの社章

工場は西宮市今津、甲子園兵器廠津門工場
（旧鐘淵機械工場）、組織名は「川西モーター
サービス部」、人員は事務、技術、現場の合
計307名で、自動車の解体、組立てを行い、
実習員の練度向上に従い、人員と工場面積を
増加する。その他、「住居及び食糧事情が悪
いため、熟練工の確保に困難が予想されるの
で、駐在軍政部の援助を希望する」と付記した。したたかさのある折衝であ
る。

特筆すべきは、米軍調達契約の打切り後に備えて研究しておいた特装車の
架装が発展し、今日の新明和工業を形成する五本柱の一つとなったことであ
る。

川西モーターサービス部（以下、KMSと略称する）という名称は宮原の
発案だが、なかなかハイカラな名称であった。

作業開始

第1次メンバーが集まったのは7月の下旬である。

すでに5月から、「尼崎自動車」がジープ、ウエポン・キャリヤなど比較
的軽量の車両の修理を担当していた。

実習は、宮原所長が新作業員を相手に、ジープの実物見本を前に、車両構
造、取扱方法などを、米軍のマニュアルによって説明することから始まった。

尼崎自動車の請負作業を吸収

1949年（昭和24）宮原所長は、次の仕事を計画し、「整備だけでは将来が
不安だ、何か自動車に関係したものを開発したい」という構想を持って、戦
時中設計部にいた者に自動車の勉強を続けさせていた。これが後日大きく実
ることになる。

6月に大事件発生。「TSUDO　SHOP内の請負業者をどちらか一つにし

たい」と米軍が言い出したのである。

　尼崎自動車とKMSそれぞれが、生き残るための熾烈なPR合戦を始めた。この時は川西社長が先頭に立って、GHQへの運動、大阪特別調達庁への陳情などを繰り返した。

　幸いに川西に軍配が上がった。以後、尼崎自動車の請負っていた仕事と従業員を吸収し、KMSは大きくなった。その後、1950年（昭和25）6月の朝鮮動乱に際して、人員の増加を必要とし、ついに2000名を超す大所帯になった。

甲南工場のダンプカー開発

　甲南工場は最も少人数で、何とか経営している苦境だったが、次の時代を目指す準備を進め「自動車を手掛けるならダンプが面白かろう」という宮原所長と桂副所長のアイデアで、1949年（昭和24）9月にガーウッドの部品をそのまま使ったダンプを組み立て、第1号車を萩野組に納入した。

　独自のシリンダー用ギアポンプを設計するようになり、その結果完成した4型ギアポンプが、「川西のダンプ」の地位を決定付けた性能の優れたポンプであった。

　朝鮮動乱特需でトヨタ自動車工業が米軍にダンプカーを納入するとき、下請けの話しが持ち込まれ、川崎と川西がこれにあたり、最後には川西1社で作って納めることになって、本格的にダンプと取組めるようになった。

　納入台数は55台、トヨタ自動車に納めた川西ダンプは甲子園の米陸軍に搬入された。

　ダンプが将来、今日のような新明和の主流製品の一つになるとは、当時の関係者はまだ誰も想像

製作したダンプ・トラック第1号
（右から4人目桂「新明和社史」より）

していなかった。

2　特装車メーカーとして進出
ダンプカーの製造
　甲南工場が台風と高潮で大被害を受けて、移転したのが神戸工場である。
　我が国の自動車工業が、時代の成長産業として大成長する時期であったことなど、条件がそろっていたが、宮原と桂の息の合ったコンビネーション、背水の陣を敷いた覚悟と経営体制における少数精鋭主義、一致団結の強さなどの客観的な条件をフルに生かして、事業を時流の波に乗せたのである。

東京工場の発足（関東への進出）
　桂が、三転ダンプの販売のため、関東の得意先を回っているうちに、東京進出の必要性を、身をもって感じ取った。従業員が50名を超える規模になった1953年（昭和28）桂は『東京に工場を作る』と言い出した。「石橋を叩いても渡らぬ」どころか「新明和における前代未聞の大冒険をやる」というのであった。横浜に求めた工場は東京工場と命名され、五十川が工場長に任命された。

3　業界最大を目指して佐野への進出
　東京工場、寒川工場の稼働が本格化した頃、ダンプ・トラックはさらに大型化が進み、10トン・ダンプの増加で、閑散期を知らず繁忙期へと移った。
　この時期には、ミキサーについてもメーカー発注による量産化が進み、東京工場は受注を抱えて、受注を消化しきれず、新しい10トンのシャーシー置場も必要となった。

業界最大の佐野新工場
　栃木県の佐野市が協力し、日本住宅公団造成の工場団地が持ち込まれ、規模も大きく分譲面積は23万㎡であった。
　1970年（昭和45）6月1日、工場稼働、当日、第1号車を搬出。
　同年11月18日、竣工披露式を行い、建物延べ面積3万4900㎡、新明和最大

規模の工場が北関東の一角に誕生したことを顧客に宣言したのである。

特に1971年（昭和46）3月、フランスのベン・マレル社と技術提携したマレル式ダンプを、「天突きダンプ」の商品名で売り出したところ、1972年（昭和47）の景気悪化にも屈せず売上げを伸ばした。

この実績が買われ、日産ディーゼル工業と共同で、国産最初の超重ダンプ38トン車、45トン車を佐野工場で開発して成功した。

4　特装車部門活動の根底精神

特装車部門の歴史は、戦争終結後の復興期から生れたもので、その創業精神は川西清兵衛の座右の銘「一以貫之」に相当するものと思われる。新規事業と称して独立採算で従業員が業務に邁進した結果でもある。

元副社長の加藤幹彦は「川西モーター精神」を下記のように謳っている。

①少数精鋭主義

②極限に近い緊縮経費対策（川西モーターの歩いた後には雑草も生えないと言われていた）

③貪欲とも言える技術的探究心

④「納期厳守」を至上命令として顧客の信頼を得る

⑤非常時の対応の迅速な対応と適応性

これらの「川西モーター精神」を持った多くの諸先輩たちの挑戦と並々ならぬ苦心の積み重ねにより、1949年（昭和24）にダンプの開発を行って以来、日本の復興という流れに乗って大きく発展していった。

手掛けた特装車は多種多様で、その数は200種以上となり、作業に最適な「はたらく車」の提供に日々努力している。

本社広報・IR部長の実平典子が『〝新明和のダンプ〟でなく〝ダンプの新明和〟を目指している』との力強い言葉が強く印象に残る。

第4節　航空機事業の再開

1　再開への模索

特需の受注と甲南工場

朝鮮動乱による特需作業について、他会社も同じ思いで懸命だったから、

なかなか参入が成功しなかった。次々に発表される調達品目の中から探し出し、見積書を提出するが成約できず、時には受注した他社へ下請けを頼みに行ったりした。

飛行機でなくとも飛行機に関するものは何でもよいから見積書を出した。

120ガロン・タンク（新明和提供）

1950年（昭和25）ついに米極東空軍調達部発注の110ガロン燃料タンクとフィンを、2000個受注した。東京で極東空軍と折衝中であった河野常務から清水取締役に午後7時ころ、待ちに待った電話がかかってきた。河野は『ようやくタンクの契約が成立しました』、清水は『よかった、よかった、では、こちらは今から、ショーチューで祝杯をあげます』『ショーチュー？　お酒にしなさいよ』『いや　ショーチューで結構、アハハ…』と「やり取り」があって一同、躍り上がって喜び、さっそく歓喜の美酒を交わしたという。1950年（昭和25）12月25日、空襲爆撃を受けた甲南製作所を突貫工事で修復し、生産をスタートした。

2階にスポット溶接機を並べた。プレスおよびシャー等の工作機械もなく、部品はすべて外注であった。

1950年（昭和25）12月25日

この日が、現在の航空機事業部の実質上の発足の日となったのである。

その1週間後の1951年（昭和26）の正月、甲南工場で遅くまで働いた従業員の3、4名の者に川西社長はご馳走した。

その時、社長は『今年は独立の年、航空事業再開の年、よし、もう一度、飛行機だ』という感慨を込めて「再起」の文字を錫の銚鰲（チロリ）に彫ったのである。

爆撃と台風にさらされた鉄骨と屋根を応急

川西社長直筆「再起」の文字
（新明和社内報より）

修理し、海からは寒い潮風が容赦なく吹き込む中で、燃料タンクとフィンを納期の2月末日までに納入した。

　1951年（昭和26）2月から7月までの間に、4回にわたり燃料タンクを受注し、納期に余裕がなく突貫作業を続けた。当時は熟練者が足りない上に、納期が短かく、最後には人海戦術をとった。人の採用が容易な時代だったので、未熟練者を大量に雇入れ、ようやく納入することができた。

　当時の就業状況を知る、岩崎要氏の体験談を取材した。

　岩崎氏は朝鮮戦争が勃発した1950年（昭和25）、故郷鹿児島から両親に2年の期限を条件に、軽い気持ちで神戸に出てきた。同郷の人に新明和が募集していると聞き面接試験を受けた。『試験会場で体格のよい私を見て力があると見込まれ、黒物タンクと呼ばれる鉄製の90ガロンのナパーム・タンクを二人で担いで歩くのが試験でした』と語る。いわゆる運搬工の採用であり、1951年（昭和26）6月甲南工場に入社した。

　最初の仕事はP－51戦闘機やF－80ジェット戦闘機搭載用小型の110ガロン燃料タンク製作であった。

　『まだ人の採用が容易な時代であったし、作業がマスプロ方式であったため、未熟練の作業員を大勢雇い入れ、ようやく納入することができた』と語る。

　岩崎氏は『素人集団で、忙しい時に採用し、暇になれば首切りを繰り返し、採用する方も雇われる方も深刻さは少なく、無頓着な人も多かったのは、世相がそうだったように思える』と語っている。また、『一時待機的な首切りでも、会社はこれといった経験者や有能な人物に目をつけて、今でいう自宅待機者が、どれくらいの比率かは失念したが「予告手当」という賃金を支払い、私はこのお金で故郷を往復していた』と語る。

　岩崎氏は特需の終わりの頃、入社翌年の1952年（昭和27）、120ガロン・タンク生産に入るまでの8か月間作業がないという時期があり、その間、在日米陸軍からのブレーキ・シュー、スコップシャベル5万個を生産して仕事をつないだが、1000人近い従業員を維持するには不十分で、仕事がなければまた首切りかと脅えていた。

特需の終結から航空機事業の再開へ

　翌1952年（昭和27）に入ると仕事は大幅に減ったが、同年６月に今までを超える数のＦ－86戦闘機用120ガロン燃料タンクの受注に成功し、当分仕事が続けられると一安心した。

　組立作業場は、大屋根が応急修理できた一部と２階部分を組立工場として、スポット溶接機を並べ、工場内に機械配電用の電柱を立て、裸電球がぶら下がる中で作業した。

特需の終結とその後の模索

　1953年（昭和28）７月27日、３年間にわたった朝鮮動乱は、休戦協定の成立により終息し、特需も終結を迎えたので、当面の仕事を探し、今後進むべき方向を模索した。

　米極東空軍から、椅子、机、キャビネット等のスチール家具を受注した。

　酒造会社のステンレス製酒醸造タンク、合繊会社向けのケーク精錬機等を受注した。これ等の製作が後に新明和プラント機器部門が生まれる基になった。

　1954年（昭和29）９月海上自衛隊Ｓ－51ヘリコプターのオーバーホール（以下、O/H という）が甲南工場で行われた。戦後初めて完全な機体に接し、かつての飛行機屋たちは感慨無量であった。これが、戦後の新明和における、O/H 作業の最初でもあった。

甲南工場搬入 S-51ヘリコプター

　1955年（昭和30）９月から、防衛庁発注のアルミ製7.5mの内火艇〝ゆきかぜ〟〝はるかぜ〟の製造を行った。

石本進は、内火艇の技術を担当した。先輩の井上博之が選んだ「船舶工学便覧」全5巻をむさぼり読み、極寒の中、鼻水をたらしながら野外水槽で1／10模型を引っ張った。『当時、門司に1隻あった全軽合金艇「あらかぜ」の見学、船屋の常識のスクリュー、その他の標準部品の調査等に、段取りをつけて頂いた』この経験は後の水中翼船の製造時に役立っている。

1958年（昭和33）に、P2V-7対潜哨戒機の協力生産を始めるまで、作業量が比較的少ないまま経過し、この間に水中翼船の実験、プラズマ・ジェットの開発、アルミ合金板のマーフォーム成形の研究などに力を入れ、将来の発展に備えた。

航空機事業の再開へ航空機製作所の新設

1957年（昭和32）1月、甲南工場と新しくできた伊丹工場と東京駐在技術分室を統合して航空機製作所とし、所長に清水三郎取締役が就任した。

その後、甲南工場は海上自衛隊P2V-7の協力生産を中心に、1960年（昭和35）から始まった米海軍P5M飛行艇の修理、航空自衛隊C-46輸送機の部品製作と動翼の修理、YS-11旅客機の後部胴体の生産、航空自衛隊F-104ジェット戦闘機の燃料タンクの生産と修理、その他を加え、1967年（昭和42）には、2550名と人員もピークに達した。

これらの仕事と並行して、終戦以来の念願だったPX-S飛行艇開発の基礎を固めた。

2　伊丹工場開設と機体オーバーホール作業開始

1952年（昭和27）4月に航空機の製造が解禁になり、まず機体と発動機のO/Hを行うことを決定し、1953年（昭和28）2月、26名の社員を研修のため米極東空軍立川基地へ派遣した。当時、立川基地は、アメリカ本国から相当な設備を搬入し、機体のO/Hを行っていたが日本の航空機メーカーにO/Hを発注する方針に変え、川崎岐阜製作所、新三菱重工業等への発注が具体化しつつあった。対象航空機が陸上機であり、広大な土地はあるが飛行場に隣接のないため受注を申出ることができない。

社長は、当時米空軍伊丹航空基地となっていた伊丹飛行場隣接地に、新た

に工場の建設を決意された。

1953年（昭和28）12月1日、羽原修二を工場設立準備委員長に任命した。

同年4月、土地を買収して、旧鈴鹿海軍航空隊の格納庫の払下げを受け、大型機の格納を考慮して軒高を約2mかさ上げし、扉の高さを9mにした。

燃料タンクの生産でアメリカ式品質管理法と、立川基地実習で自信をつけた技術者が甲南工場に集まり、スペック（仕様書）や取扱説明書の借用、必要設備検討、作業指導要領作成、検査管理方式の勉強など精力的に進めた。

1954年（昭和29）2月26日地鎮祭実施。

5月中旬　第1格納庫鉄骨組上。

一方、契約の方は、川西社長が河野常務、坂上秀夫調査室長を伴い上京、米空・海軍関係者を歴訪し折衝を重ねたが、進展がなく、粘り強い交渉の結果、1955年（昭和30）1月、米海軍横須賀基地で、契約を前提とする第1回の打合わせをするまでに漕ぎつけた。

しかし、前年の暮れから健康を害し病臥の川西社長は、1月に入って容態が悪化し、打合わせが行われていた24日、ついにその結果を耳にすることなく逝去された。

社長の健康状態は、「余話3-3　川西龍三社長の健康状態」参照。

1955年（昭和30）6月15日を伊丹工場開設日とし人員総数は41名であった。

O/H第1号機の海軍大型輸送機R4Qが飛来したのは、奇しくも終戦10年目の8月15日であった。

日常業務では全ての者が、多種類の米軍規格に惑わされたものである。

購買課でアルミ合金、特殊鋼材等の購入を担当した吉岡久壽は次のように語った。『いわくフェデラル・スペック（連邦規格）、ミリタリー・エアロノーティカル・スペック（軍航空規格）等々……材料種別を表すQQ-A-325とかMIL-S-5059とか、すべて英文表示で辞書を引き引き参ったと思いました。部品補給の関係では、AN　DWGなどがあり、非常に多数の部品が規格図になって、膨大且つ多種の部品が標準化され、容易に補給できるアメリカの物量に改めて驚いた次第です』

台風時にはハンガー内が民間機の格好の避難場所になる有様で、多い時は20機も逃げ込んできた。搬入機体も増え、防衛庁のPV2、JRF、PBY等、

民間機のタブやマラソン機が搬入され工場は活気を呈し始めた。

代表的な特殊な改装・修理作業

①1958年（昭和33）国産ジェットエンジンＪ３の空中試験機（FTB）用に、空自Ｃ－46輸送機の胴体下部に取付ける改装を実施した。

1958年（昭和33）11月 C-46機とJ-3エンジン

②1964年（昭和39）東亜航空 DH ヘロン機の倒立列型ジプシークインエンジンをコンチネンタル水平対向型エンジンに換装改造を行っている。

エンジン換装前のヘロン機

エンジン換装後のヘロン機
（タウロンと呼称）（新明和提供）

③列島改造論の時期でもあって、航空測量会社のエアロコマンダー機に航空写真カメラを装着可能なように、床面を開口・補強する改造工事も多く実施した。

④航空自衛Ｃ－46型機３機を電子訓練機に改装して EC－46型機とする作業も行った。

ノーズに大きな黒いレドームを取付けた愛嬌のある機体であった。

⑤1959年（昭和34）6月中旬、北朝鮮沿岸で、電波傍受任務中のマーチンP4M機がMiG-17戦闘機2機に追撃され、尾部銃座に銃撃を受けた機体が入ってきた。狭い銃座の板金修理を炎天下でやらされたとは担当の北山義弘さんの言葉である。

⑥1962年（昭和37）11月29日　C-1A艦上輸送機が飛行中、左右発電機のシャフト折損により、徳島県美馬町の吉野川原に胴着した。米軍岩国から交換用エンジンと主脚を運び、応急的にフライアブルな状態にするため、胴体下部の修理とエンジン・脚の交換を行った。工期は約2週間。

鋼板打抜きのランディングマットを450m敷いて、離陸し伊丹工場まで飛行、その後本格的な修理を行った。川原では、12月中旬の寒中に、70〜80人の見物客、座り込んで徳利を傾けるおっさん、女高生が米軍人にサインをねだる等々賑やかだったらしい。

航空発動機オーバーホール開始

戦前、希望が叶わなかった航空発動機について川西社長は、1952年（昭和27）4月、オートバイ部門が鳴尾工場移転を機会に、民間機の発動機修理を始めることとし、航空発動機の第一人者と言われた元海軍技術少将の芳野任四郎氏を招聘した。

1953年（昭和28）1月、イギリスのデ・ハビランド（DH）社と技術提携して、本格的な発動機O/Hを始め、同年8月から約半年、豊田鋼二、田中賀之の2人をDH社に派遣して技術を習得させた。

当時、民間小型機発動機の修理工場が、名古屋以西に無かったため、民間航空会社、新聞社等などから大いに重宝がられた。

1959年（昭和34）2月、伊丹工場内に発動機工場が完成し、鳴尾から関係設備、諸資材を移転した。後には英国アルビス社、米国コンチネンタル社、ライカミング社などの発動機を手掛けると共に、後に米軍及び自衛隊機の1500馬力級の大馬力発動機のO/Hも受注した。

伊丹工場は、機体、発動機双方の部門を整えた航空機のO/H専門工場と

して、各方面から高く評価され、業績も着々と伸びた。

1962年（昭和37）10月に機体O/Hが、続いて翌年7月には発動機O/Hが各々1000機（基）を達成した。

オーバーホール作業の中止と事業転換

米軍から返還された伊丹飛行場は大阪空港と名が変わり、国際空港に昇格した。

大阪国際空港では1965年（昭和40）代に入ってから航空機の大型化、ジェット化が進み、便数も急増、さらにベトナム戦争の影響もあって軍用機の使用も多くなり、その間を縫ってO/H機のテスト飛行をしていたが、次第に制限が増え、万が一にも事故が発生してはならない。航空局から伊丹でのO/Hを止めるように勧告が、再三にわたって出たこともあって、伊丹工場の仕事も、先行きに大きな陰りをみせ始めた。

1971年（昭和46）9月、200人未満の従業員が見守る中を、航空自衛隊C－46型輸送機が領収飛行し、足かけ17年間の航空機O/H作業は終結した。

思えば1955年（昭和30）8月に、米海軍のR4Q輸送機が搬入されて以来、手がけた機体とエンジン等は、防衛庁、米軍、民間の各機種を合わせて、整備工数1000時間以上のものは、機体＝2963機、エンジン＝2747基に及び、従事した人々にとって、この終結は万感胸に迫るものがあった。

幸いにも、甲南工場では新型飛行艇の量産期を迎えていたことと、新設立の全日空整備（ANAM）が多くの従業員を吸収してくれた。

なお、航空機メーカーとして引き続き生き残っていくためには、空港に隣接する工場の確保は必然の事である。新しく徳島空港に隣接した土地を取得した経緯については、「余話3―5　徳島に新工場設立」参照。

全日空整備（ANAM）の設立

かねてから自社運航機の大掛かりな整備作業を検討していた全日空が、伊丹工場の事業転換を知って、新会社の設立を申入れてきたことから実現の運びとなった。

1970年（昭和45）4月「全日空整備株式会社（ANAM（株））」設立。全

日本空輸と新明和が資本金9000万円を共同出資。

　1971年（昭和46）10月1日、新明和工業から移籍者365名の入社（総勢393名）。

　村司貞夫整備課長は当時を回想して『工場側の整備手順作成、人員計画、工数計画を立てる、将来全日空機を全部やるだけじゃなく、海外の機体も全部やる、それに大物装備品のO/Hも……』と張り切っていたと語る。

第5節　日立系列下に入る

　我が国航空機工業界の草分けで、戦前～戦後を独力で経営してきた川西龍三社長の急逝は、大きな打撃であったが　当時の新明和は概括的に、体質上、次の弱点があった。

① 強力な財務上の支援体制を欠くこと。
② 戦後の再建途上の諸制約から、新規事業に全社的な結集を欠いたこと。

　新明和としてはこれまでの特徴を活かし、安定成長をはかるため、下記のような企業の傘下に入ることを模索したのである。

① 航空機生産に関心を持つ会社。
② 質実で政治的色彩が少ない会社。
③ 技術中心の会社。
④ 金融機関と円滑な関係にある会社。

　上記の条件で見ると「日立製作所」が十指のさすところであった。

　1960年（昭和35）5月、日立傘下に入る。以後、航空機事業の再建と、ゆるぎない経営基盤の構築を目指し、新明和が自ら求めて日立製作所の傘下に入り、伊藤社長を迎えて経営の刷新を断行し、資本の拡大、資産の拡充を図り、近代的企業の基盤を得た。

　後に2004年（平成16）5月、日立は本業に専念し関連の薄い企業は切り離す方針を取り、新明和は日立グループから独立した。

第6節　オートバイ生産の経緯

1　生産開始とその後の発展

　オートバイは、確かな見通しがつかないまま、従業員の失業対策的な意味

量産第1号PSD40型56ccポインターエンジンを付けた自転車（右から3人目が久米）（新明和社史より）

も含めてスタートした。

　幸い世間一般の要求に合ったことから需要が伸長して、好調な時期が1955年（昭和30）頃まで続いた。

　1946年（昭和21）2月からエンジンの設計を始め、イギリスのビリアス・エンジンを参考にした40型（56cc）であった。

　同年11月5日、会社創立記念日祝賀式に演壇の上で試作第1号機を披露し、その後、テストを重ね、量産型とした。

　1947年（昭和22）7月、完成した量産エンジンを売り出すことになり、先発のアキツ三輪自動車の東京地区特約店に持ち込み、自転車に架装して試乗したところ、大変好評を博し、「これは十分売り物になる」との自信を得た。

　商標名を「ポインター」に決定した。時代の要求にマッチした性能とポインターの名称は次第に世間に浸透し、注文殺到に追い付かず、うれしい悲鳴を上げた。

　当時企画室第6班（軽発動機製作所）に所属していた久米嘉幸が、「ポインター」と命名した経緯を語ってくれた。

『社内では、設計課長寺沢宇佐美の名前を取って、宇佐美……ウサギ……ラビットに決まりかけたが、富士重工の小型スクーターの商品名なので、私は戦前自宅で猟犬「ポインター」を飼っていたからウサギを食ってやろうと思い命名を提案して採用されました。

　後にポインター・エースを作りましたがこの時の名前の付け方も面白くてA、B、C、D、E、F、G　……といくつかの候補が挙がった。

　あれやこれやと議論して、順次消去していくとA、C、Eが残った時、どなたか若い方が大声で「これで決定、エース（Ace）だっ！」と言ったので全員拍手で決定しました。私はこの「ポインター」の名付け親でもあり、自由奔放に駆け巡っていたため、久米は何をやらかすかわからないと会社が

100万円の生命保険を懸けて心配してくれました』

　ポインターの市場に出回るのが早かったため、市場の占有率は一時50〜60％に達し、品質が安定して評判が良かったこともあり、販売網も比較的容易に確立し、当初はかなりの高利益を挙げることができた。

エース250cc（1956年型）
（新明和社史より）

　1948年（昭和23）の秋、宝塚に在住していた一米軍人から、ウイザーのサイド・バルブ・エンジンを借用して研究し、この技術を基本に当時としては大きな排気量であった142ccエンジンの生産に取り掛った。

　この機種も好評で、営業部の製造要求に応じきれないほどであった。

　さらに、オーバーヘッド・バルブの175cc、250ccへと進んでいった。しかしこの頃から競争メーカーのホンダ、ヤマハなどの製品が徐々に販売拠点を布石して進出してきた

　他社の攻撃を受けて、新明和も安閑としておれなくなった。1952年（昭和27）4月、倉庫を改装した宝塚市小林の工場から鳴尾に移転した。

　ようやくメーカーらしい体裁を整え、その後の数年間は、新機種の発売などで売上も順調に伸び、ポインター・オートバイの名は全国に浸透していった。

2　ポインター・オートバイのPR

　1955年（昭和30）ごろからは、売り込む時代に替わり、いわゆる「バイク戦国時代」になった。当時、全国に120社あったという。

　ここにきて積極的なPRに取り組む必要に迫られた。

「オートバイならポインター」というキャッチフレーズで色々な媒体や方法を利用したが、特異な例を取り上げておく。

①アドバルーン

　1955年（昭和30）の末ごろ、当時としては珍しいオートバイの形をした7

ポインター アドバルーン（新明和提供）

m大の異形アドバルーンを製作し、春と夏の高校野球が開催されている間、甲子園球場の上空に浮揚させた。球場の周辺には、30に余る球形アドバルーンが揚げられていたが、その中でもこれは特に人目を引いた。

　ある年の夏、そのアドバルーンが強風のため吹き飛んで、翌日の新聞に、滋賀県の日野に落ちたと報じられたこともあった。

②レース出場

　ポインターはエンジンの性能が優秀で、オートバイ・レースでは注目の的であった。

　全国各地のレースに出場し、入賞結果が地方新聞や業界新聞に、ポインターの名と共に報道され、販売台数が増加した。

　1961年（昭和36）6月、名古屋の県営熱田レース場で行われた全日本オートバイ選手権大会では三種目に優勝し、翌年4月、富士山麓朝霧高原で行われた第6回全日本モトクロス・レースの125ccクラスでは、出場車129台のうち、ベストテンにポインター4台が入賞した。

　初期の頃のレース出場については、「余話3－6　ポインターレース出場の回想　久米嘉幸」参照。

③プロ野球

　1960年（昭和35）7月、甲子園球場でのオールスター戦で、試合前にポインターのマーク入りユニフォームを着た女性30名が、ポインター・ラッシーで球場内をパレードし、ヘリコプターから降り立った同じユニフォーム美女2名が、セ・パ両監督に花束を贈り、ポインターのマーク入り風船3000個を大空に放ち、殊勲選手賞にはラッシーを寄贈するなど、華々しい宣伝活動を展開した。

　以上のようなPRによって、ポインターの名称は全国に知れ渡った。

　大阪市バスや、地方を走る神姫バスなどの車掌嬢は、種類にお構いなくオ

ートバイは全て「左ポインター」「後ろポインター」と運転手に注意をコールしていたのを筆者は何度も目撃している。

　運転免許を取る試験場に行くと、「普通免許の方はこちら」、「ポインター免許の方はこちら」と立て看板に書かれてあったほどで、ポインターは原動機付き自転車にとどまらず、オートバイの代名詞的な存在とさえなっていたのである。

　筆者が新明和の名前を知り、意識した始りは、この頃隣家の〝お兄ちゃん″が乗るポインターの銘板であった。

3　同業他社への対抗策から生産中止の断行まで

　1955年（昭和30）代に入って、同業他社との競争が激しく、売れ行きはやや押され気味になってきた。

　量産によるコストの引き下げを考え、旧宝塚製作所跡の一部に月産1万台生産を目標にして、機械、組立、塗装の各工場など、新工場を建設して、「将来は月産1万台生産を」という夢を託した宝塚新工場が稼働し始めたが、他社でも販売台数の増大に全力を注ぎ、オートバイ業界の競争はますます激しくなってきた。

　技術的には優秀な製品を作ったものの、必ずしも市場受けはせず、製品原価の点でも、他社との競争に耐える合理化に不十分の感が強く、設備は完成したが、販売網の方は再整備が進まず、結果的に過剰生産となった。

　1962年（昭和37）に発売した新機種、スーパー・ラッシー90ccは、当時の

スーパー・ラッシー90cc（1962 年型）
（新明和社史より）

最先端を行くモデルとして人気を呼んだが、これも、ついに回生の妙薬となるに至らなかった。

実際に生産した月産台数は、結局平均して2000台以下の実績に終わった。

この状況を見た伊藤社長は、生産を中止と決断し、1963年（昭和38）3月、特約販売店に対し、生産中止の事情を説明し協力を訴えた。

1963年（昭和38）初頭、新明和の他事業部門は、航空機製作所がPX飛行艇の基礎設計に取り掛かり、伊丹工場はオーバーホール作業の最盛期を迎え、モーターサービスでは、東京に次ぐ第3番目の広島工場が操業を始め、鳴尾工場の自吸式ポンプも着々と販路を伸ばしていた。こうした新明和の安定した発展の姿が、オートバイ生産中止の後処理をスムーズに進めるうえで、大いに助かったことは想像に難くない。

ここに、戦後17年間にわたって、新明和の主力製品の一つであったオートバイの生産は、その終止符を打ったのである。

第7節　機械製作所部門の新製品開発

1　布施工場のポンプとワイヤー・ストリッパー

自吸式ポンプと水中ポンプ

安定した自家製品を求めて、関係者が色々と調査、探究した末、1953年（昭和28）夏ごろ、当時鳴尾工場で生産していたオートバイ・エンジンの転用に目を付けて、発電機などの組合せを考えては、となったのである。

当時は設計陣といっても4、5名で、ガソリン・エンジン、ポンプ、発電機のすべてに精通した者は1人もいない。全員が勉強してサンプルを製作し、これをもとにカタログを作り上げた。

工場には一人もセールスマンがいなかった。本社の貿易課に依頼して、輸出を目標に商社へPRすることにした。多くの引合いがあり、ある商社からブラジル向けに63台の注文があり、3日間徹夜をしてようやく出荷に間に合わせた。

その後、1957年（昭和32）頃になって、水公社のポンプの生産量が販売量に追い付けなくなり、話合いの結果、ポンプ部分の生産も新明和で行うことになった。

　販売量の増加に伴って、業界にもようやく　「ポインター・ポンプ」の名
称が知れ渡るようになった。それにつれて競合製品が出始め、競争に打ち勝
つために、使用側の要望に応えて機種を増やす必要があり、必然的に30～40
種類ものポンプが生まれたのである。

　1963年（昭和38）頃には、自吸式ポンプでは業界第1位といわれるまでに
なった。

　この頃、次の製品として水中ポンプの研究を進めていたが、世界の草分け
といわれるスウェーデンのフリクト社が、新明和に水中ポンプの販売提携を
申し入れてきた。土建業界で名前を売っていた新明和を見つけて白羽の矢を
立てたのである。

　フリクト社の製品をテストした結果、非常に優秀な製品であることが分か
った。しかし、単なる販売提携では意味がない。国産化するための技術提携
ならばということで同社と折衝の結果、スウェーデンにフリクト社を訪ねて
調印を果たした。

　1965年（昭和40）末には早くもその責任量の販売を完了し、翌1966年から
改良型ポンプの生産を開始した。

　当時市中に売り出されていた一般の水中ポンプは、モーターの焼損事故が
完全に解決されておらず、その外にも不安定な箇所が多かったため、新明和
の進出するチャンスは残されていた。先発メーカーが解決しかねている難題
を克服することに、研究を重ね、ついにフリクト社に対してアドバイスをす
るまでになり、幾つもの欠点を解決して、次第に名を上げた。

　1972年（昭和47）秋に開発した「カッター付ポンプ」と「コミニュート・
ポンプ」は、下水の処理や海洋汚染の防止に活躍し、地方自治体の下水処理
場や雨水排水のポンプ場で威力を発揮し、大変な好評を博した。

　20数年前に布施工場で誕生した自吸式ポンプは、新明和の「ポインター・
フリクト水中ポンプ」の名で、業界に不動の基盤を築くまで発展したのであ
る。ブロワや設備用水中ポンプ、水中ミキサと、その領域を広げていった。

ワイヤー・ストリッパー

1955年（昭和30）の末、布施工場は松下電器（現パナソニック）のテレビ

ワイヤー・ストリッパー第1号
（新明和社史より）

工場からワイヤー・ストリッパー5台の注文を受けた。

　本機は、ラジオやテレビの配線線材を所定の長さに切断し、両端の被覆をはぎ取る作業が「自動的にできる機械が出来ないものか」という話から色々研究を重ね、苦心の末に製品化の自信を得て受注した。

　1956年（昭和31）9月、機械加工の精度、組立、調整に苦労したが期待した性能を備えた製品を無事納入することができた。

　1965年（昭和40）以降は、電気機器特にテレビ生産と、自動車生産の好調によりワイヤー・ストリッパーの需要も急激に増えた。

　1969年（昭和44）には月産30台、翌年には月産45台を数えるまでに成長し、現在では、加工に掛かる時間は最速でわずか0.72秒で完了する。現在のメカトロニクス製品の主力となっていった。

2　立体駐車場

　自動車の普及により、都市路上での駐車が困難になったことに着目し、「狭い土地を有効活用したい」というニーズに応え、1963年（昭和38）4月、新製品として立体駐車設備を開発した。

　乗用車10台収容の独立型駐車設備のテスト・タワーを宝塚工場内に建設し、参考資料は関係法令と先発メーカーのカタログだけという心細さであった。

　1964年（昭和39）2月、試作完成。「新明和パーキング・タワー」と命名した。

　時代とともにラインアップを拡充し、業界内で確固たる地位を確立した。

　現在では、車の自動運転化や電動化といった技術革新が進行中、「人と車の未来をつなぐ駐車場総合メーカー」を目指して取り組んでいる。

　1966年（昭和41）10月従来の垂直に回っているものを水平に回る水平循環方式から「パレコン・パーク」型が完成した。

　1969年（昭和44）6月、「安価で簡単なもの」の要望から、「Zパーク」式を札幌市狸小路商店街の駐車場に据え付け80台収容可能にして納入した。

　1971年（昭和46）末これに上下1台ずつを収容する「ミニ・パーク」を加え、製品を増やした結果、業界での首位を争うまでに発展した。

第8節　プラント機器製作所の設置

1　プラント機器事業の芽生え

　1956年（昭和31）10月、旭化成延岡工場に建設するアクリル繊維・カシミロン製造用のパイロット・プラントの一部を受注した。

　新明和が一貫したプラントを手掛けることになった最初の受注である。

2　甲南機器工場からプラント機器製作所へ

　プラント機器製造事業は、我が国の化学工業の飛躍的な発展と共に大きく成長した。特に、旭化成延岡工場に建設するアクリル繊維・カシミロン製造用プラント、水中翼船、プラズマ・ジェット、パラボラ・アンテナなどの製作は、プラント機器メーカーとしての新明和の名を高めた。

　1963年（昭和38）8月、航空機製作所内に甲南機器工場を発足。

　1965年（昭和40）10月以降、吸収型ドラム乾燥機、冷房用パッケージ、高分子フイルム乾燥機、航空機用格納庫大扉、ビール製造用各種槽など多くの製品を手掛け、自動新聞包装機、「ジェットウエイ」（航空機乗客搭乗橋）等の画期的な新製品を世に出し、順調な発展が続くようになった。

　1969年（昭和44）1月、同工場はプラント機器製作所として、機械製作所、航空機製作所、モーターサービス所と並ぶ新明和の4事業所の一つになった。

3　主力製品の紹介

水中翼船（ハイドロフォイル艇）

　1958年（昭和33）ごろ、飛行艇研究の一環として、模型曳航用水中翼艇を作ったのが発端である。

　その頃マスメディアでは、水中翼船に関係したニュースが盛んに報道されていた。

甲南工場沖を航走するSF-30B　22人乗り「しんめいわ1号と2号」
（右上に甲南工場が見える）（新明和提供）

　三菱造船はアメリカのグラマン社と、日立造船はスイスのシュプラマー社
と技術提携していたが、新明和は伝統的に独自開発で進んだ。

　1961年（昭和36）3月、水中翼船第1号は「どるふぃん号」と命名され、
高速性と耐波性が好評を博して、合計12隻が製造された。

　第4号艇の「とびうお」は横浜ポートサービスに納入するものであるが、
1962年（昭和37）4月5日、第5回大阪国際見本市に出展し、関西を御旅行
中の皇太子、同妃両殿下（現上皇、上皇后両陛下）が御覧になられ、幾つか
の御質問にお答えした。

「とびうお」は、6月14日朝10時、単艇で甲南工場を出発し、大阪湾から外
洋400海里（約740km）を、途中4ヶ所を経由して、時に波高4mの荒海を耐
えて完走し、18日無事横浜のポートサービス社の係留岸壁に到着し、その頑
強さを立証した。

　しかし、発動機のトラブルが多発し、1963年（昭和38）春ごろから、その
アフターサービスに追われるようになった。

　長期にわたるアフターサービスに多額の費用が掛かり、大きな将来性を持
ちながらも、適合した良いエンジンが得られないことから、生産を打ち切っ
たのである。

　航空機並みに高負荷で長時間エンジンを使用しなければならなかったのも
原因だろう。

自動新聞包装機

1966年（昭和41）６月、日本経済新聞社から、新聞包装の人手不足解消のための依頼がきっかけで生まれた製品である。

優秀な性能を持つ包装機が生まれ、その後全国各地の新聞社から発注を受け、納入実績も年々増加していった。

航空機乗客搭乗橋　「ジェットウエイ」
（現パックスウエイ）

1954年（昭和34）、ダグラス航空機会社と業務折衝を行うために渡米した中村正清嘱託と航空機営業所の岩田順三課長は、ロス空港に降り立って、航空機乗客の搭乗橋を見て、「これは航空機製作所の製品として、充分研究する価値がある」と確信した二人は、帰社後早速に報告し、自社開発研究を始めることにした。

時に旅客機の大型化時代を迎え、日本でも空港の再整備情勢にあたり、これらタイミングの良さに恵まれて、早くも９月には、東京国際空港用ジェットウエイ２基を空港ビルから受注し、製品化の第一歩を踏み出した。

大口入札の情報がシンガポールから届いた。チャンギ空軍基地の民間空港化に伴い、1981年（昭和56）７月に開港するチャンギ空港「ターミナル１」に据え付ける航空旅客搭乗橋34基を受注したのである。

1982年（昭和57）４月、航空機設計部から転籍した山本正明は、「新秋田空港向け航空機搭乗橋」の受注の営業支援から始まり、設計、製造の技術支援、現地工事、取扱いのトレーニングに至るまでの一連業務を担当するプロジェクトマネージャーに就任した。

1982年（昭和57）には南ベネズエラ「カラカス国際空港」向けの

インドネシア、「ジャカルタ国際空港」
（山本正明氏提供）

受注があり、スペイン語圏のため、すべての資料、会話にとどまらず、輸送費削減のため現地生産、治安は極度に悪く、日本人の車は強盗犯にマークされるなど、あらゆる面で苦労したと言う。

1987年（昭和62）韓国「釜山」および「済州島国際空港」向けは、当時南北朝鮮対立が現在より厳しく、日韓関係は教科書問題でギクシャクしていた。特にビジネス客の入国審査は厳重で、鞄の中に入れていた両空港に関する図面等技術資料を目にした途端顔色が変わり保安事務所に連行され、一晩厄介になり釈放された。

2011年（平成23）東日本大震災で福島空港の搭乗橋被害を心配したが、ほぼ無事と聞いて山本正明は安堵したのである。

シンガポールのチャンギ空港では218基全てが新明和製となり、これらのメンテナンスも対応するとともに、未参入国への進出を視野に、国内外のシェア拡大を目指している。

最近の技術では、航空機ドアの10cm手前まで搭乗橋を自動走行ができる「自動装着システム」を開発し、運航会社の定時運航率向上に貢献しており、技術革新に余念がない。

第9節　航空機部門

1　PS－1飛行艇開発へのアプローチ

1952年（昭和27）4月、対日講和条約が発効し、航空機産業が息を吹き返したことにより、新明和興業も、以降に述べるように、次世代の航空機開発に邁進することが出来た。

新飛行艇の基礎設計

1953年（昭和28）川西龍三社長の特命で社内に航空委員会が設けられ、河野博常務、清水三郎取締役、菊原静男常務が委員に任命された。新しい飛行艇開発の諸問題を研究するためにいかなる飛行艇を開発するかが、最初に決定すべき課題であった。

飛行艇復活の可能性を求む

　第一次大戦から第二次大戦までの間、海洋上の飛行は飛行艇が主役であった。

　水面から発着（離着水）できる飛行機であり、戦前は全世界各国の飛行場が整備されていなかった頃、航続力が大きい、物資搭載力が大きい、広い海面が飛行場として使えること等、飛行艇は海上の華であった。

　言い換えると、飛行艇は
①機体の大型化が比較的容易であった。
②大型陸上基地建設の必要がない。
③エンジン等の故障による不時着時、水面にて修理、救難を待つことが出来る。
④広い水面を飛行場として使用できる。

　しかし各国で戦前・戦後を通じて開発された飛行艇のすべてが波浪に弱いという共通の弱点を持っていた。

　基本的に〝波に強いもの〞にしなければならない。「耐波性が良く、荒海に離着水が可能なものが開発できれば、飛行艇の新しい用途が開けるであろう」ことは、万人の見るところであった。

　新開発飛行艇は耐波性が高く且つ用途の拡大を図ることに目標を据えた。

　海上自衛隊では、潜水艦の高速化、潜航深度の増加への対処に苦慮していた。

　これ等の背景から、
①着水してソナーを使う対潜哨戒機。
②着水して遭難者を救助する海難救助機。
③離島など陸上飛行場のない地域への輸送機。

　等の用途が考えられ、新開発飛行艇には、従来機よりもはるかに耐波性を付加することで、飛行艇復活の見通しを得た。

波浪との闘い

　飛行艇（水上機）は、地球上の海、湖沼、河川等の水面が利用できるが、「波浪」という水面固有の現象が運用を制限している。

全太平洋の風速、波高、波長の統計値調査と着水衝撃の研究結果、波高3mを目標とし、着水速度を45〜50ノット（75〜90km/h）にするのが望ましいということになった。

波高3mの荒海で離着水可能な飛行艇を作れば、1年を通じ80％以上の日数は、太平洋、大西洋、インド洋などの外洋で使用可能であることが分かり、飛行艇発達の可否は、波との闘いの克服が最大課題である。

要約すれば、下記の研究開発を要する。

1．波浪対策（離着水時の水衝撃の緩和）
2．上記①のために低速飛行の可能化
3．飛行法の開発

（1）飛沫、波かぶりの緩和
（溝型波消装置の考案）

飛行艇が離水滑走中、着水時および着水後停止の時に出す飛沫は、機体重量、速度、姿勢、波との出会い、沈下速度等複雑な要因があり、いずれもチャイン（艇底と胴体が交わる線）が水面を切る部分から発生する。図参照。

特に前部艇体から中部艇体にわたるチャイン部から出る飛沫（膜波）が、エンジンに飛び込むとフレームアウト（燃焼停止）が発生、プロペラとフラップを損傷させるので、「飛沫を緩和させる」研究は必須である。

飛行艇が水上滑走中に立てる飛沫をいかにして消すかである。1953年（昭和28）から研究に着手し、模型水槽曳航実験と、二次元水槽装置を作って実験の結果、飛沫が殆ど消える新明和独得の溝型波消装置が発明されたのが、1957

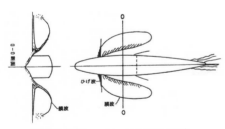

代表的なチャインから出る飛沫

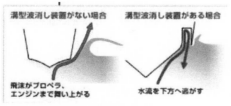

波消装置の効果　飛沫が高く跳ね上がらない

年（昭和32）である。

　開発された波消装置は、日本では実用新案、アメリカ、イギリス、イタリア、西ドイツ、カナダで特許を取ることができた。

　飛沫問題の解決が、新飛行艇実現の可能性を大きく前進させたのはいうまでもない。

（2）離着水衝撃力の緩和
（STOL 性の実現：高揚力装置）

　飛行艇が着水する際に受ける衝撃力は、速度の二乗に比例するから、着水速度が半分になれば、衝撃力は1／4に減る。

　艇体を緩徐に離着水させる方法は、高揚力装置であるが、40～50kt（75～90km/h）という低速をどのようにして得るかである。

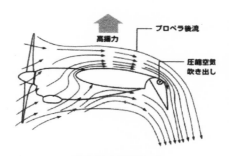

最大揚力係数≧7
（通常の飛行機のおよそ2倍）

　ひとつの方法は、プロペラの後流をフラップを下げて、下方に偏向させて高揚力を得るというのが基本的な考えである。

　しかし従来型のフラップによる操作だけでは、要求の低速が得られない。フラップ角を大きく下げると、翼上面の空気の流れは剥離して揚力が減少するのである

　剥離防止のために、フラップ前縁上面に吹出し口を設け、そこから多量の圧縮空気をフラップ上面に沿って吹出して層流を作り出すことによって、大角度に下げられたフラップ上面の空気流の剥離を防いで、揚力の増加を得ることに成功した。

　この方法を吹出式の BLC（Boundary Layer Control：境界層制御）方式と呼ぶ。

　離着水速度が遅いほど小さく、同時に滑走距離も短く出来るので、高揚力装置が必要になるのである。短い滑走距離で離着陸（水）が可能となり、短距離離着陸（水）（STOL：Short Take Off and Landing）機と呼ばれる所以

となる。

（3）低速時の操縦性、安定性

　低速では、機体外面を流れる空気速度が小さく、舵面にあたる空気力も減少するため、舵の効きが悪くなる。

　舵の面積を大きくすると高速では効き過ぎになるため、極低速時だけ効きをよくする工夫が必要となる。

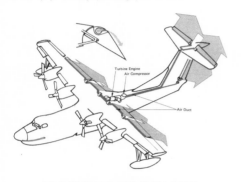

BLC 装置による吹き出し舵面
（内・外側フラップ、昇降舵および方向舵）
（新明和提供）

①極低速時には、パイロットの操作の動きに対し高速時の倍の舵角が取れるように【腕比変更装置】を設けた。

②大きな舵角を取った時には、舵面の気流が剥離するので、それを防止するため、BLC 吹き出しを方向舵・昇降舵に組込んだ。

③補助翼については翼端だけでは横安定が不足するため、フラップを内外２つに分割し、外側フラップには極低速の時だけ補助翼と連動（エンゲージ）し、補助翼と同じように上下にも動く【補助翼連動装置】を付加して、補助翼の役目も受け持つようにした。

④低速飛行時、何かの原因で機体が動揺した場合、放置しておくと、動揺が収まらず、悪くすると次第に大きくなる。この傾向は速度が低くなると激しいものとなり、パイロット操縦による回避も限界があり、非常にワークロードが増加する。これを避けるため、パイロットの意図しない機体姿勢の変化を察知して、良好な姿勢に回復維持するよう自動的に舵を操作する【自動安定装置（ASE：Automatic　Stabilization　Equipment)】を採用した。極低速時に、不安定な機体を安定な状態にするのが、この ASE の役目で、極低速時の安定性と操縦性が保たれ、STOL 性のある飛行艇が実現できることになった。

これらの新技術を新型高性能飛行艇に反映するために、結集した技術者のプロフィールを、「余話3—7　新旧技術者の活躍」、および「余話3-8　大先輩　菅原治、宮村元博」に述べる。

2　UF-XSはなぜ必要だったのか

前項で述べた耐波性の向上、高揚力装置の開発、安定性・操縦性の確保の3つに関するデータを同時に把握して設計データに反映しなければならないが、これらは個々に行った模型等による水槽試験、風洞試験、シミュレーション試験だけで、有機的に全てが把握できていないのは明白であるため、実験機の飛行試験で確認する必要があるとの結論が出た。

UF-XS実験機製作までの問題

新飛行艇開発に解決を要する大きな問題は、開発資金である。

海上自衛隊が、新飛行艇の研究に着目し、開発を検討し始めたのは1959年（昭和34）ごろで、1960年には開発が防衛庁の方針として決定された。

これと前後して米海軍もこの飛行艇に注目し、菊原設計主任をワシントンに招聘した。

菊原は米海軍首脳者と会談して、新飛行艇開発の有用性と必要性を力説し、日本で本機が開発される場合には、米海軍の援助を受けたいことを述べた。「海上自衛隊から公式の要請があれば、技術と資材の点で、全面的に援助する用意がある」との約束を得た。この時、もう一つ要請した。『新飛行艇の基礎技術は画期的なものだが、水槽と風洞で開発したもので、パイロットが乗って操縦する実物では如何なる未知の問題が起こるかもしれない。いきなりPS-1の本番設計に着手するには危険が大きいから、まず飛行可能な力学的相似機体を作り、飛ばした後に本機を設計したいので、それに用いる米海軍手持ちの飛行艇を1機供与して欲しい』ということであった。

米海軍供与のアルバトロス機が、横須賀経由で甲南工場へ到着したのは、1960年（昭和35）12月であった。

時を移さず改造に着手し、波消装置、エンジンを4発にするためSNJ練習機（米空軍のT-6と同型）用エンジン（P&W　R-1340）2基の搭

載、Ｔ字型尾翼に改造、BLCエンジンＴ-58　2基、機力操縦装置 ASE の搭載などを行った。

　出来上がったUF-XS実験機の姿は、元のアルバトロス機とは全く異なり、ＰＸ実物の縮尺3/4の飛行艇で、いわゆる力学的相似模型である。全備重量14トン、操縦者2名、搭乗者2名が乗って実験することができ、やがて生まれ出るべき新飛行艇の姿を彷彿させるものになった。

初飛行

　機体組立作業が完了し全機地上機能試験に入ったが、操縦系統のハンチング（自励振動）や BLC の振動問題が発生したため、社内飛行試験開始の予定が大幅に遅れた。

　社内にパイロットはいないので搭乗員メンバーは、自衛隊員が社内飛行試験の時だけ臨時社員になる方法がとられ、テストパイロット小金貢3等海佐、朝倉豊1等海尉、搭乗整備員内山員考1等海曹、機上計測要員樋渡正敏2等海尉の4名が担当した。

水上滑走試験中の UF-XS 型実験飛行艇

小金貢

旧海軍航空隊出身者

　1937年（昭和12）7月、霞ヶ浦海軍航空隊の操縦課程を卒業、佐世保海軍航空隊に転勤し、偵察任務に従事した実戦経験豊かなベテランパイロットである。

朝倉豊

海軍兵学校最後の77期生徒で、実戦経験はなく、戦後、海上自衛隊に入り、優秀な成績を買われて2度のアメリカ操縦留学を経験し、テストパイロット養成コースを終えた直後という新進気鋭のパイロットである。

左より 内山、朝倉、菊原、小金（新明和提供）

1962年（昭和37）12月25日初飛行に成功した。待機所の会議室に詰めかけていた会社や官側の人たちの間から『飛んだ、飛んだ。やったぞ！』と歓声があがった。

初飛行の各種試験の結果、UF－XS実験飛行艇の成績は全般的に優秀であって、新飛行艇は、期待される優れた耐波性を持つものになることが確認された。

3　新飛行艇（PX－S）の設計・製造開始

UF－XS飛行試験成果として耐波性、高揚力および安定操縦性の3大開発重要事項の良好な所見が得られた。

社内では、1961年（昭和36）4月、飛行艇開発本部の設置を発令し、国内でも広い範囲の協力を受ける態勢をとり、富士重工業、日本飛行機の両社からは設計段階から多数の技術者の派遣を受けて設計チームを編成し、同時に生産分担も決められた。

初飛行に成功

1967年（昭和42）10月17日、PX－Sの1号機に、小金貢、織田憲次両テストパイロット、松山喜佐久機関士が搭乗し、多数の従業員が見守る中を見事初飛行に成功した。

1953年（昭和28）に研究を開始してから、実に14年の歳月を経て、新明和の努力が大きく開花し、同時に、「飛行艇を昔のように新明和の主力製品の

甲南沖を飛行する１号機（新明和提供）

一つにしよう」という、多年の念願達成へ第一歩を踏み出すことになったの
である。

4　社内飛行試験中の重要事象

外側フラップ不時作動

　本稿は、社内飛行試験で発生した重要アクシデントである。

　このアクシデントの原因と対策が完了した時に菊原が、社内の技術者に向
けて語った言葉がある。

　『飛行機を安全に飛ばすためには、舵が正しく働く、エンジンが正しく回る、
火災が起こらない、この三つが大切です。

　私が一番肝を冷やしたのは、操縦系統の左舷外側フラップ作動筒の暴走で、
瞬時に80度以上のバンクになり、10秒余りで回復したが、あれが一番大きな
故障でした』と語る。

　初飛行から５回目の社内飛行試験時のことである。甲南沖を離水し、明石
海峡上空から淡路島を下に見て、播磨灘上空に出たところで試験を開始した。
この日はフラップに関する試験とあって、技術側から徳田晃一研究部長が同
乗していた。

　播磨灘から四国東端をかすめて徳島上空に達した時に、極低速の試験が終

わり、帰路に就くため巡航形態に移ろうとした時であった。コパイロットの織田がフラップを上げるためレバーを動かした途端、機体が突然左側に傾いた。『何が起きたんだ』と小金貢メインパイロットと織田憲次の２人は反射的に操縦輪を右一杯に回したが、左傾は止まらず、かなりの速さで機体の傾きは大きくなっていく。

この時、警戒のため試作機に随伴飛行していた第51空のＰ２Ｖ機長小川英夫３等海佐（コパイロットは野尻恒彦２等海尉）は、急速に傾きながら高度を下げていく機体を見て『試作機急降下、何かが起こったらしい、墜落だ！』と叫んだという。これが菊原のいう肝を冷やしたという事故である。

パイロットの技術が優秀であったこと、操縦装置の設計者が、詳しく考えて、万一に備える用意をしていたので事故に至らなかった。

原因は作動筒の故障で、左舷のフラップが上がってしまったのである。

操縦装置の設計担当者は、そのような事が起こった場合を仮定し、どうなるかを考え、操縦装置の中にクラッチを入れて、操縦輪を回せばクラッチが外れて、人力で同調できるようにしておいた。

菊原は、『新システムを設計する時は、安全という立場にたって徹底的に検討していくグループが必要になる訳で、特に大事な装置の場合、故障に対して絶えず、このように安全を考えていかなければならない』と力説した。

クラッチ（フラップ同調機構）機構の説明は省略するが、装備する経緯に触れる。

宮村元博が米国文献で見た「バランス機構が望ましい」をヒントに、中西茂久に対し『操縦系統内に組み込むこと』と指示した。指示を受けた筆者が製造図面を作成した。宮村の思いと中西のアイデア、筆者設計の水平展開が実を結んだのである。

検査課山口淳也リーダーは、機能試験検査時には『いつも緊張して、正常作動を確認します』と語ってくれた。

荒海テスト

1968年（昭和43）４月、早春の季節風の厳しい日を選び紀伊水道沖の外洋で荒海離着水試験が行われた。

PX－S開発の目的は、波高３mの荒海で、安全・確実に、離着水可能な飛行艇の創造にあり、これまで世界中のいずれの国でも作られたことがなく、前人未踏の境地を切り開くためのテストが、国内・諸外国からも注目を浴びたのは当然のことであった。

　護衛艦の漂泊地点に飛来したPX－Sは、高く低く海面上空を飛びながら、搭載した全ての計測器材を作動させて海面を観測し、護衛艦から約500m離れた海面で、離着水して、水上運動性のテストを反復した。

　約２時間で１回のテストを終了した。

　４月15日〜23日の荒海試験のうちで、最も厳しかった日は最後の23日であった。

　当日、波高計の記録は最大波高４m、波長約150mで長大なうねりを記録した。着水したPX－Sが、水上運動性試験のために護衛艦の周囲を１周する際には、巨大な波の陰に本機が隠れて、艦上の観測者がその姿を見失うことが時々あり、PX－Sが沈没しつつあるかのような錯覚を起こすことさえあった。

　飛行艇に乗っていた試験員は、窓を通して、大きな紺碧の水の壁が押し寄せるのを幾度も見た。この時の記録写真数葉を掲載したある航空専門誌は、「不時着水して沈む寸前ならいざ知らず、正常な状態で着水している飛行艇

大きなうねりの中での荒海試験（紀伊水道）
（新明和社内報より）

で、波頭の上に尾翼の上端だけがわずかに見えるというのは、まさに古今未曾有である」と記している。

　テストの結果、PX－Sの耐波性が極めてよいことが確認され、開発目的のうちで最も重要な点が完了したのである。

5　救難飛行艇 US－1 の開発

　新明和では、1968年（昭和43）4月の荒海試験の実績も加味して、PX－S成功の見通しがついた時から、多用途化の一つとして、海難救助機の開発に取りかかっていた。

　同年6月「全日本海員組合」が佐藤栄作総理に「国家として救難機の装備を……」と陳情している。

　それらの背景もあって、1971年（昭和46）にその構想をまとめて提出した。

　PS－1改（US－1）救難飛行艇の基本方針は、

① PS－1型飛行艇を母体として、その外洋離着水能力を生かし、洋上で直接救助作業ができること。

② 離着陸用脚を装備し、滑走路長1200mの陸上基地からの発進および帰投が可能であること。

③ 600カイリ以上進出し、5.5時間以上滞留できること。

④ PS－1型飛行艇との共通部分をできるだけ多くし、既開発部品を極力使用し、原価低減を図ること。

　主要な改造内容

① 離着陸用脚の開発

② 燃料搭載量の増加

③ 捜索および救助設備の装備並びに内部艤装配置の変更

　1973年（昭和48）、1974年両年度にかけて、水陸両用の救難飛行艇（防衛庁呼称PS－1改、新明和呼称US－1）3機を受注し、1974年（昭和49）9月、1号機の

海上予備試験状況（山本正明氏提供）

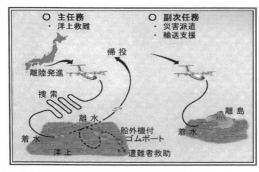

救難飛行艇の任務

組立を完了した。

　設計上最も苦労したのは、陸上離着用脚と救難装備である。主翼が高翼であるため、低翼の大型旅客機のように脚を翼下面に収納する方法は、強度、重量の面で非常に困難で、仕様を満たすための提案は15案ほどあったが主脚間の轍間距離（トレッド）が5.2m以上必要で、多くの案を検討し艇体側方に脚の支持部を張り出し、かつ収容時の脚を包むバルジ（整形カバー）を設ける形式となった。種々の機構とバルジを36案も設計するとともに、田中有司たちが水槽試験、風洞試験、離着陸シミュレーション試験によって最終案を決定した。

　脚構造設計は戦前からのベテラン技師太原玄吾をリーダーに、前田紀一、岡田豊久、中村忠雄、長船伸正が担当し、計算担当にベテランの鈴木邦彦が脚強度設計を行った。

　救難装備は、設計部吉田俊樹を先頭に、遠藤魏志、山本正明、前田巌が参画した。海上救難活動について全く知識、経験がなく航空機搭載用装備品等は世間には見当たらず、手探りで研究するものとし、救難活動の実情調査から開始し、海自、空自、海保、米軍および船会社から救命器材・機器メーカーへと精力的に行い、救難機材開発に精力を注いだ。

　山本正明の初仕事は、1972年（昭和47）11月末、自身が須磨海岸で模擬遭難者になり、水上で投与された浮き輪つきロープを受け取り、機体主出入口外部に装着する浮遊式救助用足場（フローティングランプ）を介して機上に引き揚げられる実験であった。

　次に船外機付ゴムボート、フローティングランプ、救命索発射装置及び索の引寄せ吊り上げ揚収ユニット（ウインチ）等々の機能確認するため出入口を含む救助デッキの実物大木型を作り、1972年（昭和47）10月末に漁船に取り付け、淡路島仮屋港沖合で実作業を模擬した社内海上予備試験を行い、今

後の救難機設計の自信と確信を持った。

　1974年（昭和49）10月に初飛行した初号機は、岩国航空基地で離着陸試験のほか各種試験を行い、1975年（昭和50）3月に納入し、試験成果良好により部隊使用承認が出て、US－1救難飛行艇となった。US－1は、1976年（昭和51）7月1日、新たに救難飛行艇部隊である第71航空隊が開隊した。

能力向上型　US－1A

　US－1は洋上からの遭難者救助や離島からの救急患者輸送などに活躍した。

　主出入口の拡大、救助デッキの拡大、吊上げ装置の設置及び高温時の離水性能向上のために主エンジンとプロペラを出力向上型に換装しUS－1Aとなった。

　新しい技術動向に対応して前脚扉、主脚可動カバーの複合材化、ヘッドアップディスプレイ（HUD）の装備、昇降舵系統の二重化、内側エンジン駆動油圧ポンプ等の構造・装備の近代化及び信頼性向上を図った。GPS（衛星航法システム）を搭載し、航法精度を飛躍的に高めたほか、ILS（計器着陸装置）の二重化による着陸時の操作性、信頼性も向上させ、通信・航法・自動操縦装置等を最新のシステムに置き換えた。

　「US－1A」は、20号機で生産を終了したが、同機の卓越した性能を継承し、さらに性能を高めた「US－1A改」の開発に入った。

US－1A救難機の実績

　本機の主な任務は、患者輸送、洋上救難、遭難船捜索等多岐にわたり、他に人員輸送等の任務もある。

　隊員は、連日の応急出動待機、実働、訓練等の救助準備に余念がなく、救難飛行艇搭乗員として数々の任務に就き、命を懸け、人命救助を行い各方面から感謝され、それを励みに日夜頑張っている。

　洋上救難実績の代表的なものは、「余話3－9　救助実例」参照。

　VIP輸送（天皇行幸啓支援）の細部は「余話3－10　特殊任務　行幸啓の支援」参照。

社内パイロット歴代の紹介

命がけで活躍する飛行艇乗りは、川西時代に負けず劣らずの名パイロットがいた。

「余話3－11　新明和のテストパイロット」参照。

6　飛行艇の多用途化　消防飛行艇

PS－1開発当時から、飛行艇の多用途化を検討しつつあって、その一つに空中消火機（消防飛行艇）があった。

大都市の大震災等の災害発生時には、道路寸断等により、従来の消火手段では対応が困難であることが想定されていた。後の阪神・淡路大震災で不幸にも的中した。

1923年（大正12）の関東大震災では東京市で約5.8万人の市民が犠牲になり、その98.5％は火災による死亡であった。

自治省（当時）消防庁では既に1967年（昭和42）頃からカナデア社（現ボンバルディア。カナダ）のCL－215双発飛行艇の購入を考えていたようで、1974年（昭和49）同機のデモフライトが日本各地で行われた。

運用面を担当している防衛庁側の希望や大蔵省、通産省等の意向により、同機に比べて大型で大量の水を積むことができるPS－1に白羽の矢が立ち、PS－1（1号機）を改造して空中消火実験機を作ることになった。

消防試験風景（新明和提供）

対潜水艦戦装備品を取り外し、新たに水タンク、取水口、放水口、放水扉、取水操作機構および扉開閉機構、操作パネルや水量計器等の関連機器類を追加し、8トンの水を揚水してスクープし10数秒で満杯にする仕組みである。

1976年（昭和51）6月7日、報道関係者を招待し、海上で取水・放水を行う試験を公開し、テレビ

や新聞等で大々的に報道した。

同年９月には西宮市鳴尾浜埋立地において、対地放水試験が行われた。

10月には廃材を燃やした目標に消防飛行艇が４回にわたって放水、ほぼ完全に鎮火してその威力を見せつけた。

1977年度（昭和52）には、前年度の実績を基に、飛行高度・機速等の条件を実用化の目標に合わせた条件で散布計測を行った。

旋回して消火液投下から離脱するといった航空機の一部運用面についての試験を行うとともに、消火剤を空中散布して直接散布効果および燃焼抑止効果を測定した。

空中消火試験は、同年11月28日、縦250ｍ、横100ｍの実験場の中心に置かれた高さ１ｍの木組み５個に点火し、高度約60ｍから８トンの水を一斉投下すると、凄まじい勢いで落下、約５分間隔で計４回同様の放水を繰り返した。

試験の圧巻は、1978年（昭和53）６月、12、３軒の家屋相当を設置して、陸上自衛隊伊丹駐屯地隊員約10名による火炎放射機でガソリンを散布し、着火して模擬火災を発生させ、その上空を飛行し８トンの水を投下した。消火剤などを空中散布して直接消火や延焼抑止効果を測定したところ、結果はいずれも良好であった。

1995年（平成７）１月の阪神・淡路大震災や2011年（平成23）３月、東日本大震災後に消防飛行艇の引き合いが殺到した。「消防飛行艇は現在ないのか」「何年で造れるか」という問い合わせだが、いつもの如く事が起こってから騒いでもだめである。

ギリシャ、北米、ロシアなど大森林火災が起こっているが、地球温暖化・乾燥化の影響もあってか、2021年の夏には、世界的に大火災が発生している。

7　新型飛行艇 US－２の開発
開発の発端（V－22との比較）

救難飛行艇 US－１Ａは誕生から約30年経過したため、平成４～５年度の、08中防検討段階で「飛行艇は、08中防装計画期間中に除籍を始め、その代替機としてV－22型機（オスプレイ）の装備を行う」という案が出てきた。

海幕技術２課では、当時の担当海佐が、幕僚関係部門と調整する一方で、

V－22型機が洋上救難機として妥当性を有するか否か等の調査をされ、既に入手したデータを見ると、航続性能（行動半径）の不足、ダウン・ウオッシュ過大等に不安を感じたため、米海軍にV－22の開発状況を問い合わせた。その結果、V－22の現状はEMD（技術及び製造開発段階）であることが分かった。つまり、完成状態では無いということであり、且つ事故も多発しているという背景もあった。

　これらのことから、今後も洋上救難体制を維持するならば、現用US－1A型機の旧態部分を除去し、費用も極限した改造開発を行うのが望ましいという結論に達したのである。

改造開発の概要

　上記の結論を背景に海幕技術部は、技術研究本部、第3研究所等と調整の結果、「より速く、より高く、より遠く、より快適に」をコンセプトに、後継機「US－1A改（後のUS－2）」の改造開発を1996年（平成8）から約10年かけて実施した。

　改造母機であるUS－1Aの長所をそのまま維持し、加えて「離着水時の操縦性改善」「患者輸送環境の改善」「洋上救難能力の維持向上」を目的に改善項目が盛り込まれた。

　主な改造点

（1）操縦システムの改善

　コンピュータ制御による操縦システム（FBW）の採用。

（2）機内環境の改善

　与圧キャビン導入により、患者のためにも輸送環境を旅客機並みに与圧室化した。

（3）推進動力系統の改善

　エンジンをパワーアップした。

（4）計器板の改善

　アナログ式計器板をデジタル式統合型計器板（グラス・コクピット）に変更した。

（5）重量軽減改善

　与圧キャビン、エンジン換装等による重量増軽減のため、主翼、波消装置、フロート等を最新加工技術や複合材料等を採用して軽量化を確保した。

　US−1A改（US−2）は外形的に、プロペラが3翅から6翅になり、与圧キャビンの採用で胴体上部が母機と比べて丸みを帯びたことが特徴で、内部の艤装、電装等は最新式に置き換えられた。

離水直後の US-2型救難飛行艇　（中野隆弘）

8　川西記念新明和教育財団

奨学制度を通して、アジアの若者の成長に貢献

　新明和工業は地域社会活動の一環として、教育助成機関「公益財団法人川西記念新明和教育財団」の設立と支援を続けている。

　本財団は、川西龍三の長男である川西甫（はじめ）が、新明和工業の役員退任の際に地域社会活動の一環として、兵庫県内で教育に関連する公益事業を行うことで社会に貢献したいと考え、1992年（平成4）9月に設立した財団で、趣意は「兵庫県内の大学での科学技術研究に対する助成と、海外からの留学生への奨学金支援」を行っているものである。海外、特にアジアの諸国から若者たちが日本に留学し、兵庫県内の大学でも多くの留学生が日夜研鑽に励んでいるが、その多くは経済基盤が不安定なため勉学もままならぬ状態と聞いているので、事業の一つとして奨学金制度を設定し、兵庫県内の大学／大学院に私費留学している学生に対し、奨学金の給付や情報提供などの就学援助を行っている。

　二つ目の事業として、兵庫県内の大学で行われる科学技術の研究で、特に機械、航空、電子、情報、物理、科学等の分野における研究に対しても研究

助成を行っている。

　同財団の奨学生は、日本の大学院で勉学終了後に帰国し、日本に関連する企業で活躍しており、国家公務員として責任ある立場で日本との関わりを持つ人が大半だという。

　川西甫は新明和工業の協力を得て、財団法人川西記念新明和教育財団を設立し、初代理事長に就任したのである。

　2017年（平成29）5月以降、川西甫の長男川西康夫が2代目代表理事に就任した。

　2017年度（平成29）は5名の留学生と5名の各研究者に、奨学金と助成金が支給された。

川西甫

1922年（大正11）生誕　龍三氏の長男。

1955年（昭和30）新明和工業入社。

1956年（昭和31）航空機製作所所長。

1977年（昭和52）6月、取締役就任、常務取締役、監査役歴任。

1991年（平成3）重役退任。35年間の長期に亘り会社経営の中心として活躍された。

2017年（平成29）5月16日、逝去95歳。

川西康夫

1961年（昭和36）1月　生誕。甫の長男。

1984年（昭和59）3月、独協大学経済学部卒。

1988年（昭和63）4月に新明和工業入社。父祖の築いた航空機事業部に籍を置いた。

　航空機生産の過程を理解する一番の早道として工務部に所属し、あらゆる部署の役割や工程等を通じて、一般新入社員とは違う人一倍の研鑽に励んだ。その後、父君が生涯を通じ業務に励まれた同じ路線を進むべく、営業部に籍を置いた。

「4代続いてきた飛行艇一家に生まれ、やはり飛行艇に対する熱い血が流れている」と自負するほどに飛行艇への思い入れは強く、「救難飛行艇US-

１Ａ改」の開発当初より専任営業部員として参画している。

（「帰って来た二式飛行艇」より）

　現在本部役員となり、新たに経営企画本部を設置し、マーケティング部門を担当している。彼の心意気を示すコメントを述べており、その一部を披露する。

　『当社は５つの事業部で成り立ち、各事業部共に歴史があり、業界内での信頼と評価を得ている。猛スピード時代が変化している現在、このままでは会社に持続的発展はあり得るでしょうか』と意識改革を問うている。そして『世の中のニーズを見極めた上で各事業部の強み、特色を生かし、当社でしかできない事業をもっと模索して世界に打って出る。殻を破って新しい事にもチャレンジする』と語り、締めくくりとして『創業100周年を迎え、幾多の困難を乗り越えて会社を存続させてきた。次の新しい時代を創るため鋭意取り組んで行く』と力強い決意を述べて、川西清兵衛再来を感じさせてくれる。

　彼とは職種畑違いで、一緒に仕事する機会はなかったが、川西家の後継者と意識した一面を筆者が感じた時がある。

　1995年（平成７）１月の阪神・淡路大震災直後のことである。震災翌々日の19日、会社の先輩、同僚への僅かばかりの支援物資を背負い、自転車で大阪から甲南工場にやっとたどり着き事業部長室に入った。数人がテーブルを囲み、暖を取っていたが彼の姿がない。即座に『川西さんは』と発した。誰かが『倒壊した工場外壁の塀を一人点検に行かれている』と耳にした。私は「川西家のＤＮＡが働いている」と思わずにいられなかったことが今も思い浮かんでくるのである。

　余談になるが、川西清兵衛健在頃から「川西報公会」という一般財団法人が、現在も活動を続けている。この法人の業務の概要は、社会的弱者の救済または青少年に対する教育等の支援活動で、伝統が今日へ受け継がれているように思えるのである。

第10節　今後の飛躍を目指して

創業100周年と今後

　2020年（令和２）２月、新明和工業は幾多の困難を乗り越えて川西機械製作所飛行機部から100周年を迎えた。

五十川龍之社長メッセージ　要旨

　社長は就任以来、〝モノ〟から〝コト〟重視に転換することの重要性を伝えて、お客の声に応えて製品やサービスを創出してきた〝受け身〟の姿勢から、製品・サービスを通じて提供できる新たな価値を創出し、客に提案するという〝攻め〟の姿勢に転換するということを目指すべきである、と訴えている。

　想像を超えるスピードで社会が変化する中、就任２年目となる2018年、企業価値のさらなる向上を目指して中期経営計画「CFG2020」を策定。事業面では「安定」から「成長」、資本政策では「業績相応の配当実施」へと舵取りを実施している。

　創業100周年を大きな節目ととらえ、2020年４月に新経営理念「新明和グループは、たゆまぬ技術革新で、安心な社会と快適な暮らしを支え続け、人々の幸せに貢献します」を制定。同時に10年後を見据えた「長期ビジョン」の策定にも着手するなど新たなスタートを切った。

『当社が存続してこられたのは、時代に即し、高度な設計・製造技術力を駆使して製品を、進化させてきたこと、作業の正確さと品質の高さ、社員の勤勉さ・真面目さが受け継がれ、お客様の要望に応え続けてきたからこそだと強く思っています』

第3部　余　話

はじめに

　本文では、川西系列各社が戦災の荒廃から立ち上がる様子に力点を置き記述しましたが、ここでは書き落とした逸話、裏話等についてまとめてみました。

余話3－1　江崎玲於奈ノーベル賞の秘訣

1　新聞記者の取材に接して

　2020年（令和2）7月、日本毛織の仲介で我々筆者は神戸新聞社記者を紹介頂いた。

　用件は新聞社の企画している川西清兵衛氏と川西機械製作所の系譜であるデンソーテン、大和製衡、新明和工業が創業100年を迎えたことに関して歴史等を教えて欲しいとのことである。

　我々としては本書編集中であり、可能な限り協力しようと、ニッケ本社に出向き数時間懇談し、後日メールや電話取材で対応した。

　数ヶ月後の2020年（令和2）11月21日～12月18日間朝刊に、「世紀を越えて」川西機械製作所の系譜と題し、14回にわたり連載された記事を見て吃驚した。

　我々には出来ない江崎玲於奈氏のインタビュー記事で、直接電話取材するなど、手広く深い取材網に感嘆した次第である。

　以下の点が明確に書かれている。

①川西機械に入社したきっかけについて。『戦争で壊滅した日本の産業の復興期に、電子などミクロの世界を扱う量子力学を電子工業に役立てようと思った。卒業研究の指導を受けた東京大学の先生から川西機械の研究者、有住徹彌さんを紹介された』

②川西機械での研究については。

『入社当時は通信機やラジオに真空管が欠かせず、川西機械はトップメーカーの一角を占めていた。折から、真空管に代わる半導体トランジスタが米国で誕生したとのニュースを聞き、私自身、いち早く研究対象を真空管から半導体へ移すことが出来た。上司の有住さんは自由に研究させてくれ、半導体

研究の礎となる知識を身に着けることが出来た』

③在職中の生活について。

『西代（神戸市長田区）の寮に住み、兵庫駅まで山陽電車で通勤した。同僚たちと六甲山上でのパーティー、淡路島での海水浴、三宮の一杯飲み屋など、楽しい会社生活をした』

④　川西機械が1949年（昭和24）に神戸工業として再出発した。社員の目に、当時の経営はどう映ったか。

『軍に製品を収めた戦時中と事業環境がガラリと変わり、戦後の経営はうまくいかなかった。朝鮮戦争の特需を追い風に飛躍する他の企業もあったが、その波に乗ることもできなかった。技術はいっとき良いものを持っていたのだが』と無念さが伝わってくる。

⑤　1956年（昭和31）神戸工業を辞したことについて。

『経営は苦しく、研究に予算がほとんど付かなくなったため、研究をしっかりと進められる環境を求めて東京通信工業（現ソニー）に移った。後のノーベル物理学賞受賞につながる「エサキダイオード」を発見したのは翌1957年の事だが、その1年だけでなし得たわけではなく、8年8カ月いた神戸工業で、半導体分野の専門家として力をつけることができ、それがソニーで花開いたのだ』と結んでいる。

2　ノーベル物理学賞受賞の秘訣

　2007年（平成19）1月、江崎は日本経済新聞「私の履歴書」に1か月間連載し、その中で次のように回顧しているので要約する。

「トランジスタ誕生」について、1947年（昭和22）アメリカのベル研究所での真空管に代わるべき半導体トランジスタの誕生である。このニュースを最初に聞いたのは1948年（昭和23）中頃であった。トランジスタはその革新性と影響力において20世紀最大の発明と言っても過言ではないと思った。

　これを通じて江崎が自分で学んだことは、真空管を幾ら研究しても改良しても、トランジスタは生まれてこないこと。すなわち、我々はともすれば殊に安定した社会では、将来を現在の延長線上に捉えがちになる。

　しかし、変革の時代には、今までにない革新的なものが誕生し、将来に創

られると言えるのである。ここでは、創造力が決定的な役割を演ずることは言うまでもない。
　　（所謂「ブレークスルー思想」が大事である）

「ノーベル賞の秘訣」の中では『ノーベル賞をとるために、してはいけない五箇条を紹介したいと思います』と、聴衆を大いに刺激し、奮起させる効果をみて、最後はいつも次の五箇条で締めくくっている。
①第１には、今までの行き掛かりにとらわれてはいけない。しがらみという呪縛を解かない限り、思い切った創造性の発揮などは望めない。
②第２に、教えはいくら受けても結構ですが、大先生にのめり込んではいけない。のめり込みますと権威の呪縛は避けられず、自由奔放な若さを失い、自分の想像力も委縮する。
③第３に、無用ながらくた情報に惑わされてはいけない。約20ワットで動作する我々の限定された頭脳の能力を配慮し、選択された必須の情報だけを処理することだ。
④第４に、自分の主張を貫くためには戦うことを避けてはいけない。
⑤第５に、子供のような、あくなき好奇心と、初々しい感性を失ってはいけない。
『このようにしてはいけない五箇条は、ノーベル賞をとるための十分条件ではなく、単なる必要条件に過ぎないことを申し添えて私の講演を終わります。ご清聴ありがとう』と締めくくっている。
　　その他に印象に残った記事を次に示す。
『我々の知的能力は、二元性を持ち、一つは物事を理解し判断する分別力と、もう一つは新しいアイデアを生み出す創造力がある。
　　我々は20歳から70歳まで活動すると考えると、分別力の方は20歳では零であるが、毎年増加し、70歳で100に達する。
　　一方、創造力の方は逆で、20歳では100、70歳になると零になってしまう。その交点は45歳、創造力と分別力が拮抗して、いわゆるミドル・エイジ・クライシスを迎える。
　　従って、もしこの拮抗する両者の触発を活力の源泉にすると、45歳前後で

大きな仕事ができる。実は、私の場合、ノーベル賞が与えられたエサキダイオードは32歳の時の仕事であるが、それよりも大きな影響を与えたと思われる半導体格子の仕事を始めたのは44歳のときであった』と述べている。

余話3－2　白洲次郎氏の逸話

　白洲次郎が連合国軍占領下の日本で吉田茂の側近として活躍し、GHQを相手に流暢な英語と物怖じしない態度で交渉に臨んだ。時には最高司令官であるマッカーサーを怒鳴りつけた話もあり、マッカーサー本人から「従順ならざる唯一の日本人」と言わしめたというほどである。

1　川西の「財閥解体阻止」に尽力

　財閥解体で三菱、住友などが解体され川西も危ないということになっていたが、白洲次郎氏の骨折りがあった。川西勝三社長が川西清兵衛の長男清司氏から聞いたところでは「氏が非常に骨折りして『川西を潰してはならない』といっていた」と筆者に語った。

　この席で、白洲と川西家との関係話を耳にした。岡村取締役は『白洲次郎は川西家と親戚関係にあり、川西家の誰かと白洲さんの兄弟か誰かが結婚したが、どちらかが若くして亡くなってしまったので結縁は切れたが、親戚であったことには間違いはない』とのことであるが、それ以上の情報はない。

2　白洲家と次郎

　白洲家は、摂津国三田藩（現・兵庫県三田市）の儒学者の家柄である。

　戦後、1949年（昭和24）12月、貿易庁長官就任。通商産業省を設立した。1951年（昭和26）9月、サンフランシスコ講和会議に全権団顧問として随行した。

　吉田側近であったころから公社民営化を推進しており1951年（昭和26）5月、日本発送電の9分割によって誕生した東北電力会長に就任した。東北電力にオートバイ「ポインター」を100台買い上げて貰ったとか、「モーターサービス」立ち上げ時にも数多くの支援を頂いたと聞いている。

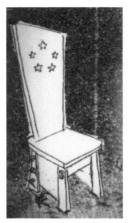
画 古賀久富氏提供

3　マッカーサーに椅子を寄贈

　徳本栄一郎氏によれば英国公文書館に残されている英国外務省、情報機関のファイルにしばしばコンプラドールとして名前が出てくる、という。

（「英国機密ファイルの昭和天皇」（徳本栄一郎著）

　次郎が、吉田茂の側近としてGHQの終戦連絡中央事務局に在職し、GHQ連合国最高司令官であるダグラス・マッカーサー元帥と渡り合ったのはこの頃で、1947年（昭和22）には、マッカーサー元帥に自らデザインした椅子を贈呈し、手紙を添え、「私が設計しました木製の椅子を閣下に贈呈できますことを大変喜ばしく存じます。

私の住んでいる村の工房で閣下のために特別に作らせた作品です」と結んでいる。

　椅子の背もたれに、GHQ最高司令官を表す五つ星が彫られ、座面は非常に低く、低い目線で日本を眺めて欲しいという、白洲独特のアイロニー（皮肉）であろう。

　今はアメリカの「マッカーサー記念館」に所蔵されている。

　二人の関係が見えるようではないか。

余話3－3　川西龍三社長の健康状態

1　発病の前後

　1954年（昭和29）の秋、伊丹飛行場に隣接した新明和伊丹工場の建設現場では、工事が急ピッチで進められていた。

　これは米軍機のオーバーホール（以下O/Hと略す）が受注できる見通しがついたことと、防衛庁の内命を受けて国産化の調査を進めていたロッキードP2V－7対潜哨戒機の製造を受注した時に、最終組立作業を行う工場が必要であったためである。

　川西社長は自ら陣頭に立ち、河野、宮原の両常務、坂上調査室長、渉外業務を依頼していた東京セールスの大竹顧問、勝野常務などの人々と共に、

O/Hを受注するための関係先回りを続け、会社の技術と熱意を示して粘り強く要請を繰り返された。

　川西社長は、この年、1954年（昭和29）の夏ごろから体の調子が良くなかった。

　11月5日、会社創立5周年記念の総合運動会が甲南工場の運動場で開催されたが、「健康第一」の名訓辞とともに多数の従業員の前で、社長が顔をみせた最後であった。

お元気な時の写真
（「川西龍三追懐録」より）

2　発病と逝去

　社長の御闘病の様子を、詳細に述べるのは避けて、あらましを以下に記す。

　1954年（昭和29）4月　明和病院で健康診断実施、血圧やや高い。自宅で静養に努められたが、社用による東京出張、やむを得ぬ用務のため屡々静養が中断となった。

　同年9月　胃部に不快感あり、精密検査実施、胃部には異常なし。肝臓やや肥大の兆候有り。

　同年11月14日　東京で野村吉三郎元海軍大将主催の米太平洋艦隊司令官マーチン提督歓迎会に出席、散会午後9時40分。

　当日夜、日大病院入院。肝臓肥大硬変の兆候が顕著。

　同月26日　日航機で帰神。

　12月　初旬、阪大病院で精密検査。

　約一週間後、大出血。

　1955年（昭和30）1月18日　病状にわかに悪化。血圧70mmHg。数週間は痛み、高熱、絶食、不眠等で苦闘された。

　同月20日　危篤状態になる。

　1月24日、川西家より喪が発せられるや即日、ラジオや新聞が、世界的な川西航空機を設立育成した故人の航空機業界の偉大な功績に絶賛をおくり、哀悼の敬意を表した。

余話3－4　旭工業・ダイハツについて

　少々くどいが、明和自動車—旭工業—ダイハツの関係を述べておく。

1　旭工業株式会社設立

　川西航空機は、戦後に事業転換が図られ、企画室第2班は1946年（昭和21）8月、仮住居の丸山製作所（西宮鳴尾）で三輪自動車の試作第1号を完成した。

　翌月転換許可が下りたので、量産を開始し、班名を止め名称を明和自動車製作所、製品の商標名を「アキツ」と決めた。

　1947年（昭和22）7月、社名を「明和興業」

「アキツ」は性能の良さで評判を呼んだが、インフレが高進し、人件費が高くなり採算性が悪くなってきて、争議も起こった。

　1948年（昭和23）10月、明和自動車製作所を別会社とする方針を決め、翌年11月、企業再建整備法により分割を受け、西宮工場を中心とする自動車部門が明和自動車工業株式会社となった。

明和自動車工場全景と宣伝図面
（新明和社史—1より）

　以後も「アキツ号」を生産し、4サイクルSV空冷単気筒670ccエンジンで出発し、他社同様1952年（昭和27）ころまでは、ルーフ付の1つ目ヘッドライト車、ルーフ付の2つ目ヘッドライト車と進化した。

　1954年（昭和29）3月には、空冷OHV・1500cc、45HPのその時点では三輪最大のエンジンを搭載したF6型2つ目ヘッドライト車を市場投入、大型の2トン積みモデルを開発したものの、先行大手メーカーに販売力で劣り、経営不振が続いた。

当時のカタログの一例

　10年近く生産販売されたわけであるから、各種カタログが存在したと思われるが、1954年（昭和29）頃のものを紹介する。

表面は、1500cc、45HP のＦ６型である。

裏面は、「企業の能率と発展のために驚異的性能を誇るアキツ号三輪トラック」の４車種

「月賦販売　ご相談に応じます」の記載あり。

他の製品に、「土砂用ダンプカー」「塵芥用ダンプカー」「真空吸排式糞

旭工業 ミゼット生産
（元川西航空鳴尾工場）（旭工業）

尿車」（バキュームカー）、「電気工事作業車」（レッカー車）が勢揃いしていることに驚く。後の特装車への萌芽がうかがい知れる。

種々頑張ったが、1956年（昭和31）８月に、経営不振に伴い、ダイハツ工業と三和銀行の資本参加を受けて、社名を「旭工業株式会社」に変更し、ダイハツの系列会社となる。

1970年（昭和45）旭工業はダイハツ工業に合併され、工場はダイハツ西宮工場となったのである。

1957年（昭和32）「ダイハツ・ミゼット」発売。空前の軽三輪ブームを巻き起こし、小回りがきいて、小口荷物の運搬に最適なサイズが時代に合っていた。

ミゼットは、1957年（昭和32）〜1972年（昭和47）まで生産・販売された。Midget は英語で、「超小型のもの」という意味の単語で、小型な車という想いを込めて名付けられた。

2　ダイハツ工業

ダイハツは戦前から長くオート三輪業界の上位メーカーであった。太平洋戦争後は当時の小型自動車規格枠に収まる750cc〜1000ccクラスのオート三輪を製造していた。

ダイハツは軽オート三輪に着目していなかったわけではないが、朝鮮戦争で普通クラスのオート三輪需要が高く増産に重きを置いていたため、軽オート三輪の市場は中小メーカーに占有されていた。その後オート三輪メーカー

ダイハツ・ミゼット（ダイハツ工業）

は四輪トラック市場参入に注力し、ダイハツも同様であったから、「アキツ」製造経験者を吸収した子会社の旭工業が製造するようになったのである。

　余談になるがダイハツの起源は、1907年（明治40）、当時輸入に頼っていた発動機（エンジン）を国産化すべく、当時の大阪高等工業学校（現・大阪大学工学部）の学者や技術者が中心となり、大阪で「発動機製造株式会社」を興した。吸入ガス発動機（ガス機関）から始まり、小型ディーゼルエンジンなどを開発、生産したほか、当時は鉄道車両用機器なども製造していた。

（出典：「ダイハツ工業」）

余話3－5　徳島に新工場設立

1　徳島工場用地取得
　川西龍三が飛行機整備再開を望み、伊丹飛行場に隣接した工場を建設した。が、その飛行場が国際空港になるにつれて、軍用機の飛行自粛を求められ、会社も航空機事業を止めざるを得ない状況に追い込まれたことは本文でも述べた。

　飛行場を失った会社は、1970年（昭和45）10月、徳島市と鳴門市の中間、板野郡松茂町に5万1000㎡（約1万5000坪）を買収した。

誘導路及び燃料補給設備、エンジン運転防音ハンガー新設（当時）（新明和提供）

2　工場開設
　1974年（昭和49）4月20日、甲南工場徳島工作課工場が開設された。
　甲南工場からの転勤者が、空気の綺麗な環境の中で働いた。

工場進出が松茂町に限らず、町外からの就業者を吸収できたことは地域への貢献が大きいと言える。

3　Ｕ－36Ａ型航空機改造工事

海上自衛隊艦艇部隊が電子戦訓練及び対空射撃訓練の支援用として、Ｕ－36Ａ型機を訓練支援機に改造するため、米国ゲイツ・リアジェット社製の民間用ビジネスジェット機を導入した。

1985年（昭和60）に訓練支援機Ｕ－36Ａの改造工事を受注し、改造作業は徳島工作工場で行った。

試験飛行中のＵ-36Ａ（徳島空港で筆者写す）

1987年（昭和62）３月、初号機を防衛庁に納入した。

これを機に徳島分工場を、西日本地区で、航空基地に隣接した唯一の航空機工場として、さらに発展させることとした。

4　Ｕ－４型多用途支援機　改造工事

Ｕ－４機（原型機は、米国ガルフストリーム社のＧ４型ビジネスジェット機）は、航空自衛隊で指揮連絡、軽貨物輸送、訓練支援などの効率化のために導入されたもので、最新の計器表示システム、航法装置などを装備しており、無給油で太平洋を横断可能な航続性能、良好な整備性、信頼性を誇っている。「準政府専用機」といえる要人輸送機として大活躍である。

Ｕ－Ｘ提案段階から新明和は導入支援を行い、６か月後の1996年（平成8）９月、防衛庁から多用途支援機Ｕ－４の整備担当会社に指名され、念願の航空自衛隊機の整備作業（IRAN）を25年ぶりに

飛行試験のＵ-4型機（筆者写す）

開始する運びとなり、陸上機整備の夢がかなった関係者の喜びは大きかった。

　その後、徳島は航空自衛隊IRAN（機体定期修理）整備体制を強化して行った。

5　分工場と今後の期待

　川西甫も同趣旨の徳島飛行場に隣接した工場建設に意欲を燃やし、航空機製作所長、専務取締役として「徳島工場拡充」「徳島工場でのジェット機改修・定期修理」「滑走路の使用」「工場への誘導路建設」等々の地元協力を得るため、積極的に徳島県、地元松茂町議会との折衝・調整に奔走された結果が得られたわけで、その想いをさらに発展させられる時期に来ているものと感じている。

民間航空機整備事業開始への道

　航空自衛隊U－4型機が2002年（平成14）、東ティモールへ国連平和維持活動で国外向け人員、物資輸送を行った際、デイリ空港で着陸時に事故が発生した。

　事故内容、原因については割愛するが、現地での応急修理、シンガポールでの修理を航空自衛隊が現地業者（Jet　Aviationシンガポール社事業所）と契約して行った。

　新明和から森口二三男分工場長、北林男一郎検査員が民航機で現地に飛び、技術部等が全力を挙げて支援に当たった。

　応急修理、フェリー、恒久修理を行ったのは現地業者。修理事業所が、セレター軍民共用のローカル空港に隣接し、ビジネスジェット機に対する運航支援、運航受託、修理と整備、エンジン＆機器整備を行っており、徳島の立地が似通っているうえに、ハンガー内のボードには、ボーイング、ガルフストリーム、セスナ、ハネウェルのサービスセンターであることも大きく表示されていることを目にした森口は、「徳島が今後向かうべき方向はこれだ！」と思いを強くした。

徳島工場の今後

　帰国した森口は、将来ビジネスジェット整備事業に向けて今何をすべきか、何が出来るかと検討した結果、１等航空整備士養成と決め、航空局検査官に指導を仰ぎ、自ら先頭に立ち、数名が受験勉強を開始した。３年後森口が１等整備士資格（G－4）を獲得して、社内教育教官となり、５年後に樫本定美、東条輝光が１等整備士資格（LJ－31A）取得、９年後には東条が資格（G－4）取得、その後山口淳也が資格（LJ－31A）を取得し、着々と人材が育った。現在も資格取得を目指し若手４名が学科試験に合格している。

　一方ビジネスジェット機整備は、中日新聞社機の整備、航空自衛隊飛行点検機の整備、航空局の航空機の整備、ホンダジェット、個人ビジネスジェット機等の整備実施に実績を残し、発展している。『大阪・神戸に近接する徳島分工場が、Jet　Aviationのように発展していくことを見守っていきたい』と森口は力強く語ってくれた。

　今後の徳島の大いなる飛躍を期待するものである。

余話３－６　ポインターレース出場の回想　久米嘉幸

　昭和28年（1953）に、名古屋タイムス主催（名タイＴＴレース）で、名古屋代理店の息子の森川健一君が練習中に転倒負傷し、私がピンチヒッターとして第１回全日本選抜優良軽オートバイツーリスト・トロフィレースに150ccコメットで出場し、名古屋→岐阜→三重県→名古屋と三県にまたがる260kmを４時間41分18秒（平均時速約57km/h）で疾走して第14位に入賞しました。

　この時若干のチューニングをして、少しハイカムにしたり、ノッキングしない範囲で圧縮比を上げるためシリンダー高さを0.3mm削ったり、ダイナモ駆動のギヤを外したりしてよく走るようにしました。名タイレースの試走中を地元の関係者に見られ、ポインターには勝てないとの風評が立ったようでした。

　スタートの前日夕方に出走車は全部金山体育館で預かることになり、私はなんの疑いも持たず預けましたが、これが思わぬ事になりました。オイルポンプとタンクのパイプが、夜中に繋ぎ変えられ、タンクからエンジンへオイ

ルが送れなくなっていたのでした。悪い奴が居るものです。

　スタート時には全く気付かず金山橋からスタートして、岡崎の手前でエンジンの焼付きが発生しました。幸いなことに近くに自転車屋があったので、店先でエンジンのトップオーバーホールをして、約40分で修理を完了しスタートしました。後にこのことが幸いであったことが分かりました。それはピストンの焼付いた面をヤスリとサンドペーパーで磨き仕上げたことで、シリンダーとのクリアランスが少し大きくなり、フルスロットルで走行したにも関わらず焼き付きを起こさない結果となり終始良好であったことです。

余話3－7　新旧技術者の活躍

　本文で述べたように新型飛行艇の開発は、旧川西航空の技術者と戦後の新進技術者が一体となって成し遂げた。

　1952年（昭和27）4月、対日講和条約が発効し、航空機産業が息を吹き返すまでのブランクがあったものの、川西航空の技術陣は、菊原以下、戦前の技術と経験を持つベテランが馳せ参じ、経験を活かして若手技術者（後出）を指導していった。

　ベテラン技術者については、第2部「余話2－5　戦中主要人物」で紹介した菊原、清水、羽原、徳田、井上、宇野、大沼、馬場、田中等である。

　ここでは小田辰春、小林熊次、直木信夫、太原玄吾、石本進の略歴を紹介する。

小田辰春

　1916年（大正5）1月　生誕。

　1941年（昭和16）早稲田大学理工学部卒。

　1945年（昭和20）6月9日　鳴尾工場でテスト中だったブラウン管にレーダー反応を目撃、直後爆撃を受けた。

　1960年（昭和35）UF－XS実験機の電子電気関係開発に従事。

　1965年（昭和40）PS－1型機の電子電機関係開発に従事。

　PS－1の対潜電子機器の開発（可変深度ソナー）に機器メーカーと共に苦心する。

小林熊次

京都府出身。

鳴尾飛行場の被爆後に鶉野「姫路第4製造廠の付帯飛行場所在地」に分散転属。

1946年（昭和21）7月、川西モーターサービス所1期生で入所。

鳴尾、伊丹工場ではエンジンショップの責任者、米軍機の各基地出張修理では、多人数社員の総責任者として陣頭指揮を執り、米軍との交渉など面倒見のいい親分肌の一面もあった。

1963年（昭和38）4月、委託研究（PX－S試作）基本設計第10班長（一般艤装、操縦、油圧、推進、兵装、ソナー装置）

1974年（昭和49）5月、US－1 1号機の岩国基地における飛行試験では、約50名強の人員を統率して脚試験等を行った。

技術部長、甲南副工場長を務めた。

太原玄吾

川西時代から構造設計専門であり、艇体を担当した。

言葉で教えるだけでなく、自身が筆者の椅子に座り、操縦系統装置のブラケット形状や、艇体構造への結合様式、構造の補強など数々の製図例を見せられた。「やって見せ、言って聞かせて、させてみて」を地で行く人でした。

直木信夫

大阪府出身。

1922年（大正11）3月生誕。

大阪府立生野工業学校卒業。

川西航空機入社。設計部翼係に配属。

1946年（昭和21）5月、復員。

新明和興業入社。1957年（昭和32）、YS－11の設計に携わる。

新飛行艇設計では、重量管理、標準部品管理・統制、取扱説明書等のまとめ役。実設計ではソナー装置関連機構に努力された。

技能五輪「製図」のリーダーとして選手を指導された。御本人は、1970年（昭和45）頃、世界技能五輪の審査員に選ばれた。その頃技術部の新人全てが直木さんの製図指導を受けた。

石本進

1944年（昭和19）東京大学第二工学部航空学科卒業

1944年（昭和19）川西航空機入社。

戦後は阪神電車を修理する摂津車輌で、電車課長を務める。

1955年（昭和30）10月、設計したアルミ製7.5m内火艇担当。

1956年2月、ジェット中間練習機（T1S1）等の設計に参画。

T1S1作業終了後、伊丹工場にて米軍ヘリコプター総括。

新型飛行艇開発時は、総括担当として開発中心部の役割を果たし、設計部長、航空機製作所副所長、所長を務める。

余話3−8　大先輩　菅原治、宮村元博

戦後7年間の空白を経て禁止令解除になったが、この空白で日本の航空界は、欧米の進歩に対比して大幅な遅滞を味わった。

再開後には、戦前の航空機経験者と戦後新卒大学生等が海外情報を取得しつつ、我が国独自の航空技術構築に大いに励むこととなった。ここでは、筆者（原田）が謦咳に接した菅原治、宮村元博氏について当時の御苦労を回顧してみる。

菅原氏と声を交わした時を初対面というなら、UF−XS初飛行後の1月頃の寒い日の夜であった。操縦系統の地上機能試験中で、筆者が機内の床下で、ポテンショメーター等の計測器材をセットする間、立ち合いの菊原、菅原両氏はストーブのそばで待機している。装置セットが終わり、試験が始まる直前のひと時同席して暖を取る。この僅かの時間に、20歳に満たない若輩が、畏れ多い雲の上の御両名に大胆にも話しかけた。同じ播州人（御両人は姫路市出身、筆者は、たつの市出身）との意識がさせた行動で郷里の話だったと記憶している。

宮村氏とは、筆者が現役を通じて飛行機の「操縦・油圧系統」を担当した

きっかけとして、宮村氏の指導の下に行ったUF-XS実験飛行艇「操縦系統テストリグ試験」である。

　機能・性能を確認する試験で、飛行機知識が全く無い駆け出しが、手探りで不具合探求に没頭した。

　毎晩宮村さんと一緒に遅くまで残業したが、二人は大の甘党なので、帰りには〝赤ちょうちん〟の屋台でなく、喫茶店で〝ぜんざい〟を必ず続けて2杯御馳走になり、疲れの解消と気分転換を図るのが日課になった。

1　二人の経歴

　菅原と宮村は同時代に誕生し、菅原は世界恐慌の前年の1928年（昭和3）4月1日、兵庫県、宮村は1929年（昭和4）3月、熊本県生誕で2学年の違いである。

　学歴も似通っている。

　菅原は姫路中学から旧制姫路高等学校卒

　1951年（昭和26）東大第1工学部応用数学科卒

　1953年（昭和28）5月、新明和興業入社

　宮村は

　1945年（昭和20）旧制第五高等学校入学

　1948年（昭和23）東大第2工学部物理工学科入学

　1951年（昭和26）東大卒業

　　　　　　　　　「日本無線株式会社」入社

　1956年（昭和31）新明和興業入社

御両人の戦中と学生時代

　中・高等学校時代は学徒動員で、菅原は川西姫路工場、宮村は三菱健軍工場で汗を流した。宮村は大学では「航空禁止令」により、航空機に関する授業は全くなく、ラジオを含めた電子技術や風洞試験について自主的に勉強した。当時、制御工学については「名古屋大学」が一歩進んでいたと言う。

　菅原は在学中には『木村秀政氏の模型飛行機サークルに参加していた』『卒業後は東京の高等学校で物理・数学の教職にあった』と奥様からお聞き

した。

2　新明和入社

　菅原の入社経緯については、失礼ながら存じ上げない。

　宮村は1956年（昭和31）1月まで日本無線に在籍し、1957年に引抜かれて新明和に入社した。新明和は、速やかに航空機産業界への復帰を考えていたが、電子技術者が居なかった。新型飛行艇を開発する場合、電子制御・メカトロニクス技術に精通したエキスパートの養成が必要になるゆえんであった。

　当時は、大学でも電子工学はなく、制御技術を扱える人物を他産業でも必要としていたころである。

　菊原の盟友である東大、谷一郎教授の紹介もあり、徳田晃一が動いた。徳田の考えは「理屈（理論）が無くても、電気・油圧・機械の人間は居るから、バランスよく混ぜ合わせて、指揮できるリーダーが居れば良い」という人事構想である。これらの情勢から判断して、適任者は宮村だと決定された。

　宮村が日本無線で得た体験は、何事も理論・理屈（ソフト）から始めるのではなく、失敗経験（ハード）から、理論がなくても理解することが出来るので、実際から入るべきだと言う。

　理想は、ハードとソフト間が双方向にできる人が最高で、『新明和には〝菅原治〟』しか居なかったと宮村は語ってくれた。

3　二人の主な担当作業

①ジェット中間練習機開発

　1954年（昭和29）に防衛庁でジェット練習機の国産計画機運が出て、民間各企業の開発熱も高まり、新明和も開発設計に参画した。

　主になって設計したのが菅原である。

　設計期間が3ヶ月と極めて短く、試験上の不具合もあり試験が遅延し、設計協議に十分反映されるまでに至らなかったという。

　宮村は、遷音速は東大理工研（当時）誘導式高速風洞で、低速高揚力は東大の変圧風洞2種類で試験を行って、資料を収集した。

　技術部（東京）は徳田晃一、村野美郎、菅原、大橋及び宮村が所属し、菅

原の部下として計算等の
手伝いを行った。

②国産旅客機開発（YS
−11関連）

　YS−11開発計画が持
ち上がる以前から、菊原
が「国内線用旅客機の基
本設計の研究」を進めて
いた。

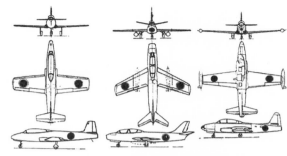

左から T1S1（新明和）、T1F1（富士重工）、
T1K1（川崎重工）

　徳田、村野、宮村、窪田、林が東京で風洞試験を行い、計画図の線図を窪
田と菅原が描いた。これらの業務では、菊原静男、徳田晃一が中心になり、
中型輸送機の基本的な問題を研究し、1年後に5種類の基礎研究案を作成し
た。

　1957年（昭和32）「財団法人輸送機設計研究協会」にその研究を引渡し、
合流した。

　この協会が日本航空機製造株式会社（日航製）に発展し、YS−11が生み
出されたのだが、PS−1飛行艇の開発が始まったため、新明和では、やむ
なくこの方に主力を移した。

　YS−11の開発初期に、新明和が基本的な先駆的貢献をしたことは忘れて
はならない。

　菅原は飛行艇開発の主要人物と
して東京事務所勤務となった。

　宮村も日航製に出向してYS−
11の風洞試験等を担当していたが、
飛行艇開発に必要だとの帰社命令
が来て、1961年（昭和36）1月東
京事務所に呼び戻された。

③新型飛行艇の開発

　帰社した宮村は、1961年（昭和
36）1月、飛行艇開発組織の徳田

YS-11モックアップ前で昭和33年。
宮村（左）、菊原（右）

初代開発部長から『電気、油圧グループを頼む』と言われ新型飛行艇開発に取り掛かり、「制御屋」として本領を発揮した。

　社内ではエレクトロニクス時代の到来とフィードバック制御について知っていた者もいたが、この技術を理解し、操縦システムが構築でき、ダイナミック（動的）な過渡現象を解析できる人物は菅原しかいなかった。

④シミュレータの活用

　PS−1の開発では、菅原はシミュレータの開発に注力した。

　風洞試験によりBLC制御による極めて大きい揚力係数が得られたが、この低速域での機体安定性を確認するには、人間が搭乗して機体を操作した場合の安全性を確認し得る試験過程を経ることが必須となるが、普通のシミュレータは機体の正常な操縦を模擬・訓練するものであるため、操縦訓練用ではなく飛行の限界をもシミュレート出来る開発用のフライト・シミュレータが必要ということである。

　菅原は、「飛行機設計側の人々とは別の操縦側の人々と長期間接する機会に恵まれ啓発される点が多かった」ことが、試験を通じて得た収穫であると言っている。

⑤低騒音STOL実験機「飛鳥」開発

　1977年（昭和52）航空宇宙技術研究所（現JAXA: 宇宙航空研究開発機構）が、C−1輸送機を母体として、国産開発中のファンジェット・エンジン4基を搭載し、低騒音化とSTOL化の研究や設計に用いる実験用機体「飛鳥」の開発があった。

　ナショナルチームが編成され、設計陣は岐阜県川崎重工に集結した。

　大型STOL機は世界的にも珍しく、制御や解析技術の国内第一人者と言っても過言ではない菅原は、「STOL実験機開発室副室長兼操縦システム班長」として飛行艇の経験を活かし、STOL経験の少ない設計チームの先頭に立って指導された。

菅原 川重岐阜工場 新館前にて
（筆者写す）

4　菅原の遺産

川崎重工石川主典氏（元代表取締役副社長）は、US－2救難飛行艇の操縦系統がフライ・バイ・ワイヤ（FBW）化に決まったため、FBWシステム班長に選任された。

石川氏は雑誌「US－2救難飛行艇開発物語」に「技術屋の恩返し」と題し、菅原に教えてもらった当時を振り返り次のように述べている。

「飛鳥開発時操縦システム班に所属した時の班長が菅原さんで、菊原さんの薫陶を受けた立派な技術者でした。

当時も結構な御年齢で、間違いなくアナログ世代でしたが、私がデジタル制御に関して質問しても詳しく解説してくれるので驚き、何を聞いても的確に教えてくれるのです。

飛鳥で教わり発展させた知見を、次は恩返しとして新明和の若手技術者に教える番だ」と意気込んだと言う。菅原さんのSTOL機技術が会社間の壁を乗り越えて、現在に引き継がれていることは頼もしい限りである。

晩年の菅原さん

退職後の菅原さんは、少年時代から趣味にしていた模型飛行機の製作と飛ばすことに夢中になった。仕事を離れ、これまでの〝しがらみ〟からも解放され、自由に諸元を決め、嬉々として模型飛行を繰り返されていたであろう姿が目に浮かぶ。

いくつかの模型飛行機クラブに入り、飛行機を飛ばしに行くときは、現役時代に愛用していたジャンパーを羽織って「よく一緒に琵琶湖へ通っていた」と岐阜のSTOL「飛鳥」仲間から度々耳にしている。

奥様の言葉として「部屋には沢山の賞状やトロフィーが並び、本人は満足していたと思う……よき先輩の菊原・徳田両氏、心優しい後輩方に恵まれて、夫は非常に幸せ者でした。夫を送る際には、ジャンパーを着せ、US－1の雄姿が藍染された手拭、模型飛行機競技会でもらった賞状、活字を読むための眼鏡を入れました」と御聞きしている。

2015年（平成27）10月　没

巨大彗星が西の空に飛び去った思いである。

余話3-9　救助実例

1　米空軍F-16乗員救助

　1992年（平成4）1月23日朝、三沢基地から米国フロリダ州の空軍基地に向けて飛行中の米空軍F-16戦闘機が東方630nm（1165km）において、空中給油中に接触し、パイロットが緊急脱出、洋上を漂流し、真冬の海上で生命の危険が迫っていた。

　周辺の海域に救助に急行できる艦船は無かったため、救難飛行艇が最後の頼みだ。厚木基地で救難待機していたUS-1A救難飛行艇（貴田英樹機長）に災害派遣要請が入り、直ちに発進した。現場海域の天候はかなり荒れており、平均波高2m、最大波高2.8mで、US-1Aの着水能力限界に近いものだったが、機長は着水を敢行、2次災害の危険も顧みず、20分後、漂流パイロット、ドーラン大尉（当時）を救助、横田基地まで搬送した。

救助後に生まれた赤ん坊と
ドーラン大尉と家族
（海上自衛隊第71空会誌）

米空軍F-16墜落・パイロット救助により米空軍から勲章受章（4.9.22）

3佐　貴田英樹

当日のクルー11名。後列9名と貴田英樹
（P）前列中央、平山竹伸（CP）前列右端。
（海上自衛隊第71空会誌）

2　ヨット遭難救助

　元TVアナウンサー辛坊治郎氏とブラインド・セーラー岩本光弘氏は、米国サンディエゴまで約9500kmの「ブラインドセーリング」プロジェクトに挑んで2013年（平成25）6月16日福島、小名浜港出航。

　21日午前7時56分ごろ、金華山沖約650nm（1200km）の海域で、ヨット

底部がクジラの衝突と思われる破損により急速な浸水発生。装備の救命ボートを展張し、移乗して救助を待っていた。

救助行動図

　午前10時海上保安本部から、救助要請を受けた海上自衛隊（厚木）は、午前10時49分、第一陣としてＰ３Ｃ対潜哨戒機が捜索のため離陸、次いで新型救難飛行艇ＵＳ－２が発進。現場は台風の余波もあって、海面は荒れており、着水を試みるも断念して厚木に帰投する。続いて第2陣を編成するに際し、第71空岡本久佳司令は飛行隊長に『現場の衛星写真、波浪予想等を解析しつつ、西の海面30カイリまで移動させ、周辺の海面、風の弱い場所を調査せよ』と指示をした。天候は西から移動するから、到着時の着水を確実にするための天候予察であった。現場機長から『西側に着水可能な海面が存在する』と報告があった。

　現場の日没が午後6時、洋上での着水は、日没から30分の薄暮まで、午後6時30分がリミット。午後3時までに離陸すれば間に合う。空団司令官から許可が出て、午後3時08分、ＵＳ－２が厚木を離陸した。

　エンルートから現場付近は前線が停滞して天候は決して良くない中、日没30分前に到着した。速やかに海面捜索を実施し、波高計測の結果、風240度25ノット、海面評価の結果、最大波高2.3m、波長45mで午後5時53分、救命ボート付近の着水制限内の海面に着水した。

　2名を救助ボートに移乗させ救出を完了、午後6時14分機内に収容した。午後6時23分離水のタイミングを計りつつ、無事荒海の海面から離水した。

　着水時に3番エンジンに水飛沫をかぶって停止したエンジンを再起動して4発で離水を実施した。

　巡航中、エンジンを保護する目的で3番エンジンを停止した状況で厚木に午後10時30分緊急着陸した。

２次遭難発生の危険性もはらんだギリギリの救助劇で、漂流から10時間を経ていた。

「救命ボート内の二人は、体温が下がって行くのが分かった、明日まで体力が持つか不安だった」と辛坊氏は恐怖を語っている。

　レスキュー・アイボリーのエンブレムのもと隊員の一致団結と関係機関の絶大な連携協力によって成し遂げた快挙であった。

3　救難任務完了後余話

　救難任務は大別すると災害派遣である。患者輸送、洋上救難、遭難船捜索等多岐にわたる。累計実績1000件を越え、様々な人命救助で貢献している。1000件1000様のドラマがある。

　『任務完遂には、救難機を開発、製造、運航、整備等に携わった全ての先人たちの努力と涙により得た教訓と伝統を受け継ぐとともに、「訓練で泣き、実働で笑おう」という部隊方針に基づき任務を遂行した隊員たちの高い練度と現場で見せた勇気があったからこそ成立する』と岡本第71空司令は語る。

感謝

　救助された辛坊氏は、記者会見の中で「日本に生まれてよかった」と感謝の気持ちを表し、救助隊員にお礼の気持ちで名前を聞いたところ、隊員は「チームでやっていることなので名前を教えることは出来ません」と答えたという。各方面で話題になり、両者の対応が「すばらしい」との言葉が多かった。後に、新明和五十川社長との対談では『私を海上自衛隊の方が救助してくれた機体は「US－２」でした。この機体のお陰で、私はこうして生き延びることが出来ました』と、関係者との面談でも感謝の言葉を述べた。

余話３－10　特殊任務　行幸啓の支援

1　機体の VIP 向け改装と運用

　1994年（平成６）２月12日〜14日、天皇・皇后両陛下（現上皇・上皇后）の小笠原・硫黄島方面行幸啓が航空機を使用して行われた。

　歴代天皇として初めてであり、父島、母島へは67年ぶりの挙行である。

　硫黄島、父島及び母島へは民間航空便がないため海・空自衛隊機が全面協力した。羽田〜硫黄島は空自のＣ−１輸送機、硫黄島〜父島及び父島〜羽田空港に移動される際は、US−１Ａ80号機を利用された。

　当時海上自衛官で第71航空隊機上整備員（FE）であった鬼塚健２等海尉（後に新明和）の回想抄訳をベースに記述する。

2　機体改装

　御召機とするための機体改造、整備、飛行実施は第31航空群（岩国）及び新明和工業が全面協力することになり、部隊及び会社では計画自体を「秘」扱いとして、限られた人数で進めた。

　機体内部の改装は、搭乗員室前後にカーテンを設け、通信員席のラックを一部改装し、トイレを設けた。会社で改装図面と部品製作、岩国基地での改装作業を行ったが、部隊担当者、隊長、司令等の指示が加わり、帰社して部品再製作が必要となった。現地で作業中の新明和北山義弘は『日程確保のため、帰社せずに部隊の設備を借用し、技術者のポンチ画と口頭指示で部品製作をし、取り付けを完了させた』と苦労を語る。

　鬼塚氏の場合は部隊側細部計画で、使用機数、搭乗員の選定、訓練計画、関係者の輸送計画、ラッタル（階段状のはしご）の整備搬入計画、各航空機の行動計画等について検討した。『部下を使うこともできず、一人で作業を行い心身ともに苦しい毎日であった』と語ってくれた。

　７機の保有しかない基地では、御召機、同予備機、随行者輸送機、同予備機、天候偵察兼救難機の５機を使用し、通常の救難態勢をとる岩国及び厚木待機と合せて合計７機となり、１機の欠落も許されない厳しい体制とした。

3　支援任務概要

　鬼塚氏は御召機の機上整備員（FE）として搭乗した。

　猛烈に発達しつつある低気圧が本州南端を通過し、２月12日早朝から関東地方は大雪となり、空自Ｃ−１輸送機の運航（羽田から硫黄島）が危ぶまれたが、危機一髪で羽田を離陸することができた。羽田空港はＣ−１離陸直後に閉鎖された。低気圧から延びる活発な前線が、小笠原諸島方面を12日夜か

ら13日未明にかけて通過した。

　2月12日、硫黄島から父島への輸送14時50分、御召機（US－1 A80号機）に天皇、皇后両陛下が御搭乗になり、温かい御言葉を頂いた時鬼塚氏は『目頭が熱くなり、目の前が見えにくくなりました。やがて天皇、皇后両陛下がお席にお着きになり、いよいよエンジン始動開始、この時は祈る気持ちでエンジン音を耳にしました

　全エンジンの快調音を聞いた時、言葉に表せない嬉しさでありました。ホッとする間もなく天候偵察機からの報告、父島周辺の天候不良、着水不可能が伝えられたが父島到着までの天候回復を祈りながら硫黄島を離陸、途中の天候は視界がよくないため計画が一部変更された飛行でした』と語る。父島に近づくにつれて視界がよくなり16時6分悪天候の中で無事着水、天皇、皇后両陛下が御到着になり、輸送任務を達成でき安堵すると共にUS－1 Aが頼もしく感じたと関係者は喜んだ。

　翌13日は前線通過後の北西の強風が吹き荒れ、当日の航空機の運航はすべて中止となった。14日は13日の代替案により実施されることになった。

　2月14日、両陛下が父島から羽田への御召機の行動は、御搭乗後14時54分離水、婿島（むこ）〜嬬婦岩（そうふ）〜鳥島〜スミス島〜ベヨネーズ列岩〜テマー〜館山〜木更津〜羽田17：47着。この間タービランスの少ない雲上飛行であった。鬼塚氏は『天候良好、全エンジン快調、段々と羽田が近づいてくる、それまでエンジン頑張れよ』と祈ったという。無事到着した。

　羽田着陸スポットに入り天皇、皇后両陛下が、ここでもクルーに温かい御言葉をかけられて、タラップを降りられた時に輸送任務が終了した。

　パイロットとコパイ

天皇皇后両陛下（父島にて）
（「第71航空隊の歩み）」より）

ロットと FE は操縦室に閉じ込められた状態であるため、鬼塚氏は直接両陛下にお目にかかることは出来ない。『羽田に降り立たれた両陛下は、出迎えの人々に挨拶をされた後、US－1 A の操縦席の下までわざわざ歩いてこられて、操縦席を見上げられ、軽く会釈をされたのには本当に感激した出来事でありました』と鬼塚氏は語る。

　任務を終えた US－1 A80 号機は、厚木基地第61航空隊員（輸送部隊）が手を振っての見送りを受け、岩国基地に着陸した。

　輸送指揮官第31航空群司令から『よくやった、ご苦労さん、ありがとう』と握手され、改めてクルーに選ばれたことに喜びを感じた。

　一方改装を担当した新明和の北山義弘氏は『兄が国鉄時代に、御召列車の機関士の名誉を得た。今回兄と同様「恩賜のタバコ」を拝領した。これで兄と並ぶ名誉を得た』と喜びをかみしめていた。

余話 3 –11　新明和のテストパイロット

1　OB パイロット

小金貢（「PS－1」主務）

【旧海軍航空隊出身】

　予科練習生 3 期。1937年（昭和12）7 月、霞ヶ浦海軍航空隊の操縦課程卒業。佐世保海軍航空隊勤務し、偵察任務に従事。

【海上自衛隊】　PBY、JRF、UF－2、UF－XS

【新明和】　UF–XS 実験機、PX－S（PS－1）開発～PS－1

　1980年（昭和55）5 月退職。

織田憲次（「PS－1」主務）

　予科練習生出身。練習機から 2 座式水上機で練習、95式、零式観測機で南方において対潜直衛、防空戦従事。零戦で南九州方面の迎撃戦体験。

【海上自衛隊】　UF－2、PS－1、US－1

【新明和】　PX－S（PS－1）開発～PS－1

　1984年（昭和59）4 月退職。

馬場速雄（「PS－1」「US－1A」「U－36A」主務）

1935年（昭和10）生誕。

【海上自衛隊】 海自乙種航空学生

PS－1、US－1/US－1A

空団司令官賞受賞（初探知賞、1974年〈昭和49〉11月）

第51航空隊岩国分遣隊第514飛行隊長歴任

【新明和】 PS－1、US－1/US－1A

1983年（昭和58）12月入社。

石川公也（「PS－1」「US－1A」「U－36A」主務）

1947年（昭和22）生誕。兵庫県出身。

【海上自衛隊】 防大13期。

【新明和】 1977年（昭和52）12月入社。

平野昇（「US－1A」主務）

1941年（昭和16）生誕。北海道出身。

【海上自衛隊】 海自航空学生5期。

PS－1、PS－1消防飛行艇、US－1/US－1A

第71航空隊飛行隊長を歴任

【新明和】 1995年（平成7）入社。

児玉廣志（「US－1A」主務）

1948年（昭和23）6月生誕。宮崎県出身。

【海上自衛隊】 海自航空学生19期。

PS－1、P2V－7、YS－11、P－2J、TC－90

【新明和】 2003年（平成15）入社。

宮本良正（「US－1A」「US－2」主務）

1949年（昭和24）10月生誕。京都府出身。

【海上自衛隊】 海自航空学生21期。

　PS－1、US－1/US－1A

【新明和】　1998年（平成10）入社。

「US－1A改」（US－2）社内飛行試験（初飛行機長）を担当。

森正太郎（「US－1A」「US－2」「U－36A」「U－4」主務）

　1955年（昭和30）7月生誕。兵庫県出身。

【海上自衛隊】　海自航空学生27期。

　PS－1、US－1、US－1A

　第51航空隊「US－1A改プロジェクト室」勤務。

【新明和】　社内飛行試験要員として

　2002年（平成14）入社、「US－1A改」（US－2）社内飛行試験（初飛行）を担当。

2　現役パイロット（品質保証部所属）

久保孝二（「U－36A」「U－4」主務）

　1959年（昭和34）8月生誕。富山県出身。

【航空自衛隊】　空自航空学生34期。

　F－4EJ、RF－4E

【新明和】　1996年（平成8）入社。

平山竹伸（「US－2」主務）

　1964年（昭和39）10月生誕。茨城県出身。

【海上自衛隊】　海自航空学生36期。

　P－2J、P－3C、US－1A、US－2

　第51航空隊「US－1A改プロジェクト室」勤務

　US－2技術・実用試験員として開発に従事。

【新明和】2012年（平成24）7月入社。

大野俊朗（「U－36A」「U－4」主務）

　1966年（昭和41）5月生誕。愛知県出身。

【航空自衛隊】防大33期。

F－4EJ改、F－15、C－1

【新明和】2014年（平成26）7月入社。

竹内健作（「US－2」主務）

1971年（昭和46）2月生誕。鹿児島出身。

【海上自衛隊】海自航空学生41期。

P－3C、US－1A、US－2

第51航空隊「XUS－2技術・実用試験要員」として、開発に従事。

【新明和】2019年（令和元）6月入社。

3　現役パイロット（技術部所属）

飛行艇の運用について豊富かつ全般的な視点から助言、提案を頂く人として、航空機事業部技術部に入社された人を紹介する。

岡本久佳

1959年（昭和34）1月生誕。和歌山県出身。

【海上自衛隊】海自航空学生30期。

PS－1、P－3C、U－36A、US－1A、US－2

第51航空隊「US－1A改プロジェクト室」勤務の後、XUS－2技術・実用試験員として開発に従事。

第71飛行隊隊長、第71航空隊司令を歴任

【新明和】

2014年（平成26）3月入社。

2020年（令和2）以降社内飛行試験操縦士機体搭乗。

4　歴代機上整備員

機上整備員（FE）もパイロット同様に、自衛隊の選りすぐりのベテランが採用され、PX－S試作時の松山喜佐久を始め、福井恭二、中川隆嗣、鬼塚健、森本保佑、頼本幸二（現役）が務めている。

資料編

資料① 川西清兵衛氏 創業主要会社系統図　関西航空史料研究会 編
（系列会社戦前・戦後関係 付記）

年代目盛：1905　1910　1920　1930　1940　1950

区分：戦前 ／ 戦後

世界情勢
- ▲1904 日露戦争
- ▲1914 第一次大戦
- ▲1923 関東大震災
- ▲1929 NY 株大暴落
- ▲1931 満州事変
- ▲1941 太平洋戦争
- ▼1945 終戦

各社系統

会社	設立等	戦後
日本毛織	▼1896年	日本毛織
兵庫電気軌道	▼1907	山陽
山陽皮革	▼1911	アゾビック
日本フェルト帽体	▼1917	
日本飛行機製作所	▼1917（中島との経営方針相違のため解散）	
川西倉庫	▼1919	川西倉庫
明姫電気鉄道	▼1919　▼1933（山陽電車）	山陽電車
播州鉄道（伊藤一派の株買い占めにより川西側退陣）	▼1920	
川西機械製作所 { 衡機部、機械部、精密部 }	▼1920　▼1933	大和製衡（注2）
〃 弱電部（飛行機部分離後に設置）	▼1933	デンソーテン（注3）
〃 飛行機部		
日本航空（注1）	▼1923	
川西航空機	▼1928	新明和工業（注4）

（注1）運航業務として設立　1928年「日本航空輸送（株）」に運航権利譲渡　飛行機部は川西航空機として設立
（注2）1945年 大和製衡として設立
（注3）1949年「神戸工業」として設立、商標「テン」　1968年「富士通テン」として設立　2017年「デンソーテン」として設立
（注4）1949年「新明和興業」として設立　1960年「新明和工業」として設立

資料②－1　川西家の家系図（その1）

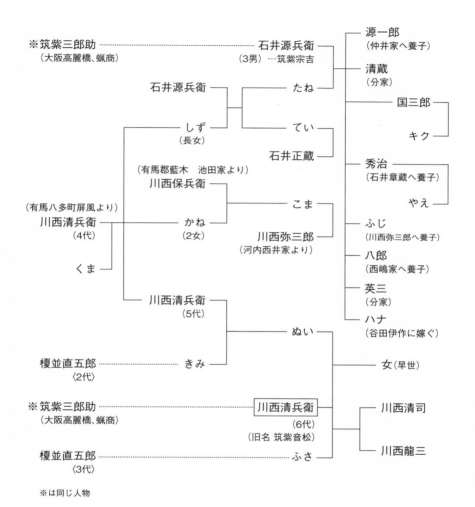

※は同じ人物

資料②－2　川西家の家系図（その2）

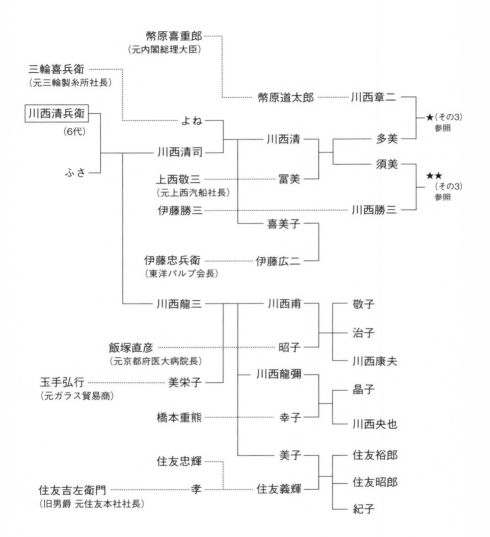

資料②－3　川西家の家系図（その3）

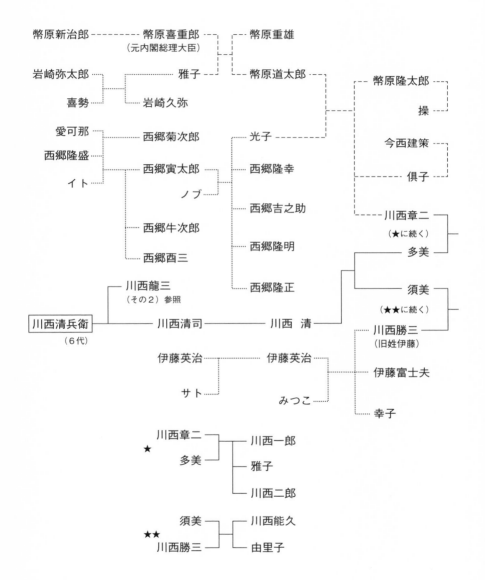

資料③　筑紫家の家系図

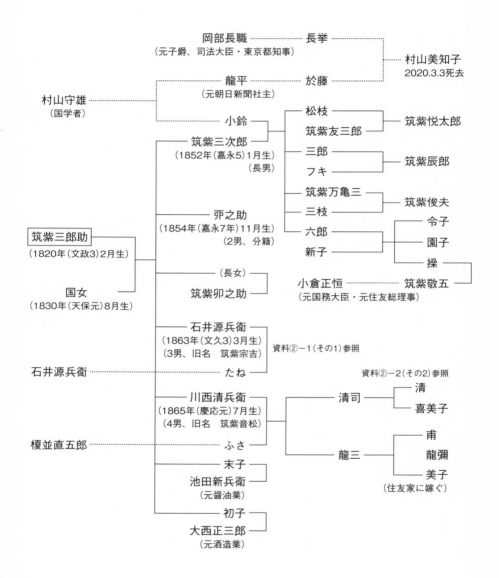

岡部長職 ……………………… 長挙
（元子爵、司法大臣・東京都知事）

……… 村山美知子
　　　2020.3.3死去

村山守雄 ……………… 龍平 …………………… 於藤
（国学者）　　　　（元朝日新聞社主）

小鈴 ………………… 松枝
筑紫三次郎　　　　筑紫友三郎 ……………… 筑紫悦太郎
（1852年（嘉永5）1月生）
（長男）
三郎 …………………… 筑紫辰郎
フキ

卯之助 ………………… 筑紫万亀三 ……………… 筑紫俊夫
（1854年（嘉永7年）11月生）　三枝
（2男、分籍）
六郎 ……………………… 令子
新子 ……………………… 園子

筑紫三郎助
（1820年（文政3）2月生）
操

（長女）
筑紫卯之助
小倉正恒 ……………………… 筑紫敬五
（元国務大臣・元住友総理事）

国女
（1830年（天保元）8月生）

石井源兵衛
（1863年（文久3）3月生）　　資料②-1（その1）参照
（3男、旧名　筑紫宗吉）

石井源兵衛 ……………… たね
資料②-2（その2）参照

川西清兵衛 …………………… 清司 ……………… 清
（1865年（慶応元）7月生）　　　　　　　　　喜美子
（4男、旧名　筑紫音松）

榎並直五郎 ……………… ふさ
龍三 ……………… 甫
　　　　龍彌
　　　　美子
　　（住友家に嫁ぐ）

末子
池田新兵衛
（元醤油業）

初子
大西正三郎
（元酒造業）

376

資料④　榎並家の家系図

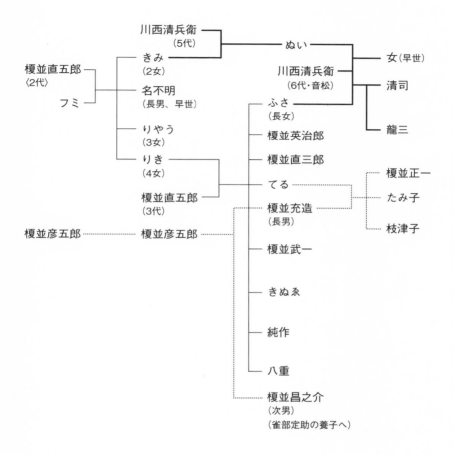

資料⑤　日本毛織創立メンバー　一覧

氏　名	設立時役職	その後の活躍の一部
川西音松	社長	川西商店店主
松本善七	取締	設備と資金提供。唐物屋（輸入品取扱業者）。神戸貿易雑貨商組合委員。日本絨毛株式会社発起人。
沢田清兵衛	監査、市議	日本米穀輸出会社社長。市議
小曽根喜一郎	監査	日毛取締役。
沢田亀之助		兵庫大同信託を川西清兵衛とともに設立。
柏木庄兵衛	取締	兵庫米穀肥料問屋結成（明治25年）。日本米穀輸出会社副社長。兵庫運輸会社取締役。日毛取締役。
米沢吉次郎	取締	第三十八銀行取締役（後の神戸銀行）。日毛取締役。
岸本豊太郎		岸本銀行頭取、第7代神戸商業会議所会頭。
有馬市太郎	監査	日本米穀輸出会社取締役。日毛取締役。市議
米光源之助	取締	花筵倉庫会社監査役、清国商工業視察。麦稈同業組合会長。日毛取締役。
石井源兵衛		石炭商。清兵衛実兄。日毛創立2〜3年後に監査役。
仕方勢七	相談	肥料商。摂津製油、日本綿花社長。
木谷吉次郎		日本米輸出で巨万の富を得る。
藤本荘太郎	相談	堺緞通を明治時代の一大産業にした。
児山司直		堺緞通米国輸出事業。
安藤行敬	取締	日毛取締役。
藤本安兵衛		穀物仲買商。
岡崎高厚		大阪日報経営（後の大阪毎日新聞）
氷見吉明		
中西市二		県会議員。
杉山利介		神戸瓦斯設立（1898年（明治31））初代社長。市議
藤田覚蔵		兵庫興業株式会社。
池田貫兵衛	監査	神戸電灯会社設立。製茶改良会社発起人。市議
喜多伊兵衛		兵庫運輸会社監査役。日露戦争初期の旅順港閉鎖作戦に使用した「報国丸」所有者。
松本愛次		花筵倉庫会社取締役
森本六兵衛		1870年森本倉庫を創業。市議
石川茂兵衛		米穀・肥料商。中島飛行機に資金提供。

資料⑥-1　航空路地図（その１）

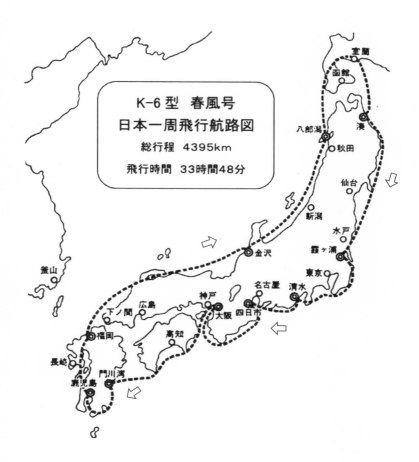

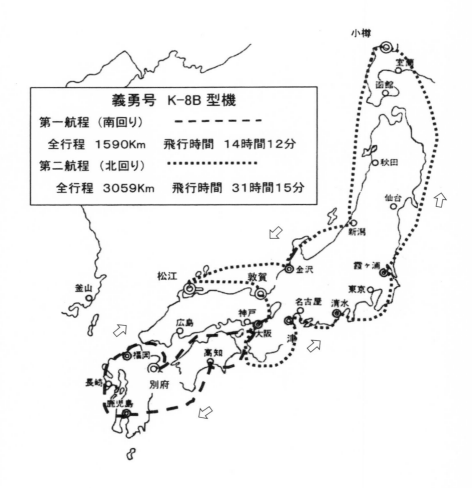

義勇号　K-8B 型機

第一航程（南回り）　－－－－－－－
全行程　1590Km　　飛行時間　14時間12分
第二航程（北回り）　・・・・・・・・・・・・・・・
全行程　3059Km　　飛行時間　31時間15分

小樽
室蘭
函館
秋田
仙台
新潟
金沢
霞ヶ浦
東京
松江
敦賀
名古屋
清水
釜山
広島
神戸
大阪
津
福岡
髙知
長崎
別府
鹿児島

資料⑥－3　航空路地図（その3）

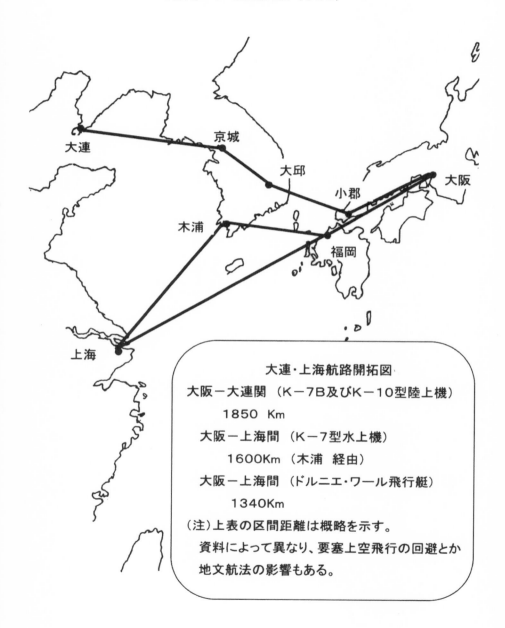

大連・上海航路開拓図

大阪－大連関　（K－7B及びK－10型陸上機）

1850　Km

大阪－上海間　（K－7型水上機）

1600Km　（木浦 経由）

大阪－上海間　（ドルニエ・ワール飛行艇）

1340Km

（注）上表の区間距離は概略を示す。

　　資料によって異なり、要塞上空飛行の回避とか

　　地文航法の影響もある。

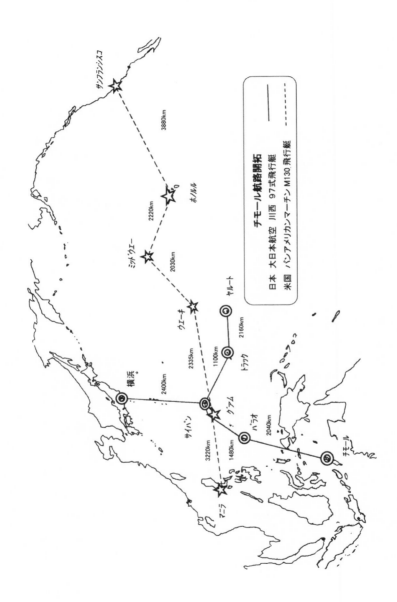

資料⑦　川西　日本航空　定期運航実績表

年	会　社	路　線	運航回数	飛行距離km	旅客数	貨物kg
1923年 （大正12）	日本航空	大阪―別府	毎週1往復	50464	――	349
	東西定期航空会	東京―大阪	同　上	25960	――	964
1924年 （大正13）	日本航空	大阪―福岡 小郡―別府	毎週1往復	50464	――	349
	東西定期航空会	東京―大阪	同　上	30960	――	不明
1925年 （大正14）	日本航空	大阪―福岡 小郡―別府	毎週3往復	111500	――	203
	東西定期航空会	東京―大阪	同　上	75680	――	1079
1926年 （昭和元）	日本航空	大阪―小郡 ―福岡	毎週3往復	118096	8	294
	東西定期航空会	東京―大阪 東京―仙台	毎週3往復 毎週1往復	160600	96	617
1927年 （昭和2）	日本航空	大阪―福岡	毎週3往復	148784	21	234
	東西定期航空会	東京―大阪 東京―仙台	毎週3往復 毎週1往復	176110	205	575
1928年 （昭和3）	日本航空	大阪―福岡	毎週3往復	134994	13	308
	東西定期航空会	東京―大阪 東京―仙台	毎週3往復 毎週1往復	181500	641	521
合　計	日本航空	――	――	614302	42	1760
	東西定期航空会			656810	1242	3756

当時の代表2社を表示した。日本航空は川西資本により運航。東西定期航空会は朝日新聞の主宰に伊藤・白戸が参画した。

参考文献（順不同）

1．【全般】（地誌、歴史、工業等）

① 「商工技芸　浪華の魁」垣貫一右衛門　明治15年 7 月

② 「明治大正　大阪市史　第一巻」大阪市役所編　日本評論社　昭和 9 年
　 4 月

③ 「明治大正　大阪市史　第二巻　経済編」大阪市役所編　日本評論社
　 昭和10年 3 月

④ 「福岡県史資料　第 9 号」福岡県　昭和13年 6 月

⑤ 「神戸開港100年の歩み」神戸市　昭和42年 5 月15日

⑥ 「海鳴りやまず　神戸近代史の主役たち　第 1 部〜第 4 部」神戸新聞社
　 昭和52年 8 月〜昭和54年12月

⑦ 「兵庫の優良113社」日刊工業新聞　1997年 3 月

⑧ 「歴史と神戸」神戸史学会　昭和41年 1 月

⑨ 「こうべ　No.193、No.233、No.240」神戸市広報課　昭和63年11月号
　 平成 4 年 3 月号　平成 4 年10月号

⑩ 「神戸の中堅170社」日本経済新聞社　1991年 2 月

⑪ 「神戸大学　経済経営研究所　新聞記事文庫」（神戸新聞、大阪朝日新
　 聞、大阪毎日新聞、 大阪時事新報、報知新聞、神戸又新日報）

⑫ 「神戸市立入江小学校60年史」神戸市立入江小学校　昭和35年10月

⑬ 「神戸大学附属図書館デジタルアーカイブ」新聞記事文庫

⑭ 「神港人物太平記」水辺楼主人　新人物評論社　昭和 9 年

⑮ 「宝塚革新風土記」妻鹿光次　宝塚医療生活協同組合　2002年 7 月

⑯ 「1945年 5 月11日の神戸空襲と学校」洲脇一郎

⑰ 「神戸又新日報」

⑱ 「加西・鶉野飛行場跡（旧姫路海軍航空隊基地）」神戸大学・加西市共
　 同研究

⑲ 「日本近代都市変遷地図集成　神戸市南部」大正12年、昭和10年

⑳ 「大大阪明細地図（木津川　日本航空会社近辺）」大阪毎日新聞　大正
　 14年

㉑「官報　大1320号」昭和 6 年 5 月27日　遞信省告示第113号　水上飛行
場設置許可（鳴尾工場沖）

㉒「鳴尾村誌」鳴尾村誌編纂委員会編　2005年 3 月

㉓「コミュニテイ　なるお　第346号　鳴尾発掘　二つの競馬場」平成29
年 7 月

2 ．【経済・経営】

①「日本コンツェルン全書　川西・大原・伊藤・片倉」春秋社　昭和13年
2 月

②「日本経営史　江戸時代から21世紀へ」宮本又郎　他　有斐閣　1995年
3 月

③「日本の15大財閥」菊地浩之　平凡社新書　2009年 2 月

④「日本の地方財閥30家」菊地浩之　平凡社新書　2012年 2 月

⑤「神戸財界開拓者伝」赤松啓介　太陽出版　1980年 7 月

3 ．【評伝】

①「川西龍三追懐録」新明和興業　昭和31年 1 月

②「後藤勇吉伝」岩切　縣　後藤飛行士記念協会　昭和 4 年12月

4 ．【航空機全般及び海軍・海軍航空技術】

①「海軍航空年表」海空会編　原書房　1982年10月

②「海鷲の航跡　日本海軍航空外史」海空会　原書房　1982年10月

③「航空技術の全貌（上・下）」編者　岡村純　興洋社　昭和28年 8 月
昭和51年 4 月

④「機密兵器の全貌」編者　千藤三千造　興洋社　昭和27年 8 月

⑤「海軍戦争検討会議記録」新名丈夫　毎日新聞社　昭和51年12月

⑥「海軍技術戦記」内藤初穂　図書出版社　昭和51年 9 月

⑦「大東亜補給戦」中原茂敏　原書房　1981年 7 月

⑧「日本海軍航空史（ 4 ）戦史編」時事通信社　昭和44年11月 1 日

⑨「日本航空機総集 3 　川西・広廠編」出版協同社　昭和34年12月

⑩「日本傑作機物語　正・続」航空情報編　酣燈社　昭和34年月　昭和35年 6 月

⑪「日本軍用機の全貌」航空情報編　酣燈社　昭和30年 6 月

⑫「日本海軍航空隊　写真集」出版協同社　昭和35年12月

⑬「写真　日本航空50年史」日本航空協会監修　野沢正編著　1960年 7 月

⑭「日本の航空50年」郡捷、小森郁雄、内藤一郎　酣燈社　昭和35年11月

⑮「世界の翼　1961年版　1964年版」朝日新聞　昭和36年 5 月昭和38年11月

⑯「日本航空史　臨時号」海と空社　昭和10年 5 月

⑰「大空への挑戦　プロペラ機編・ジェット機編」鳥養鶴雄　2002年10月

⑱「日本民間航空史話」財団法人日本航空協会　昭和41年 6 月

⑲「航空開拓秘話」日本工芸工業　坂東舜一　小森郁雄編　昭和49年 3 月

⑳「海軍飛行艇の戦記と記録」浜空会　昭和51年 2 月

㉑「第71航空隊の歩み」海上自衛隊第71航空隊編　平成18年 7 月

㉒「うみどり　会誌34号」うみどり会　平成25年12月

㉓「暁の空に羽ばたく」平木国夫　読売新聞社　昭和45年12月

㉔「空気の階段を昇れ」平木国夫　朝日新聞社　昭和46年

㉕「イカロスたちの夜明け」平木国夫　グリーンアロー出版　平成 8 年 3 月

㉖「黎明期のイカロス群像」平木国夫　グリーンアロー出版　平成 8 年 9 月

5．【日本毛織】

①「日本毛織三十年史」日本毛織社史編集室　1931年 1 月

②「日本毛織六十年史」日本毛織社史編集室　1957年 5 月

③「日本毛織百年史」日本毛織社史編集室　1997年 6 月

④「日本毛織百年史余話」日本毛織社史編集室　1997年 6 月

⑤「ニッケグループ総合報告書2020特別寄稿　川西清兵衛翁の素顔」平野恭平

⑥「兼松は語る　戦前期の歩み〜」神戸大学　経済経営研究所　2010年

⑦「小松製作所五十年の歩み」小松製作所　1971年5月
⑧「日本毛織寄託資料」日本毛織社　神戸大学　大学院経営学研究部寄託
　資料

6．【川西倉庫】
①「月刊　神戸っ子」1980年2月号
②「こうべNo.169　No.216」神戸市広報課　昭和61年11月　平成2年10月
③「社内誌」昭和42年

7．【山陽　（山陽皮革）】
①「皮革産業沿革史（上）」東京皮革青年会　1959年
②「皮革あらかると」出口公長　解放出版社　1999年11月1日
③「工場は生きている　ものづくり探訪」かもがわ出版　2011年8月
④「金融資本成立期における皮革産業」古庄正　駒沢大学商経学部　1966年3月
⑤「皮革新聞」平成21年　3月25日
⑥「共同研究　ロシアと日本　第3集」東京　1992年
⑦「山陽のあゆみ」山陽（株）顧問　中山隆　平成7年11月

8．【山陽電気鉄道】
①「山陽電気鉄道65年史」昭和47年10月31日
②「こうべ　No.207」神戸市広報課　平成2年1月号
③「山陽電気鉄道百年史」山陽電気鉄道株式会社総合企画部　2007年11月

9．【川西機械製作所／神戸工業（現デンソーテン）】
①「戦前・戦時期の技術志向弱電企業の技術力構築」村松洋　2013年9月
②「中島飛行機の研究」日本経済評論社　1988年7月
③「神戸工業社史」富士通株式会社　昭和51年6月
④「富士通テン技術年表」富士通テン　2007年12月

⑤「世紀を越えて　川西機械製作所の系譜」神戸新聞　2020年11月

10.【大和製衡】
　①「大和製衡における風洞天秤の歴史」中山和夫、計量史研究　2003年7月
　②「最近の計量行政について」近畿計量大会　奈良　2018年
　③「社内誌」2016年4月、2017年2月、7月及び10月、2018年7月号

11.【川西航空機】
　①「飛行機設計の補助としての航空力学研究」小野正三　日本航空学会誌　昭和11年7月
　②「川西航空機株式会社の新風洞に就いて」小野正三　日本航空学会誌　昭和14年6月
　③「川西航空機の思い出」奥津慶一郎　昭和45年1月
　④「川西航空機　見習工教育機関ノ変遷ト私立川西航空学校ノ現状概要」昭和12年1月
　⑤「テストパイロット」南堀英二　光人社　2007年5月
　⑥「最後の飛行艇」日辻常雄　朝日ソノラマ　1994年9月
　⑦「紫電改」碇　義朗　光文社　1994年1月
　⑧「宝塚蜻蛉工場私記・川西航空はわが青春」ウエダ映像社、昭和61年8月
　⑨「テスパイ人生」岡本大作　講談社出版サービス　昭和63年1月
　⑩「川西大艇の出来るまで」航空朝日　昭和18年3月
　⑪「米国戦略爆撃　調査団報告書　川西編」

12.【新明和工業】
　①「新明和　社史　1」新明和工業　昭和54年1月
　②「新明和　社史　2」新明和工業　平成22年1月
　③「人と社会そして創造的技術」創立40周年記念写真編集委員会　平成2年4月

388

④「新明和航空機製作所ニュース」新明和工業社内報（通称：SMIC ニュース）

⑤「空！　飛行機！　そして飛行艇‼」NPO 法人中高年活性化センター 2008年1月

⑥「川西モーターサービス社史」2016年（平成28）新明和工業（株）

13.【アルバム】

①「海江田信武」1930年（昭和5）

②「大蔵清三」1920年（大正9）〜1960年（昭和35）

謝　辞

　本書出版に際して、種々御支援を頂いた方々に御礼申し上げます。
（順不同、敬称略）

訪問学界

　　神戸大学大学院　経営学研究科　平野恭平准教授

訪問各社

　　「日本毛織株式会社」……國枝康雄　藤原ひとみ
　　「川西倉庫株式会社」……佐藤武　川西二郎　高杉誠　湊純子
　　「株式会社　山陽」……川見斉　加藤裕二
　　「株式会社　デンソーテン」……吉井啓一　川井雅人
　　「大和製衡株式会社」……川西勝三　岡村剛敏　太田孝雄　沼本有佳子
　　「新明和工業株式会社」……実平典子
　　「日伯協会」……窪田静磨

面談した人々

　　石丸寛二　宮村元博　高井専造　川西康夫　山本正明　森吉孝　岩崎要
　　中島夏四郎　竹本忠雄　久米嘉幸　竹盛寛　岡本久佳　北山義弘
　　吉岡久壽

資料提供等で御世話になった人々

　　「新明和」……黒岩俊文　菅原敦子　鶴村和正　山本正明　川岡敏夫
　　鬼塚健　森口二三雄　杉上淳平　原田則子　矢野幸秀　坂本雄一
　　竹内健作　松村幸彦　山口淳也　今泉清一　笠原紀子
　　「山陽電気鉄道」……野村昌弘
　　「山陽」……大森英司

「川崎重工業」……石川主典　小林修

会社関係以外

上谷昭夫（鶉野平和祈念碑の会）山前圭佑（石川県小松市資料）

国井建彦（海江田信武縁故者）中野隆弘（飛行艇等写真）

古賀久富（イラスト）帆足孝治（絵画）野尻恒彦（海自 OB）

田邊潔志（取材支援）

教蓮寺（姫路市、資料）

永観堂禅林寺（京都市、資料）

関西学院大学博物館（疎開工場資料）

文芸社スタッフの御指導と叱咤激励について感謝いたします。

あとがき

『羊は大空を翔ける　川西清兵衛を巡って』をやっと発刊することが出来ました。共著者の手に余る大きなテーマであったため2020年末には纏めきれませんでした。

　本書を纏めるに当たり、先輩・諸賢の著述文献多数を参考にさせて頂き厚く御礼申し上げますと共に、十分に咀嚼して自分の言葉として記述すべき点に不足が生じましたことは反省しております。

　日本毛織社殿から、神戸大学院　経営学研究科の「平野准教授」を御紹介頂き『明治以降の綿業界史の研究は進んでいるが、毛織物業に関する研究は少ない、日本毛織社から段ボール箱200箱余りの資料が、当研究室に寄託されたので、鋭意研究中である』とのことで、一部を閲覧させてもらったことは、両名にとって望外の喜びになりました。

　図書館通い、各社訪問、電話・手紙の授受等、多大且つ多岐にわたる資料を得ましたが、それ等を前にして「内容の合目的性」「読者にうまく伝わるか」等々の悩みが出てきました。加えて発刊コストの問題もあり、原稿を半分に削り、最終的にプロの手「文芸社」殿の支援を得て纏めて行くこととしました。

　以上、御教示・助言を頂いた諸事項について、紙面の都合上、掲載を割愛せざるを得なかった部分が出ましたことを御詫び申し上げます。

　余談になりますが、両名雑談の中で「清兵衛」氏が堅物でなく、岩崎弥太郎、金子直吉等のように話題の多い人物であったら、他の著名作家が既に大きく著述していたであろうとか、もしそうであったら、このたびのことはより重荷になっていたかもしれないと笑いあいました。

最後に、西宮神社（西宮恵比寿）に

「外国{とつくに}におとらぬものを造るまで　たくみの業にはげめ　諸人{もろ}」
「波風の静かなる日も舟ひとは　舵{かぢ}に心をゆるさざらなむ」

という和歌があります。
　難しい経営論もありましょうが、この和歌と「清兵衛」氏のモットー「一{いちもってこれをつらぬく}以貫之」「勤而不倦{つとめてうまず}」は、身近な戒めとして持っておきたいものと思っております。

2023年（令和5）11月10日
原田昌紀、碇　紀夫

著者プロフィール

原田 昌紀（はらだ まさのり）

昭和17年（1942）兵庫県たつの市　生誕
昭和35年（1960）兵庫県立飾磨工業高等学校機械科卒業
昭和36年（1961）新明和工業　航空機製作所　入社　技術
部配属
平成23年（2011）同上　退職　関西航空史料研究会会員
主要業務履歴
ＵＦ−ＸＳ実験飛行艇、ＰＳ−１対潜哨戒機・消防飛行艇
実験機・救難飛行艇の開発設計、低騒音ＳＴＯＬ実験機「飛
鳥」、操縦・油圧系統の艤装設計、整備技術担当。

碇 紀夫（いかり のりお）

昭和15年（1940）兵庫県西宮市鳴尾　生誕
昭和34年（1959）兵庫県立尼崎工業高校機械科卒業
昭和34年（1959）新明和工業　入社　伊丹工場技術部配属
昭和46年（1971）同上　甲南工場技術課
昭和58年（1983）同上　品質管理部
平成12年（2000）同上　退職　関西航空史料研究会会員
主要業務履歴
航空発動機等整備技術　各種陸上機／飛行艇整備技術　機
体検査／品質管理／ＩＳＯ管理業務等

羊は大空を翔ける　川西清兵衛を巡って

2024年2月15日　初版第1刷発行

著　者　原田 昌紀
　　　　碇 紀夫
発行者　瓜谷 綱延
発行所　株式会社文芸社
　　　　〒160-0022 東京都新宿区新宿1−10−1
　　　　　　　　電話 03-5369-3060（代表）
　　　　　　　　　　 03-5369-2299（販売）

印刷所　株式会社フクイン